Ferdinand Neundlinger · Andreas E. Regius

Tempelritter und Freimaurer

Verlag Berger

IMPRESSUM
Tempelritter und Freimaurer (1. Auflage 2011)
ISBN: 978-3-85028-540-7
Autoren: Ferdinand Neundlinger und Andreas E. Regius
Lektorat: Reinelde Motz-Linhart
Umschlaggestaltung und Layout: Martin Spiegelhofer
Herausgeber: Verlag Berger, Horn und Wien
Druck: Druckerei Ferdinand Berger & Söhne Ges.m.b.H., 3580 Horn
Informationen zum Verlagsprogramm unter http://www.verlag-berger.at

Inhalt

Einleitung

Die Geschichtswissenschaft hatte es Anfang des 20. Jahrhunderts nicht leicht.
Nach dem Beispiel der modernen Naturwissenschaften, in Wien speziell durch Ernst Mach und den Wiener Kreis um Moritz Schlick beeinflusst, sollten deren Methoden – die Bildung möglichst exakter Kriterien zur Beurteilung der philosophischen Methoden – möglichst auch auf die Betrachtung der Geschichte übertragen werden. Da es aber unmöglich ist, geschichtliche Sachverhalte experimentell zu wiederholen und damit zu überprüfen, blieb von dem Kern der naturwissenschaftlichen Methode nur mehr eine zunehmend kritische Einstellung die, wenn übertrieben, in die Sterilität führt. So wichtig Quellenkritik sein mag, ist sie mit Vorsicht zu handhaben. Zeitabschnitte, für die wenige Quellen vorhanden sind, werden dadurch weniger attraktiv in der Forschung. Überlieferungen, auch wenn sie gute Erklärungsansätze bieten, waren und sind oft ausgeklammert.
Die schriftlichen Quellen wurden einer rigorosen Quellenkritik unterzogen. Eine Handschrift, die von einem nicht zeitgenössisches Ereignis berichtet, wurde zumeist als bezweifelbar eingestuft. Eine kritische Empfindlichkeit für Zeitenspannen oder Sachverhalte, die nur wenige schriftliche oder archäologische Quellen hergeben, hat sich breit gemacht. Selbst wenn eine Quelle zeitgenössisch verfasst wurde, ist es in akademischen Kreisen manchmal förderlicher, sie zu bezweifeln, als ihr zu folgen. Konträre Interpretationen sind in der Folge häufig. Wir werden noch am Beispiel des Jahres in dem Jacques de Molay zum Großmeister gewählt wurde zeigen, wie vielfältig Urkunden interpretiert werden.

Selbst wenn all diese Probleme nicht gegeben sind, gilt wie es Alain Demurger, Emeritus für Mittelalterliche Geschichte an der Universität Sorbonne in Paris auf den Punkt gebracht hat: „Wenn Historiker neue Entdeckungen machen, kommen alte Gewissheiten stets ins Wanken".

Freimaurerische und templerische Geschichte ist darüber hinaus oft belastet mit einer falsch verstandenen Geheimhaltung und einer Lust zum Fabulieren durch Insider.

Akademische Autoren aber werden abgeschreckt, wenn sie in masonischen Schriften die Spreu vom Weizen trennen müssen.

Umso bemerkenswerter ist es, wenn David Stevenson, Emeritus an der Universität St Andrews sich 1988 der Geschichte des Ursprungs der symbolischen Freimaurerei[1] angenommen hat, dies unter dem Blickwinkel der weiteren Einbettung der Freimaurerei in den Kontext der allgemeinen Geschichte.

Gewisse Themen wie die Tempelritter werden erst langsam in unseren Tagen im akademischen Schrifttum wieder „hoffähig", und das zumeist am Rand Europas in Schottland.

Selbst Alain Demurger, der an der Pariser Universität Sorbonne lehrt, schreibt in seinen Büchern über die Kreuzzüge und die Templer vorsichtig zurückhaltend und ignoriert Querverweise, die nicht der etablierten Lehrmeinung entsprechen.

Einer der profundesten Geschichtswissenschaftler des Mittelalters in Wien hat seinen ersten Artikel über den Templerorden ebenfalls erst nach seiner Emeritierung veröffentlicht.

So weit das in der Kürze eines schmalen Buches möglich ist, wollen wir wenigsten einige dieser offiziell übersehenen schriftlichen Quellen und Artefakte aufzeigen und zusammen mit neuesten akademischen Forschungen neu interpretiert dem Leser zur Beurteilung vorlegen.

---

1 David STEVENSON, The Origins of Freemasonry: Scotland's Century, 1590–1710 (Cambridge 1988)
David Y. The First Freemasons: Scotland's Early Lodges and Their Members (Aberdeen1988).

Unser Gesichtspunkt ist: Warum sollte etwas nicht wahr sein, nur weil es nicht tadellos den formalen Kriterien entspricht. Warum sollte man nicht auch darüber nachdenken dürfen. Schliemann glaubte an die legendäre Lage Trojas, fand den so genannten Schatz des Priamos und hat Recht behalten, selbst wenn er bei der Datierung der Schichten irrte.

Unter diesem Blickwinkel war Jacques de Molay, der 23. Großmeister des Ordens der „Armen Gefährten Christi und des salomonischen Tempels", weder der letzte Großmeister des Templerordens noch der letzte Tempelritter.

Eine Ordensgemeinschaft als soziales Gebilde erlischt nicht durch den Spruch eines zweifelhaften und damals in diesem Zusammenhang schon angezweifelten Oberhauptes einer Kirche. Das würde bedeuten, eine viel zu abstrakte juristische Denkweise an eine gesellschaftliche Tatsache anzulegen und gleichzeitig der Denkweise der Zeitgenossen rein kirchenrechtliche Vorstellungen zu unterstellen.

Damit müsste man all jene, die den Orden verteidigten, und das waren nicht Wenige und nicht nur Unbedeutende, nach 1312 als geknebelt und zum Verstummen gebracht ansehen. Das Gegenteil war der Fall. So haben zum Beispiel die beiden Geschichtsschreiber und Zisterzienseräbte Johann von Viktring und Peter von Zitau, Zeitgenossen des Konzils von Vienne, von der Begierde schlechter Menschen nach dem Besitz des Templerordens geschrieben.

Wirklich zum Schweigen verurteilt, und zwar bei Strafe der Exkommunikation, hatte Papst Clemens V. nur die teilnehmenden Kardinäle, Bischöfe und Äbte des Konzils von Vienne, die seine Entscheidung den Templerorden aufzuheben, nicht einmal besprechen, geschweige denn kommentieren durften, weil er wusste, dass er in diesem Forum von den Konzilsvätern keine Mehrheit für seine Entscheidung erwarten durfte.

Auch zu dem Punkt der Beurteilung der Templer, hat sich die Auffassung der akademischen Historiker seit dem 19. Jahrhundert geändert, obwohl man auch heute noch von romantischen und phantasievollen Erfindungen auf dem Büchermarkt überschwemmt wird.

Falsch, nämlich phantasievolle Erfindungen späterer Jahrhunderte, sind zum Beispiel alle Bilder von Jacques de Molay, sei es in Handschriften, Büchern, an den Wänden des Schlosses Versailles oder heute im Internet.

Wir wissen einfach nicht wie der dreiundzwanzigste Großmeister aussah.

Bewusst und völlig unbekümmert unrichtig, findet sich auch im Musée Calvet d'Avignon eine Darstellung seiner Aufnahme in den Orden. Ein hohes, offenbar romanisches Gewölbe mit Säulen wird gezeigt, roter Samt auf dem Tisch des Sekretärs, eine Bibelhandschrift, Weihwasser und Baldachine vermitteln Luxus. Eine Inszenierung, die in einem gewaltigen Dom spielt. So pompös wurden Bischöfe oder Äbte eingeführt, nicht aber ein armer Ritter Christi.

Wer das überprüfen will, mache sich auf nach Burgund in die Ordenskapelle in Beaune, an deren Außenseite wenigsten noch eine Tafel

Ansicht der Kapelle in Beaune

dieses Ereignisses gedenkt. Die Kapelle ist winzig klein, nicht hoch, dafür aber verfallen und beherbergt heute eine Art Mechanikerwerkstatt. Natürlich ist sie nicht zugänglich, weil es vor Ort offenbar keine Interessenten für diesen Teil der Geschichte gibt.

Sollte es uns wundern, dass französische Historiker oder wenigstens der örtliche Fremdenverkehrsverband dieses in Privatbesitz befindliche Bauwerk ignorieren und verfallen lassen?

Kaum, denn auch in Deutschland, in Aachen haben die Archäologen und Historiker seit langem vergessen, wo im Dom sich das ursprüngliche Grabmahl Kaiser Karl der Große befand, während seine Gebeine im Karlsschrein ihre Ruhestätte fanden. Darüber hinaus haben die meisten Touristen, und es sind zahlreiche, auch vergessen danach zu fragen.

Alles das zeigt, dass das Interesse an geschichtlichen Fakten gering ist. Wenn Sie lieber Leser zu jenen gehören, die sich zurücklehnen und bekennen, dass für Sie eigentlich die Geschichte der Freimaurerei mit dem Jahr 1717 beginnt, dann legen Sie dieses Buch ruhig aus der Hand. Für Sie ist es nur ein belangloses Puzzle.

Überall dort, wo sogar Experten der Geschichte die Vorurteile ihrer Vorgänger durchbrechen, scheinen sie auf Fachpublikationen mit geringer Auflagenzahl beschränkt zu bleiben. Wir wollen daher hier und in den Kapiteln dieses Buches einige dieser fundiert recherchieren Artikel und Bücher, aber auch vergessene und kaum benutzte sekundäre Quel-

Gedenktafel in Beaune

len, sowie einige weniger bekannte Artefakte einem breiteren Interessentenkreis zugänglich machen und in der Bibliographie die hauptsächlichen Quellen zitieren, damit Leser, die Zeit und Lust haben, diese Informationen erweitern, aber auch überprüfen können.

Wir bewegen uns im Bereich des Templerordens und der frühen Freimaurerei und wollen die akademischen Sicherheitsnetze bei unseren Überlegungen bewusst verlassen, weil wir finden, dass Geschichte aufregend sein kann und darf.

Wir werden dabei feststellen: Dass der Templerorden 1312 nur in den Köpfen von einigen wenigen Kirchenhistorikern erloschen ist.

Dass es genügend Material für weitere Forschungen über den Templerorden in der Bibliothèque nationale de France in Paris, im Archivio Segreto Vaticano, dem Vatikanischen Geheimarchiv, und in fast jedem europäischen Staatsarchiv in Urkundenform vorzufinden ist.

Dass es kein Geheimnis ist, dass der Templerorden Frauen und darunter sehr bedeutende aufnahm.

Dass die moderne Freimaurerei sehr wohl Beziehungen zu den Tempelrittern, wenn auch in der durch die protestantische Reformation in Schottland veränderten Form des Ordens, aufweist.

Dass die Freimaurerei der gemischten Logen und der Damenlogen historisch älter ist, als ihre heutigen Protagonisten selbst glauben, und auch verbreiteter als die meisten von ihnen wissen.

Und schließlich, dass das angebliche Gründungsdatum der Freimaurerei 1717 lediglich eine politische Straffung und Umpolung einer bereits seit Jahrhunderten bestehenden Institution darstellt, die kein Kind der Aufklärung und schon gar nicht der französischen Revolution ist. Hier haben seit langer Zeit schon psychologische Wunschvorstellungen und Berührungsängste auch die interne Geschichtsvorstellung der Freimaurerei verfälscht.

Der Kurator der Vereinigten Großloge von England, John Hamill, schreibt in seinem Buch "The Craft" am Beginn des ersten Kapitels: „Wann, warum und wo ist die Freimaurerei entstanden?"

Es gibt eine Antwort auf diese Fragen: Wir wissen es nicht, ungeachtet allen Papiers und der Tinte, die verbraucht wurden um diese Fragen zu untersuchen."

Wir wollen es trotzdem wagen, entspannt und möglichst zur Freude des Lesers, diesen Themenkreis zu untersuchen. Dieses Buch erhebt keinen selbstständigen Anspruch auf Wissenschaftlichkeit, obwohl es fast ausschließlich Wissenschaftler zitiert. Es soll lediglich dem normalen Leser Zugang zu interessanten Erkenntnissen verschaffen, die in der Fachliteratur zerstreut und schwer zugänglich vorliegen.

Wir folgen auf weiten Strecken, wo nicht anders zitiert, den Ausführungen von John Robinson in „Born in Blood" und David Stevenson[2]. Für die Schlüsse, die wir daraus gezogen haben, sind wir allein verantwortlich.

2 David STEVENSON, The Origins of freemasonary. Scotland's century 1590–1710 (Oxford 1988)

Kapitel 1

Der Tod des Jacques de Molay

Jacques de Molay ist ein glänzendes Beispiel, wie schwierig historische Quellen zu erschließen sind. Während seine Wahl zum Großmeister der Templer in Zypern bisher fast immer in das Jahr 1293 verlegt wurde, müssen wir jetzt, da Alan J. Forey im Archiv von Aragon einen Brief entdeckt hat, in dem sich de Molay am 20. April 1292 bereits als Großmeister bezeichnet, umdenken.

Aufgrund eines Eintrages im Totenbuch der Templer von Reims ergibt sich der Todestag des vorhergehenden Großmeisters Thibaud Gaudin für den 16. April. Es muss im Jahr 1292 gewesen sein, denn am 28. Mai 1291, der Tag an dem Akkon fällt, ist Gaudin am Leben und noch nicht Großmeister. Seine Amtszeit war also nur sehr kurz, was auf einen plötzlichen Tod hindeutet.

Nach der Aussage des Templers Jean Serrant vor der päpstlichen Kommission im Jahr 1311, soll 1291 ein Generalkapitel auf Zypern stattgefunden haben, an dem 400 Ritter teilnahmen. Allerdings soll Jacques de Molay bei diesem Generalkapitel bereits erklärt haben, er wolle alles abstellen, was ihm an Unerlaubtem im Orden missfalle. Welche Veranlassung hätte es 1291 dafür gegeben, wenn er noch gar nicht Großmeister war?

Aus der Unvereinbarkeit dieser Daten ergeben sich unter den Historikern verschiedene eher gewaltsame Deutungsversuche, soll doch das Wahlkapitel bei welchem de Molay gewählt wurde erst 1292 zusammengetreten sein. Die Argumentationen, um aus diesem Dilemma herauszukommen, sind bei Barbara Frale, Alain Demurger und anderen sehr gewunden und theoretisch angesetzt.

Würde man realistisch annehmen, dass der verhaftete und mit der Folter zumindest bedrohte Templer Jean Serrant sich geirrt hat und die Wahl ebenfalls auf jenem Generalkapitel 1291 stattfand, lösen sich alle Widersprüche auf. Es gibt dann nicht zwei, sondern nur ein Generalkapitel, auf dem auch die Wahl Jacques de Molays stattfand. In der Ausnahmesituation, wenige Monate nach dem Fall von Akkon, wird man vermutlich nicht gezögert haben, für die Wahl ein paar Abweichungen von der geschrieben Regel zuzulassen.

Es sollte auch berücksichtigt werden, dass in den unterschiedlichen Regionen Europas verschieden Gebräuche für die Annahme des Jahresbeginns üblich waren. So zum Beispiel weicht das Kirchenjahr auch heute noch von unserem Kalenderjahr ab. Die Zählung der Jahre begann oft im März oder zum jeweiligen Ostertermin. Das Jahr begann in Deutschland, der Schweiz und Portugal mit Weihnachten, in Venedig mit dem 1. März, in England und Schottland am 25. März. In Rom war es der 25. Dezember oder der 25. März. In Frankreich zählte man von Ostern weg, einem beweglichen Fest. Erst 1564 wurde dort der Jahresbeginn mit dem 1. Jänner festgelegt.

Damit konnte zum Beispiel ein Ereignis am 30. März für die Einen schon 1292 sein, während nach der anderen Zählung, mit Ostern im April, es erst 1291 war. Es gab Jahre, die 400 Tage hatten und in manchen Jahren wurde es zweimal Frühling. Sogar für den Beginn des Templerordens finden wir in der seriösen Literatur einmal die Jahre 1118/1119 und zum anderen 1120.

Die Verbrennung Jacques de Molays fand nach dem Kalender der Zeitgenossen in Frankreich 1313 statt, da das Jahr 1314 erst am 7. April begann.

Schottland übernahm den modernen Jahresbeginn schon 1600, England 1752, Italien gesetzlich erst 1797.

Kein Wunder, dass solche Verwirrungen vorkommen und in der Schwierigkeit der historischen Materie selbst begründet sind. Schwerwiegender sind Meinungen, die aufgrund bereits vorgeformter Denkweisen geäußert werden.

So scheint es auch den Sympathisanten des Ordens zu genügen, wenn eine Institution, die den Orden gar nicht selbst gegründet und nur die Gelübde der Gründer entgegen genommen hat, wie die katholische Kirche, die Aufhebung des Ordens verkündet und schon wird auch im 20. und 21. Jahrhundert daraus der Schluss gezogen, dass es damit sein Bewenden hat.
Unsere Zeit ist damit kirchengläubiger als das 14. Jahrhundert, wo die Zeitgenossen sehr gut wussten, dass der Orden damit nicht wie durch Zauberhand erlischt, als Papst Clemens V. den Konzilsvätern des Konzils von Vienne 1312 bei der Strafe der Exkommunikation verbot über die Anklage und die Aufhebung des Ordens auch nur zu reden.
Im Nachhinein sind Autoren des 20. Jahrhunderts, wenn sie den Charakter und die Fähigkeiten des Großmeisters beurteilen wollen, anmaßend und oft sehr ungerecht. Man hätte die Zeichen erkennen können, ist immer wieder zu lesen. Wer sagt, dass sie nicht erkannt wurden? Vielleicht aber nicht in voller Konsequenz. Jedenfalls wurden Vorkehrungen getroffen und die von König Philip IV. erwarteten Reichtümer wurden in Frankreich nicht gefunden. Aber ein Anderer konnte große Teile davon sicherstellen, das gehört aber ins 6. Kapitel.
Die Flotte der Templer, die vermutlich aus 18 Hochseeschiffen bestand, war und blieb verschwunden. Erhebliche Vorsichtsmaßnahmen wurden also doch gesetzt. Trotzdem wäre es durchaus verständlich, wenn de Molay die ganze Tragweite der gegnerischen Aktion nicht überblickt hätte. Das Verhalten des Papstes und des Königs war damals so beispiellos, dass sogar ein zynischer Realpolitiker dadurch überrascht werden konnte.
Am 12. Oktober 1307, einen Tag vor seiner Verhaftung, hatte Jacques de Molay beim Begräbnis der Katharina von Valois, der Schwägerin des Königs, an bevorzugter Stelle bei der Beisetzung agiert. Diese war mit dem Bruder des Königs Karl von Valois verheiratet gewesen.
Die Verhaftung und die überraschende Gefangensetzung aller erreichbaren Templer hatte der König Monate vorher bereits organisieren lassen.

Außerdem war der Großmeister, nach dem Zeitzeugnis bei Giovanni Boccaccio, der Taufpate der Tochter Isabella beziehungsweise eines Sohnes Philips IV. –
Damals war die Person und Funktion des Taufpaten als eine Art geistlicher Elternteil so wichtig, dass dieser als vollwertiges Familienmitglied angesehen wurde. Molay hätte dem König sicher zugetraut, dass er ihn heimlich ermorden lässt, nicht aber in aller Öffentlichkeit am Tag nach dem Begräbnis verhaften und verfolgen.
Giovanni Boccaccio beruft sich in seinem Buch De casibus virorum illustrium, das vor 1373 geschrieben wurde, auf das Zeugnis seines Vaters und schreibt:

> *„Jacobus de Molay fiel in Ungnade bei Philip, dem König der Franzosen, obwohl er ihm gerade einen Sohn aus der Taufe gehoben hatte."*

Vom Tod des Großmeisters berichtet er: „So wurde Jacobus, der vorher in seinem Glanz den Neid des großen Königs erregen konnte – wie mein Vater Boccaccio sagte, der damals zufällig als Kaufmann in Paris mit ehrlichem Fleiß sein Vermögen zu mehren suchte und seine Teilnahme an diesem Ereignis bezeugte, – durch einen grässlichen Schlag der Fortuna zu Asche, viele Unglückliche zum Mitleid bewegend."
Am 18. März 1314 wurde der 23. Großmeister des Ordens der Tempelritter auf einer kleinen, damals der Ile de la Cité vorgelagerten Insel, der Judeninsel, verbrannt. Für die Zeitgenossen war es die Vigil vor dem Gregoriustag und damit der 11. März 1313. – Eine Kalenderreform, abweichende Interpretationen französischer Historiker und der Jahresbeginn in Frankreich mit Pfingsten, bereiten uns hier bereits Schwierigkeiten.
Heute ist dieses Stück der Ile de la Cité in etwa ident mit dem Square du Vert Galant, und an der Pont Neuf, die an dieser Stelle die Seine überspannt, ist sogar eine Gedenktafel angebracht.

Gedenktafel für Jacques de Molay am Pont Neuf, Paris

Drei, vier Meter entfernt von dieser Tafel finden sich in geheimnisvoller Weise immer wieder, am häufigsten um den 18. März eines jeden Jahres, kleine Blumensträuße unter den Büschen des Parks. Eine Fangemeinde?

Bis etwa zum Jahr 2000, als wir im Buch „Tempelritter in Österreich" ein Foto brachten, wurde diese Tafel in der Literatur kaum erwähnt.

Warum können wir Jaques de Molay nicht als den letzten Großmeister bezeichnen? Nach der kirchenrechtlichen Aufhebung durch den Papst und nach dem Tod Jaques de Molays in Paris überlebte der Orden in mehreren Varianten, wenn auch manchmal nur für kurze Zeit, in Spanien, Deutschland, Italien, Portugal, Österreich und Schottland.

In Schottland, einer Zufluchtsstätte der letzten Überlebenden, existierte die Verbindung allerdings noch mehr als zwei Jahrhunderte, was beileibe kein Geheimnis ist oder war, in der Fülle der Templerliteratur aber praktisch nicht ernsthaft behandelt wird.

Die Verbrennung des Großmeisters und des Großpräzeptors der Normandie Geoffroy de Charney, erfolgte bei „kleinem Feuer" wie manche Autoren fast ehrfürchtig hinzu setzen. Tatsächlich ist auch heute noch jedem Laien klar, dass damit besondere Qualen gemeint und verbunden sind. Wir dürfen annehmen, dass der französische König über qualifizierte Henker und Folterknechte verfügte, die einen Scheiterhaufen auf ganz verschiedene Weise und mit unterschiedlicher Wirkung errichten konnten. Aus Erfahrung wusste man, wie verschiedene Holzarten, nasses und trockenes Holz, oder zum Beispiel Weidenbündel wirkten. Es waren Spezialisten, denen klar war, wie ein Verurteilter im Rauch langsam und qualvoll ersticken oder, wenn man ihm „aus Barmherzigkeit“ einen Sack Schwarzpulver um den Hals gehängt hatte, einen schnellen Tod erleiden sollte.

Die Verwendung des Schießpulvers sogar in Pulvergeschützen ist in Frankreich bei Belagerungen etwa seit 1324 bei La Reole nachgewiesen. Diese kleinkalibrige Artillerie wurde zusammen mit konventionellen Schleudern etc. eingesetzt. In offener Feldschlacht, also im Bewegungskrieg, finden wir sie erstmals 1346 in der für die Franzosen verhängnisvollen Schlacht von Crecy. Ein Pulversack oder giftige Substanzen wären also 1314 bereits möglich gewesen.

Dieselbe Barmherzigkeit wurde vor der Erfindung des Pulvers, manchmal auch noch danach, durch einen gekonnten Handgriff, der zum Genickbruch führte, geübt. Solche „Gnadenerweise“ wurden allerdings dem Großmeister und dem mit ihm exekutierten Großpräzeptor der Normandie Geoffrey de Charney nicht zuteil. Die Insel, auf der dieses makabere Schauspiel vollzogen wurde, gehörte nicht einmal dem französischen König, der den auch für das Rechtsverständnis seiner Zeit total rechtswidrigen Befehl zu diesem Justizmord gegeben hatte, sondern der Abtei Saint-Germain-des-Prés, bei der er sich am folgenden Tag für die Benutzung diese Örtlichkeit entschuldigen musste.

Selbst wenn wir jedoch zu den wenigen sensiblen Menschen gehören, die sich etwas unter dieser Todesart und ihrer Qual vorzustellen versuchen, haben wir keine Ahnung wie dieser Vorgang wirklich abläuft, und was von einem Menschen, dem man das antut, übrig bleibt. Verbinden wir doch bestenfalls damit die Vorstellung einer Kremation, einer Leichenverbrennung bei mehr oder weniger würdiger Musik in einem technisierten Betrieb eines Bestattungsinstituts bei 800 bis 1.000 Grad Celsius.

Eine Temperatur, die im Freien damals nicht zu erzielen war.

Lassen wir daher dem Gerichtsmediziner das Wort.

Wie wir bereits wissen, spielt die Temperatur des Feuers bei dieser Todesart und den dadurch verbleibenden Resten eine entscheidende Rolle.

Verbrennungen mit unterschiedlich schweren Beeinträchtigungen der Haut können sie an jedem Küchenherd bekommen. Stoffe, wie Kleidung brauchen keine höhere Temperatur um sich zu entzünden. Bei Jacques de Molay müssen wir nach zeitgenössischen Berichten davon ausgehen, dass er bis auf ein Hemd ausgezogen wurde. Bei etwa zweihundertfünfzig Grad allerdings brennt Fleisch, auch menschliches. Die unter der Haut liegende Fettschicht schmilzt und spritzt. Damit brennen auch die Muskeln und Sehnen. Diese ziehen sich zusammen, sodass der verbrannte Körper eine zusammengekrümmte, etwa embrionale Haltung einnimmt. Beim Großmeister war diese Veränderung durch die Fesselung an einen Pfahl behindert, aber nicht zur Gänze ausgeschlossen.

Knochen allerdings bedürfen, um zu Staub und Asche zu zerfallen, höherer Temperaturen, die auf einem Holzstoß im Freien nicht zu erzielen sind. Selbst wenn man dadurch den Kohlenstoffanteil verbrennen kann, bleibt das Skelett beziehungsweise große Teile davon, insbesondere der Schädel in seiner Form erhalten. Wir können daher davon ausgehen, dass der Großmeister und Geofroy de Charey entweder am Hitzeschock als Folge der lokalen Hitzeschäden der Haut, oder am Inhalationstrauma, das ist die thermische Schädigung der Bronchialschleimhaut und Alveolen, durch Einatmen heißer Luft gestorben sind.

Verbrennung der beiden Templer

Offenbar waren auch keine entsprechenden chemischen Brandbeschleuniger bekannt oder vorhanden. Aus diesem Grund wird erklärlich, dass in zeitgenössischen Chroniken davon gesprochen wird, dass die Knochen des Großmeisters, offenbar zu einem späteren Zeitpunkt, noch einmal dem Feuer ausgesetzt wurden, oder vielmehr werden sollten.

Lassen wir uns von den mittelalterlichen Darstellungen der Verbrennung der beiden Großwürdenträger des Ordens nicht täuschen. Zeitgenössische Quellen sprechen von zwei Scheiterhaufen und dem Umstand, dass de Molay schon brannte, als de Charney seinen Holzstoß besteigen musste. Trotzdem sehen wir in den bildlichen Darstellungen beide an einen Pfahl gebunden, ohne Hemd und König Philip IV. oft in unmittelbarer Nähe zum Scheiterhaufen. Das alles sind spätere Komprimierungen der Geschichte der Exekution, möglicherweise um die Legende vom Fluch glaubhafter darzustellen.

Aber selbst ohne diese Legende waren die Zeitgenossen bereits überzeugt, dass die Kapetinger, das französische Herrscherhaus, ein verfluchtes Geschlecht waren und die späteren Ereignisse konnten diese Volksmeinung nur bestärken und bewahrheiten.

Reliquien und Tod der Schuldigen

Bedenkt man den Kult, der das gesamte Mittelalter und natürlich auch im 14. Jahrhundert um Reliquien veranstaltete wurde, ist man erstaunt, keine wirkliche Antwort auf die Frage zu hören, wo die Asche und die Knochen des Großmeisters Jacques de Molay geblieben sind.

Sogar von Heiligen, wie zum Beispiel dem Hl. Georg, deren sterbliche Überreste nicht mehr oder nicht ausreichend vorhanden waren, wurden Reliquien öffentlich ausgestellt, verehrt und in Prozessionen herumgetragen.

In dieser Zeit wurden sogar Reliquien von Heiligen, die es niemals gegeben hatte, öffentlich verehrt. Die Beschaffung einer Reliquie war eine kostspielige und aufwändige Angelegenheit. Vermögen wurden für vermeintlich wundertätige Knochen von Heiligen oder Märtyrern ausgegeben. Die Schatzkammern unserer Kirchen und Diözesen sind noch immer wohlgefüllt mit diesen Artefakten, wenn sie auch nach einer Überprüfung des Fakten diskret in den Hintergrund gerückt wurden und die Reliquie bei der Präsentation gegenüber dem kunsthistorischen Wert des Reliquienbehälters zurücktritt.

Bis ins 18. und frühe 19. Jahrhundert wurden die römischen Katakomben von den Kirchenfürsten, allen voran der Papst, als fast unerschöpflicher Fundus für Reliquien benutzt, um diese in alle Welt als besonderen Schatz und Gnadengabe zu verschicken.

Tausende harmloser antiker und spätantiker römischer Bürger wurden zur Gänze oder teilweise in ihren Gräbern ihrer Knochen beraubt und wenn die Knochen ausgingen, dann taten es auch Stoffteile, die mit den Knochen oder auch Holzteile, die nur mit dem Grab in Berührung gekommen waren. Dabei wollen wir von den unverschämteren Fälschungen gar nicht reden.

1307 hatten die Büttel König Philips IV. bei der allgemeinen Verhaftung der Ritter und Angehörigen des Templerordens am Freitag, den 13. Oktober, sogar nach allerdings nicht kanonischen, ketzerischen Reliquien Ausschau gehalten. Es ist gar nicht so überraschend, dass sie praktisch nichts gefunden haben. Ein derartig veräußerlichter Kult, einer prähistorischen Dämonologie nahe stehend, wäre für die abstrakte und asketische Glaubensauffassung der Templer vom Christentum eher merkwürdig.

In den Verzeichnissen, die für den König angefertigt wurden, scheint lediglich ein so genanntes Büstenreliquiar auf. Weiblich, beschriftet mit der Signatur: Caput LVIII m. Der kleine Buchstabe ♍ hat einen geschwungenen Abstrich und ist ein astronomisches Zeichen für Jungfrau.

Es gibt Aufzeichnungen, aus denen hervorgeht, dass die Templer ein Kopfreliquiar mit angeblichem Schädelknochen einer der Jungfrauen der Hl. Ursula gehabt haben. Das kann die Archivsignatur mit dem astronomischen Zeichen für Jungfrau erklären. Es würde sich daher nur um eine reine Inventarnummer handeln. Keinesfalls kann es sich hier um eine Darstellung des so genannten Baphomet handeln, da dieser immer als männlich bezeichnet wird.

Derartige Köpfe, oft auch als sprechend bezeichnet, werden antiken und mittelalterlichen technischen Experimentatoren zugeschrieben. So soll sich Archimedes, aber auch Gerbert von Aurillac, besser bekannt als Papst Sylvester II., mit der Konstruktion eines solchen Kopfes erfolgreich beschäftigt haben. Die Kopfkonstruktion des Papstes Sylvester II. war ein männlicher Kopf und soll sich im Jahre 1240 im Besitz von Albertus Magnus befunden haben, und später in den Besitz der Templer übergegangen sein. Das wäre noch ein spektakuläres Artefakt, das man auffinden müsste.

Im Mittelaltersaal des Musée du Louvre findet sich leider nur ein weibliches Büstenreliquiar und zwar nur ein einziges. Selbstverständlich ohne Zettel.

In Susie Hodge[3], Die Templer wird zur Frage der sterblichen Überreste von Jacques de Molay behauptet:

„Nach Einbruch der Dunkelheit sammelten die Augustiner aus dem Kloster am anderen Seine-Ufer und andere fromme Christen die verkohlten Reste der toten Templer, um sie als Reliquien heiliger Märtyrer zu verehren."

Malcolm Barber[4] zitiert Villani: „Und hört, noch in der Nacht nach dem Martyrium des besagten Meisters und seines Gefährten, sammelten die Brüder und andere religiöse Menschen ihre Asche und Gebeine wie heilige Reliquien ein, um sie an heiligen Orten sicher aufzubewahren." Villani soll seine Nachrichten von einem Verwandten bezogen haben, der sich damals in Paris aufgehalten hatte.

Louis Charpentier[5] in seinem Buch Macht und Geheimnis der Templer, berichtet eine Überlieferung, leider ohne nähere Quellenangabe:

„Kaum dass die Templer Jacques de Molay und Geoffroy de Charnay verbrannt waren, stürzte sich die Menge auf die noch heiße Asche um sie wie eine Reliquie einzusammeln. Und die Legende will, dass in der Nacht sieben Maurer angeführt von einem Templer, zur Hinrichtungsstätte gingen, dort eine Hand voll Asche nahmen und sie in Richtung des Königspalastes streuten, indem sie „Macbenach" riefen,

3 Susie Hodge, Die Templer (Wien 2007) S. 69.

4 Malcolm Barber, Der Templerprozeß (2008) S. 313;

5 Louis Charpentier, Macht und Geheimnis der Templer. (Olten 1978)

wie einst die Handwerksgesellen getan hatten als der Baumeister des Tempels Salomos, Hiram von Tyrus, ermordet wurde."
Von dieser Geschichte gibt es also mehrere im Detail abweichende, teilweise märchenhafte anmutende Versionen.
Zum Einen sollen es neun Ritter oder sieben Maurer gewesen sein, offenbar sollte die Geschichte damit an die neun Ritter bei der Gründung des Templerordens erinnern. Zum Zweiten sollen diese Ritter ihre Schwerter blank gezogen haben und ferner sollen sie sich gleichzeitig als Maurer verkleidet haben.
Jetzt wird sich die Frage erheben, wie sicher sind Feststellungen und Behauptungen in der Überfülle einer nicht immer gut recherchierten Templerliteratur aus dem 20. Jahrhundert.
Ob es uns überrascht oder nicht, in allen drei Zitaten geht der Kern der Geschichte auf einen Zeitgenossen dieser Ereignisse zurück. Giovanni Villani, ein Florentiner Historiograph, verfasst einen Bericht über die Hinrichtung in seiner „Nuova Cronica" und der renommierte englische Historiker Malcom Barber[6] zitierte ihn wörtlich!
Interessant wäre es festzustellen, welchen Personenkreis Villani mit dem Ausdruck „die Brüder" bezeichnet. Möglich, dass damit die Augustiner gemeint wären. Aber im Kontext betrachtet meint er viel wahrscheinlicher die Brüder des „Meisters und seines Gefährten".
Überprüfen wir Villani durch andere Aufzeichnungen von Zeitgenossen, eventuell sogar von Augenzeugen!
Ein unbekannter Mönch, der die viel zitierten Chroniques des Guillaume des Nangis in Saint-Denis fortsetzte, – vielleicht ein Augenzeuge – berichtet, dass die beiden Würdenträger des Ordens so mutig und gefasst ihr Martyrium erlitten, dass die Umstehenden überrascht und von Bewunderung erfüllt wurden.
Ein italienischer Chronist aus Vicenza, Ferreto di Ferreti schreibt 1330 jene Worte, die man später Jacques de Molay in den Mund legen wird, einem anonymen Templer zu, der ebenfalls sein Leben

6 Barber, Templerprozeß 381, FN 883: Villani, Chronica 2, 127.

auf dem Scheiterhaufen verlor. Ferretis zitiert dessen Rede: „Ich rufe den wahren und einzigen Gott zum Richter über dich auf, denn dein Urteil ist nicht rechtens. Über ein Jahr und einen Tag wirst du zusammen mit Philip, der dafür ebenso verantwortlich ist, vor seinem Richterstuhl erscheinen, um auf meine Einwendungen einzugehen und dich zu verteidigen.“

Erst 1548 wird der Historiker Paul Emile de Verona[7] in sein Werk „De rebus gestis Francorum“, die Zitierung des Papstes und des Königs vor das Gericht Gottes, dem Großmeister zuordnen.

Tatsache ist aber, dass wirklich innerhalb des Jahres 1314 sowohl der Papst als auch König Philip IV. starben. Wenn man das noch als seltsamen Zufall sehen will, muss hinzugefügt werden, dass die beiden Hauptankläger und Minister König Philips des Schönen, Guillaume de Nogaret und Enguerrant de Marigny ebenfalls starben.

Nogaret wurde vergiftet, während Marigny nach Philips Tod von König Ludwig X. wegen angeblicher Veruntreuungen angeklagt, verurteilt und gehängt wurde.

Papst Clemens V.

Papst Clemens V. laborierte nach den zeitgenössischen Quellen an einem Magenleiden und wie berichtet wird, konnte nicht einmal das teure und berühmte Heilmittel jener Zeit, ein zerriebener Smaragd, ihm helfen.

Vielleicht sollte man wissen, dass der kleinste Fehler bei der Zerkleinerung dieses Edelsteines dem Patienten den Tod bringt. Zu große Bestandteile des Steines zerschneiden die Darmwände mit

7 Pauli Aemilii VERONENSIS, De rebus gestis Francorum Libri VII (Paris [o.J.]) erschien nach Emiles Tod 1539

der Folge einer akuten Sepsis. Bis zum Tod verstreichen dann mehrere Tag unter großen Schmerzen.
Albert G. Mackey, William R. Singleton beschreiben in ihrer History of Freemasonry[8], dass Clemens V. an einer Magen-Darmkrankheit litt und überraschend schnell daran starb. Seine Leiche wurde in seine Residenz nach Carpentras gebracht und über Nacht in einer Kirche aufgebahrt. Diese Kirche brannte gerade in dieser Nacht ab, sodass die sterblichen Überreste des Papstes fast zur Gänze vom Feuer verzehrt wurden. – Seine Verwandten stritten um das immense Vermögen, das er hinterließ. Er hatte eine große Summe Geldes in einer Kirche in Lucca der Sicherheit wegen deponiert. Dieses Geld wurde von einer „Bande deutscher und italienischer Freibeuter" gestohlen.
Es gibt immer wieder imponierende Zufälle.

Grab Clemens V.

Arnaldus de Villanova

Der Leibarzt des Papstes war der damals weltberühmte Arzt und Alchemist Arnaldus de Villanova. Er war seinen Zeitgenossen für seine Sympathien für den Templerorden und die Lehren des Joachim de Fiore bekannt.
König Philip IV. schließlich starb bei einem Jagdunfall nach einem Sturz vom Pferd.

---

8 Albert G. Mackey, William R. Singleton, History of Freemasonry 5 (1898) S. 1335.

Kein Wunder wenn man nachträglich alle diese Todesfälle als Fluch interpretierte und damit den Himmel und nicht die überlebenden Templer verantwortlich machen konnte.
Es gibt aber einen schreibenden Augenzeugen, der dieses Ereignis, den Tod des Großmeisters, für die Nachwelt aufgezeichnet und uns damit hinterlassen hat. Geoffroi de Paris, ein Notar und Chronist, der Augenzeuge der Hinrichtung war, berichtet in der von ihm verfassten Verschronik:

König Philip IV.

Als der Meister sah, daß der Scheiterhaufen bereitet war,
Legte er ohne Anzeichen von Furcht seine Kleidung ab.
Und er ergab sich, wie ich selbst sah,
Nackt bis aufs Hemd,
Ohne Zwang und ohne Widerwillen;
Zu keiner Zeit zitterte er,
[...]
Doch da sprach er zu ihnen: Seigneurs,
Bald wird ein Unglück über jene kommen.
Die uns zu Unrecht verurteilt haben;
Gott wird unseren Tod rächen.
Seigneurs, sagte er ohne Umschweife, wisset,
Daß alle, die gegen uns sind,
Durch uns leiden werden.

Wir dürfen annehmen, dass diese oder ganz ähnliche Worte die Ansprache des Großmeisters, aufgezeichnet von einem Augen- und Ohrenzeugen, getreuer wiedergeben als spätere Zuschreibungen. Wenn auch das Original vom Inhalt her ähnlich ist, aber weniger dramatisch formuliert wurde als die spätere Version vom Fluch.

Die feste und unerschütterlich mutige Haltung de Molays beeindruckte nicht nur die Menschen des 14. Jahrhunderts. 1805 hat der französische Theaterdichter Francoise Juste Marie Raynouard das Drama „Die Templer“ geschrieben, das mit großem Erfolg in der Comédie Francaise aufgeführt und hundert Jahre lang immer wieder gespielt wurde. Interessant dabei ist, dass der Autor Details den Dokumenten des vatikanischen Geheimarchivs entnehmen konnte, offenbar weil Kaiser Napoleon diese gerade in Paris zur Einsicht vorlagen. Raynouard würdigte die Haltung seines Helden theaterwirksam. Der Kaiser fand weniger Gefallen an diesem Stück, offenbar erweckte die skizzierte Figur des französischen Königs Erinnerungen an seine eigenen Fehler und Schwächen.

Kölner Urkunde

Mackey und Singleton schreiben auch über die Kölner Urkunde Dieses Papier, das angeblich aus dem Jahr 1535 stammen sollte, ist mittlerweile als Fälschung ausgewiesen. Es trägt angeblich die Unterschriften von Philippe Melanchthon und Gaspard de Coligny und, wie Mackey schreibt, „von anderen übel beleumundeten Personen“. Diese Fälschung ist in unserem Zusammenhang interessant, weil sie offensichtlich im 18. Jahrhundert nur den Sinn hatte, die Freimaurerei als von tatsächlichen Werkmaurern abstammend zu interpretieren und jeden Zusammenhang mit dem Templerorden zu bestreiten.

Es berührt seltsam, dass man schon im 18. Jahrhundert seine Zuflucht zur Fälschung nehmen musste, wenn die Freimaurer nach der Gründung der englischen Großloge 1717 tatsächlich, wie Le Forestier meint, nur aus Handwerkern und sehr gewöhnlichen Leuten bestanden.

Ein Vorwurf, der im 20. Jahrhundert übrigens auch den Tempelrittern durch Joshua Prawer gemacht wird, dieser befindet, dass sie keine Intellektuellen, sondern sehr gewöhnliche Leute waren.

Baron von Hund

Unter den Papieren von Karl Gotthelf Reichsfreiherrn von Hund, der in Deutschland den freimaurerischen Zweig der „strikten Templerobservanz“ einführte, soll sich nicht nur ein Testament des Großmeisters Jacques de Molay befunden haben, sondern auch Aufzeichnungen über Vorgänge nach der Verbrennung vom 18. März 1314, sowie eine Großmeisterliste.

Hund war in Paris mit der jakobitischen Freimaurerei in Berührung gekommen, trug dort eine Uniform der jakobitischen Emigranten und etablierte nach Deutschland zurückgekehrt, ein auf der Templerabstammung basierendes Hochgradsystem der Freimaurerei mit Ausstrahlungen vor allem nach Schweden, aber auch nach Österreich. Er erzählte, dass er mit englischen und schottischen Brüdern aus dem Gefolge des Prinzen Charles Edward Stuart bekannt geworden sei. Diese haben ihm Zugang zu höheren Graden verschafft und er wäre unter Anwesenheit von Lord Clifford und Lord Kilmarnock zum Tempelritter geschlagen worden.

Das Zertifikat, das man ihm übergab war mit „Georges“ unterzeichnet. Dazu muss man wissen, dass James III., Sohn des vertriebenen Stuartkönigs, in der Emigration den Namen „Ritter von St. Georg“ führte.

Karl Gotthelf Freiherr von Hund

Hund war sich klar darüber, wer der Unterzeichnende war, wenn er in der Folge in Paris die blaue Uniform der jakobitischen Freiwilligen trug.

Diese freimaurerische Obödienz der Strikten Templerobservanz trat in ganz Europa einen beispiellosen Siegeszug an und bestand auch in

Amerika. Mitglieder der Strikten Observanz erhoben den Anspruch, gestützt auf die Logentradition in Schottland, selbst Tempelritter zu sein.

Da sich Baron von Hund immer auf seine „unbekannten Oberen" berief und zugeben musste, dass diese ihn nicht mehr kontaktierten, wurde er in den letzten Jahren seines Lebens und in der Folge, vor allem durch Intrigen der Freimaurer aus Südfrankreich, als Betrüger bezeichnet. Die Dokumente, die Hund zu seiner Entlastung vorlegte, konnten mit dem damaligen Wissen gar nicht richtig überprüft werden. Erst heute kann man sagen, dass die von ihm vorgelegt Großmeisterliste nach unserem Wissensstand exakter war, als jede zeitgenössisch bekannte. Er musste sie also von Insidern erhalten haben, die ein weit zurückreichendes Wissen über den Templerorden und seine Tradition hatten. Erstreckt sich diese Authentizität auch auf die anderen Dokumente, dann wäre auch das Testament des Großmeisters de Molay und die Berichte über die Vorgänge bei seinem Tod zuverlässig.

Tatsächlich wäre auch ein Auftauchen zumindest eines solchen Testaments des Großmeisters weniger verwunderlich als das Fehlen eines solchen. Jacques de Molay war für seine Zeit ein alter Mann, der an den Orden aber auch an seine Familie zu denken hatte, schon vor seiner Verhaftung am 13. Oktober 1307. Es wäre also nur folgerichtig, wenn er durch letztwillige Verfügungen sowohl für den Orden als auch für die Familie vorgesorgt hätte.

Von Hund berichtete auch über die Flucht eines Teiles der Templer. Pierre d'Aumont, zwei Komture und fünf Ritter waren nach Schottland geflohen, wo d'Aumont zum Großmeister gewählt wurde und zwar am 27. Dezember 1315, nach ihm bestellte man George Harris zum Großmeister. Dieser soll dann den Templern erlaubt haben zu heiraten, damit ihre Kinder und deren Nachkommen den Orden durch die Zeitläufe erhalten würden. Vergleicht man diese Darstellung mit der schottischen Legende der Entstehung der Loge von Kilwinning, wie wir später zeigen werden, ist die Parallelität der Mythen auffallend.

Was nun die Glaubwürdigkeit der Erzählungen des Baron Hund betrifft, so hat er bis zu seinem Tod seine Integrität beteuert und versichert, er wäre von seinen unbekannten Oberen im Stich gelassen worden.

Wir können mit unserem heutigen Wissen diese Versicherung nachvollziehen. Jene Oberen die ihn aufnahmen, waren nach dem Aufstand der Jakobiten in Schottland 1745, entweder tot oder Flüchtlinge, und ihr Souverän Charles Edward Stuart als Pensionär des Papstes gezwungen zu erklären, dass er nicht das Oberhaupt einer freimaurerischen Obödienz sei.

Es war einfach niemand mehr in der Lage, diese Geschehnisse in Frankreich für Baron Hund zu bestätigen.

Wie vorsichtig und perfekt diplomatisch sich der Prinz Charles Edward Stuart auszudrücken verstand, zeigt ein Briefwechsel zwischen ihm und dem Herzog von Södermannland, dem späteren schwedischen König. Dieser hatte den Prinzen in Rom als seinen Großmeister gebeten, ihn in seinem neuen Amt als Nachfolger Hunds zu unterstützen. Der Prinz antwortet:

> „[...] *der neue Grad, welchen Sie erlangt haben, konnte nicht in bessere Hände fallen. Die gänzliche Finsternis, in der ich in Bezug auf Ihre Mysterien bin, verhindert mich mehr zu sagen, bis ich erleuchtet bin, ...*“
> *25. September 1780.*

Ein nicht wirklich Eingeweihter hätte sich deutlicher ausgedrückt.

Am 1. Dezember 1783 ernennt der Prinz Charles Edward Stuart dann König Gustav III., den Bruder des Herzogs, zum Koadjutor und Nachfolger in der erblichen Würde des Großmeisters. Dieses Dokument wird heute in Schweden verwahrt.

König Gustav III. von Schweden

Auch nach dem Tod von Baron Hund war die Frage der Abstammung der Freimaurerei von dem Orden der Tempelritter keineswegs vom Tisch.
Auf dem so genannten Gallischen Konvent oder auch Lyoner Konvent 1778 erklärten Jean Baptiste Willermoz und Jean de Türckheim zwar, dass für die Strikte Observanz keine Beweise vorlägen, aber einerseits durch die mündliche Überlieferung, andererseits aufgrund von Forschungen, die man betrieben habe und die auf dem Konvent bekannt gegeben wurden, gesichert sei, dass der Orden der Tempelritter trotz des Verbotes des Papstes weiter Bestand habe, die Ritter geheiratet hatten und Kinder hatten. Es bestehe die begründete Vermutung, dass die Maurerei dieses Geheimnis verberge.
Le Forestier, ein zeitgenössischer Historiker, bezeichnet diese Zusammenhänge als Schwindel ohne Belege.
Nun, diese Belege sind in unserer Zeit aufgetaucht. Schade nur, dass sich niemand darum kümmert. Sogar Wikipedia erklärt etwa mit dem Wissensstand des Jahres 1914, dass heute niemand mehr einen Zusammenhang zwischen Templern und Freimaurern behauptet. Das ist stark übertrieben.
Es gibt völlig unbestritten Schreiben von Papst Johannes XXII., dem Nachfolger Papst Clemens V. an die Bischöfe, er sei benachrichtigt worden, dass einige Templer sich selbst laisiert und Familien gegründet hatten. Die Bischöfe wurden aufgefordert, dagegen einzuschreiten. Was allerdings die Bischöfe gegen dieses Fait accompli unternehmen sollten, bleibt unerfindlich.
Jedenfalls ist damit wieder einmal eine unbewiesene Behauptung Le Forestiers und seiner Abschreiber als unrichtig erwiesen. Unklar bleibt, warum dieser Zusammenhang mit so viel Emotionen und Unhöflichkeit in Abrede gestellt wird. Möglicherweise handelt es sich um Vorlieben und vorgefasste Abneigungen innerhalb der modernen Freimaurerei, deren Überprüfung uns Außenstehenden aber, mangels Detailkenntnis dieser Vorgänge, nicht möglich ist.

Der Neffe des Großmeisters und das Grab in Stockholm

In der Literatur ist auch immer wieder von einem Neffen des Großmeisters die Rede, der angeblich sein geheimer Nachfolger gewesen wäre, oder sich zumindest um eine Sammlung der versprengten französischen Ritter unter seiner Person bemüht hätte und der auch als Vorläufer von Pierre d'Aumont bezeichnet wird.
Genannt wird diesbezüglich Jean de Longwy, der glaubhaft klingt, wenn man bedenkt, dass der Name des Großmeisters, wie im Mittelalter bei fast allen Namen üblich, von einem Ort, einer Besitzung abgeleitet ist.
Der Vater des Großmeisters hieß ebenfalls Jean de Longwy, seine Mutter soll eine Tochter des Mathieu, Sire de Rahon gewesen sein. Es ist vielleicht notwendig zu versichern, dass es 1314 zur Zeit der Exekution, oder besser des Justizmordes an Jacques de Molay, diesen Jean de Longwy den Jüngeren wirklich gegeben hat. Des weiteren ist der Ort Longwy sur le Doubs nur etwa 10 Kilometer von der Ortschaft Molay entfernt in der Franche Comté.
Andere Quellen und Überlieferungen nennen diesen Neffen Guienne de Beaujeu oder Franz de Beaujeu beziehungsweise Guichard oder Guido de Beaujeu. Auch sind sich die Autoren dieser Überlieferungen nicht einig, ob es sich dabei um den Neffen von Jacques de Molay, wie sie es nennen des letzten Großmeisters oder des vorletzten Großmeisters, handelt.
Tatsächlich sieht die Liste der drei letzten Großmeister vor 1314 so aus:

Guillaume de Beaujeu	1273–1291
Thibaud Gaudin	1291–16. April 1292
Jacques de Molay	20. April 1292–1314

Mit einem Mitglied der Familie Beaujeu wäre vermutlich ein Verwandter des vorvorletzten Großmeisters gemeint. Dieser müsste um 1314 leben und weder zu jung noch zu alt sein.

Der Name Guienne ist leicht als Irrtum aufzulösen. Die Guienne ist ein Landstrich der von der Familie Beaujeu beherrscht wurde.
Franz und Guido sind in dieser Form nicht auffindbar. Wohl aber lebt um diese Zeit Guichard VI. Graf de Beaujeu, dreimal verheiratet, verstorben 1331. Außerdem bestehen zwischen der Familie Beaujeu und dem schwedischen Königshaus seit dem 11./12. Jahrhundert familiäre Kontakte.
Guichard VI, Graf de Beaujeu, soll nicht nur einen Teil des Schatzes der Templer sondern auch die Asche und Knochen seines Großmeisters Jacques de Molay gerettet haben.
In diesem Zusammenhang wird die Legende erzählt, dass nachdem der Scheiterhaufen niedergebrannt war, sieben oder neun Ritter als Maurer verkleidet aber mit gezogenen Schwert „Macbenac" rufend die Asche und Gebeine de Molays einsammelten.
In der Encyclopedia of Freemasonry[9] von Albert G. Mackey und Harry L. Haywood, hört sich das etwas seriöser so an: „Von Graf Beaujeu wird berichtet, dass er den Grad und das Ritual nach Schweden brachte. In der Geschichte wird auch erzählt, dass er die Asche seines Onkels gesammelt hatte und sie in Stockholm begrub, wobei er zum Andenken ein Denkmal errichtete. Daraus leiten die schwedischen Templer Freimaurer ihre Nachfolge nach Beaujeu ab und der Schwedische Ritus wird aus dieser Quelle als Templersystem verstanden."
Carl Gottfried Rössler[10], schreibt in seinem in Leipzig 1834 erschienenen Buch, Die Freimaurerei in ihrem Zusammenhang mit den Religionen der alten Ägypter, der Juden und der Christen:

9 Encyclopedia of Freemasonry von Albert G. Mackey und Harry L. Haywood (Chkago ^{4}1956) Teil 1, Seite 547f

10 Carl Gottfried Rössler, Die Freimaurerei in ihrem Zusammenhang mit den Religionen der alten Ägypter, der Juden und der Christen für denkende Geschichtsfreunde frei bearbeitet und mit Anmerkungen begleitet von R. S. Acerrellos (Leipzig ^{2}1836)

„Das große Kapitel von Stockholm behauptet das Original von de Molays Testament zu besitzen und sagt, dass in demselben die Fortsetzung der templerischen Geheimnisse unter der maurerischen Hülle festgesetzt sei. Auch dass man vorgegeben, dass bei dem selben Kapitel eine Denkschrift niedergelegt sei, aus welcher hervorgehe, dass Beaujeu der Neffe Molays die Asche seines Oheims gesammelt, ehrenvoll begraben und mit einem Stein in ägyptischer Monumentalform bedeckt, auf dieselbe aber die Inschrift gesetzt habe:

	In der Transkription:
J. B. M. B.	Jacobo Bernhardo molayo burgundio
A – Do – N – J – J – C	anno domini jesu christi
M CCC XIII	1313
XI. Mart	11. März

Ferdinand Wilke in seiner Geschichte des Ordens der Tempelherren[11], glaubt mit diesem, ihm merkwürdig erscheinenden Datum die „maurerische Fabel“ nachweisen zu können.
Wenn es sogar einem Berufshistoriker verwunderlich erscheint, dass der 11. März als Todestag genannt ist und nicht wie in der neueren Literatur einhellig der 18. März, so erweist sich das nur als eine weitere Bestätigung der Echtheit der Nachricht in Schweden.
Etienne Baluze wiederum gibt an, Molay sei „in vigilia beati Gregorii“ verbrannt worden, das wäre der 11. März, da der Gregorstag auf den 12. fällt. Seit dem 14. Jahrhundert gab es mindestens eine Kalen-

11 Ferdinand Wilcke, Geschichte des Ordens der Tempelherren, Band 2 (Halle ²1860) S. 360.

derreform. Und auch hier entstanden in der historischen Forschung verschieden Meinungen.
Hätte im 18. oder 19. Jahrhundert jemand diese Inschrift auf de Molays Grab erfunden, dann hätte er sich vermutlich geirrt und den 18. März 1314 geschrieben.

Dokumente und der Konvent in Wilhelmsbad

Nehmen wir an, eine freimaurerische Körperschaft in Schweden wäre tatsächlich im Besitz des Originaltestaments des Großmeisters de Molay und anderer Dokumente, während andererseits Baron Hund – wie zu vermuten ist – in gutem Glauben versichert hat, dass er im Besitz des Testamentes ist, gibt es nur zwei Möglichkeiten der Erklärung. Entweder Hund war nur im Besitz einer Abschrift oder diese Dokumente gelangten eventuell nach seinem Tod am 8. November 1776 nach Schweden.
In Schweden bewarb sich der Herzog Karl von Södermanland der spätere König Karl XIII., 1778 erfolgreich um die Nachfolge Hunds als Heermeister. Damit konnten Akten, Dokumente und Regalien Hunds nach Schweden gelangen. Auch die Geschichte der Strikten Observanz legt die zweite Version nahe.
Nachdem am Kongress von Wilhelmsbad 1782 die Strikte Observanz als freimaurerische Obödienz weitgehend aufgegeben wurde, hielten sich trotzdem nicht alle Logen, weder in Deutschland und Österreich noch in Schweden an diesen Beschluss.
Mit unserem heutigen Wissensstand ist es unverständlich, dass diese Vorgänge so einseitig dargestellt und die ehrabschneiderischen Mutmaßungen gegen Baron von Hund im so genannten Internationalen Freimaurerlexikon (Lenhoff, Posner, Binder) nicht korrigiert wurden. Es ist umso mehr bedauerlich, als die Autoren keinen Beweis für ihre überzogenen Behauptungen antreten.
Auch werden die katastrophalen Vorgänge beim Konvent von Wilhelmsbad mit Stillschweigen übergangen. Die Eifersüchteleien eines

Lyoner Seidenhändlers und seine Intrigen haben dort die Anzahl der Delegierten auf fünfunddreißig für ganz Europa beschränkt und es wurde die ritterliche „Tradition" sofort von der soeben neu erfundenen Obödienz der „Wohltätigen Ritter der heiligen Stadt" des Herrn Willermoz übernommen. Es war ihnen gelungen die Frage über die realistische Herkunft der Strikten Observanz von den historischen Tempelrittern von der Tagesordnung zu nehmen, wodurch sie sich selbst die Templerherkunft anmaßen konnten. Zum Abschluss ein Hinweis aus dem Ritual der Chevalieres Bienfaisantes de la Cité Saint (CBCS).
In diesem Ritual wird „Pierre" (sic) de Beaujeu, die Tradition fortführend mit Pierre d'Aumont genannt. Jener hätte auf Mull in Schottland Georg Harris, seinen späteren Nachfolger, getroffen. Harris hätte in der Folgezeit als Großmeister den Templern eine Heirat erlaubt, um den Orden mit deren Nachkommen fortführen zu können.
Es handelt sich also wörtlich um die gleiche Darstellung, die Baron Hund für die Strikte Observanz gegeben hatte. Diese wurde offenbar abgeschafft, damit die „Wohltätigen Ritter" ihre Nachfolge antreten konnten.
Es ist nicht verwunderlich, dass unter diesen Umständen viele Kapitel bis 1803, speziell die schwedische Freimaurerei, die Grundzüge der Strikten Observanz beibehielten.

Carta Transmissionis

Die so genannte Carta Transmissionis des Larmenius ist, wie dargelegt wurde und wird, der Stiftungsbrief eines neuen Templerordens. Eine Behauptung in Paris von einem Bernard-Raymond Fabrè-Palaprat vorgetragen, der sich auch 1803 sofort zum Großmeister wählen ließ. Die zeitgenössischen Historiker scheinen einig zu sein, diese Urkunde als Fälschung anzusehen. Es wird vor allem hervorgehoben, dass niemand von einem Larmenius aus Jerusalem etwas gehört hat, dass das Latein der Urkunde nicht ins 14. Jahrhundert passt, was notwendig wäre, wenn es sich wirklich um die Ernennung des Larme-

nius zum Großmeister des Templerordens durch Jacques de Molay handelt.
Eine Untersuchung durch Experten der Kriminologie scheint aber noch nicht stattgefunden zu haben.
So stark die Argumente für eine Fälschung scheinen, müsste auch bedacht werden, dass eine Zelle überlebender Tempelritter auch in Frankreich sehr wahrscheinlich ist. Dass diese im Besitz von Schriftstücken und Artefakten ist, die tradiert werden, ist ebenfalls anzunehmen.
Vielleicht ist es nicht gerade ein Testament Molays, eine zeitgleiche Abschrift oder ein Beglaubigungsschreiben. In einem solchen Fall hätte im Mittelalter der Papst, jeder König und Bischof und vor allem jeder Orden bedenkenlos eine falsche oder verfälschte Urkunde produzieren lassen können. Oft nicht nur auf der Grundlage von Erfindungen, sondern auch aus richtigen Erinnerungen, wenn die seinerzeitige Originalurkunde aus irgendeinem Grund verloren gegangen war und es notwendig wurde, eine Rechtsgrundlage vorzuweisen. Die Charta müsste unter diesem Gesichtspunkt geprüft werden.
Uns fällt auf, dass dieses Schriftstück Pierre d'Aumont und seine Tempelritter, die mit ihm nach Schottland gingen, als Abtrünnige bezeichnet. Der Verfasser muss also, wann immer er geschrieben hat, von der Flucht nach Schottland gewusst haben.
Der Orden behauptet eine Anzahl von interessanten Artefakten zu besitzen als da nach dem Inventar vom 18. Mai 1810 wären:

> Die Carta Transmissionis, ein Pergamentblatt in groß Folio, verziert,
> Statuten, 27 Pergamentblätter in klein Folio, datiert 1805,
> eine kleine kupferne Reliquie in Form einer gotischen Kirche, darin in Leinen vier Reste verbrannter Knochen.

Da dem Orden seit dem Beginn des 19. Jahrhunderts in Frankreich und England eine bedeutende Anzahl von Personen des öffentlichen Lebens angehören, könnte man doch versuchen, eine voreilige Beurteilung zu vermeiden. Es müssten nicht offensichtliche Fehler wie im 18. Jahrhundert bei Baron von Hund leichtsinnig wiederholt werden.

Hiramlegende

Die Vorgänge um den Tod und das Grab von Jaques de Molay berühren auch die moderne Freimaurerei an einem sensiblen und wichtigen Punkt. Was die Hiramlegende anlangt, so stellt sie ein so bedeutender Kenner der freimaurerischen Gebräuche wie René Le Forestier, was den Handlungsablauf betrifft, in etwa richtig dar. Er vertritt jedoch die Meinung, dass diese nicht vor der Schaffung des in den Logen allgemein verbreiteten Meistergrades im Ritual aufscheint. Dabei nimmt er einen Zeitpunkt zwischen den beiden Konstitutionen Andersons an, also zwischen 1722 und1738. Diese Grundsatzerklärungen der Freimaurerei hat Anderson im Auftrag der neuen Großloge verfasst. Le Forestier behauptet, der Meistergrad habe sich nur sehr langsam in den Logen in England durchgesetzt, die englische Großloge habe keinen Anteil daran. In der ersten Auflage der Konstitution sei nur von zwei Graden die Rede, in der zweiten Auflage von 1738 habe Anderson lediglich eine vollendete Tatsache zur Kenntnis genommen.
Dabei wird bereits in der ersten so genannten Verräterschrift in der englischen Freimaurerei, Samuel Prichard, „Masonry dissected" die Hiramlegende in voller Länge dem Publikum bekannt gemacht. Diese Veröffentlichung erfolgte 1730, allerdings war dieser Ritus viele Jahre vorher schon in Gebrauch.
„Der symbolische Meistergrad", schreibt Le Forestier weiter, „veränderte das Gefüge und den Charakter der von der Großloge (sic!) 1717 gegründeten Gemeinschaft von Grund auf." – Dabei war es die Großloge selbst, die gegründet wurde.
Er fragt nach der Herkunft der Episode von der Ermordung Hirams, die weder der Bibel noch der Bauhüttenlegende bekannt war. Dabei hat er nur mit der Bibel Recht. Den Bauhüttenmanuskripten war sie bereits wohlbekannt.

Dort ist der Tempel, König Salomo, Könige von Tyrus mit Namen Hiram, ein Adoniram Aufseher über die Fronarbeiten und ein geschickter Erzgießer, also ein Metallarbeiter, der Sohn einer Witwe aus Naphtali bekannt (1. Könige 7, 13–45). Das Alte Testament weiß aber nichts von seinem weiteren Schicksal oder gar von einem Mord durch drei Gesellen.

Auch bei Flavius Josephus, einem jüdischen Historiographen (37- ca. 100 n. Chr.) endet die Hiramerzählung mit der Vollendung der beiden Säulen vor dem Tempel.

Die oben angeführten Aussagen Le Forestiers erscheinen uns widersprüchlich, ohne Begründung und dienen offenbar nur dazu, den zentralen Wiedergeburtsmythos der Freimaurerei auf jeden Fall ins 18. Jahrhundert zu verlegen. In seinem ersten Band[12] muss er allerdings zugeben, dass zwei alte Fassungen der Steinmetzlegende sehr wohl Hiram Abif unter den berühmten Gestalten der Masonry erwähnen. Er räumt auch ein, dass ein den freimaurerischen Historikern bekanntes Pflichtenbuch, das „Manuskript von York", vom Tod Meister Hirams spricht und diesen etwa in die Zeit der Vollendung des Tempels datiert.

Nach gelehrten, aber das Thema nicht wirklich berührenden verbalen Ausflügen in die Kabbala, in ägyptische Mysterien, die Alchemie, die Äneis und bis zu Ovid, lässt Le Forestier die Frage nach der Hiramlegende einfach fallen. Es gelingt ihm nicht, den Kern der Geschichte, dass drei Gesellen einen Meister ermorden, zu erklären.

Einige weitere freimaurerische Autoren verlegen die Entstehung der Hiramlegende also nach 1723 und begründen das mit dem Umstand, dass Anderson in der Konstitution sie nicht ausführlich behandelt hatte.

Allerdings ist zu bedenken, dass Anderson gar keinen Grund hatte, den zentralen Mythos den ohnehin Eingeweihten in voller Länge zu präsentieren.

---

12 René Le Forestier, Die templerische und okkultistische Freimaurerei im 18. und 19. Jahrhundert, Band 1 (1987) S. 65.

Das übernahm nur sieben Jahre später, die erste so genannte „Verräterschrift“ von Samuel Prichard. Hier wird eine Version der Hiramlegende in voller Länge für das allgemeine Publikum, für Nichtfreimaurer erzählt.
Es erscheint lächerlich anzunehmen, das diese volle Ausbildung eines vorher angeblich nicht bestandenen Mythos, dem die Beteiligten höchste Wichtigkeit zumessen, in diesen sieben Jahren zwischen 1723 und 1730 erst entstanden wäre. Wir halten das für nicht realistisch.
Die alten Manuskripte der englischen Maurerei widersprechen den Ansichten Le Forestiers ebenfalls. Diese Manuskripte sind überwiegend im Besitz der vereinigten Großloge von England und damit für die Forschung zugänglich.
Das Cooke-Manuskript, Entstehungszeit um etwa 1400–1430: „König David schätzte die Steinmetzen sehr und er gab ihnen Charges [...] Und beim Bau des Tempels zu König Salomos Zeit, wie es in der Bibel geschrieben ist im 3. Buch der Könige [...] dass Salomo 80.000 Steinmetzen für sein Werk hatte. Und der Sohn des Königs von Tyrus war sein Master Mason.“
Gleiches steht im Grand Lodge Manuskript Nr. 1 etwa aus dem Jahr1583 und im Wood-Manuskript.
Ganz deutlich aber beschreibt den Hiram Ritus das Register House Manuskript das mit 1696 datiert wird und noch hundert Jahre älter sein soll und mit dem wir uns später im Kapitel Templer und Freimaurer auseinandersetzen werden.
In der freimaurerischen Hiram Legende finden wir je nach den verschiedenen Riten kurze oder längere, mehr ausgeschmückte Varianten dieser Erzählung. Gemeinsam ist ihnen der Teil, bei dem Hiram von drei Gesellen, die aus finanziellen Motiven von ihm das Meisterwort verlangen, angehalten wird. Er weigert sich, sie erschlagen ihn und vergraben den Leichnam. Die von König Salomo ausgeschickten Suchtrupps finden die Leiche und die Mörder. Bei der Bergung der Leiche wird ein neues Meisterwort vereinbart.

Trotz der Verschiedenheiten der Ausprägungen der Legende ist sie in annähernd vollständiger Form in keinem literarischen Zeugnis der antiken oder mittelalterlichen Schriften zu finden!
Woher kommt also dieses zentrale Thema? Drei Bösewichte, die aus finanziellen Motiven einen „Meister" erschlagen, der aber in anderen Brüdern wieder aufersteht. Überraschend rasch werden die Mörder bestraft und ein Geheimnis wird weiter tradiert.
Weder vom Urgroßvater Noahs noch vom Rumpelstilzchen oder von jüdischen Geheimlehren ist hier die Rede. Alle diese Theorien hat es wirklich gegeben. Dabei könnte man ganz leicht eine Allegorie auf den Tod des Großmeisters und die nachfolgenden Vorgänge erkennen.
Im ganzen Templerorden war 1314 überall in Europa das einschneidende Erlebnis der Mord am Großmeister Jacques de Molay. Hier haben wir den „Meister".
In alten Versionen der Hiramlegende ist der Mord nicht nur auf drei Gesellen zurückzuführen, sondern auf eine Intrige, die König Salomo selbst aus Eifersucht einleitet.
Drei Hauptverantwortliche wurden bereits von Zeitgenossen für den Tod des Großmeisters Jacques de Molay genannt: Papst Clemens V., König Philip IV. und Guillaume Nogaret.
Schon die Historiographen des 14. Jahrhunderts haben in verschiedenen schriftlichen Aufzeichnungen als Motiv für die Verfolgung der Templer die Geldgier des Königs und des Papstes genannt.
Geradezu blitzartig, so dass die Legende vom Fluch de Molays entstehen konnte, sterben diese drei Personen, vermutlich gewaltsam, nach der Verbrennung des Großmeisters.
In den brisant politischen jakobitischen Logen, die vielfach auch aus katholischen Anhängern des Hauses Stuart bestanden, ist sowohl die Hiramlegende wie auch die Wendung der Bibel, Hiram sei der Sohn einer Witwe, bekannt.
Es ist überhaupt nicht zu verwundern, wenn die jakobitischen Logen beides mit ihrer damals gegenwärtigen Situation in Verbindung setzen.

Il Guercino, Hiramlegende, Federzeichnung

Der Tod oder besser der Königsmord am englischen König Charles I. im Jahr 1649 erinnert an Hiram. Aber Hiram ist auch der Sohn einer Witwe. Diese Witwe ist seit 30. Jänner 1649 Lady Henrietta, Königin von England, Schottland und Irland.
Der Sohn dieser Witwe ist der Pretendent, der spätere König Charles II., mit dem sich seine Parteigänger im gemeinsamen Schicksal identifizieren. Daher werden sie alle zu Söhnen der Witwe.
Auf dieser Skizze des italienischen Malers Giovanni Francesco Barbieri genannt Il Guercino ist unverwechselbar die Hiramlegende dargestellt und zeigt die Leiche des Meisters offenbar bei der Auffindung derselben. Damit auch recht klar ist, was dargestellt werden soll, hält einer der Finder einen Zirkel in der rechten Hand. Ein weiterer scheint zu versuchen den Meister aufzurichten. Wie sich herausstellte ist dieses Bild, genannt „Raising of the Master" im Besitz des Supreme Grand Chapter des Holy Royal Arch in Schottland.
Jene zentrale Legende oder Überlieferung, die allen Obödienzen der Freimaurerei im Ritual wesentlich ist, soll erst im 18. Jahrhundert in Frankreich aufgetaucht sein, wenn man Le Forestier und Lenhof-Posner-Binder glauben schenken kann. Jedenfalls hat der Künstler dieser Skizze von 1591 bis 1666 gelebt und muss sie wohl vor seinem Tod gemacht haben.

Wie alt ist diese Legende also wirklich? Bildete sie sich vielleicht schon nach 1314 als heimliche Allegorie auf den Tod des Templergroßmeisters? Oder zumindest in Schottland vor 1598?
Ein zentraler Mythos, der ein für alle Mal die Herkunft der Freimaurerei fest hält.
Das symbolische Grab des Meisters würde damit eine tief gehende weitere Deutung erfahren.
Ob das wirkliche Grab de Molays in Stockholm noch erhalten ist, wissen wir derzeit nicht. Auch nicht ob seine Lage von allenfalls Wissenden bekannt gemacht werden wird. Von der Großloge von Schweden haben wir bis heute keine Antwort auf unsere Anfragen erhalten. Begnügen wir uns vorläufig damit, dass wir es auf eine lange Strecke von Paris bis Stockholm und bis in unsere Zeit verfolgen konnten.

Bibliographie

Etienne BALUZE, Vitae paparum Avenionensium [. .] 4 Bände (Paris 1914–1927);

Hans BANKL, Hiram. Biblisches – Sagenhaftes – Historisches (Unver. Nachdruck, Innbruck, Wien 2000)

Hans BIEDERMANN, Das verlorene Meisterwort (Wien [3]1999)

Giovanni BOCCACCIO, Die neun Bücher vom Glück und vom Unglück berühmter Männer und Frauen. Übers., erl. und hrsg. von Werner Pleister (München 1965)

Alain DEMURGER, Der letzte Templer (München 2005)

Josephus FLAVIUS, Geschichte des jüdischen Krieges. Übers. Heinrich Clementz (Wiesbaden [6]1984)

René LE FORESTIER, La franc-maçonnerie occultiste au XVIIIe siècle et l'Ordre des élus coëns. Fac- similé de la 3e éd. (Paris 1928, Paris 2010)

René LE FORESTIER, Die templerische und okkultistische Freimaurerei im 18. und 19. Jahrhundert. 4 Bde (1987–1992)

Hans GROSS u. Friedrich GEERDS, Handbuch der Kriminalistik. 2 Bde (Berlin 1977)

Heinrich LACHMANN, Geschichte und Gebräuche der maurerischen Hochgrade (Braunschweig 1866)
Eugen LENNHOF, Oskar POSNER u. Dieter A. BINDER, Internationales Freimaurerlexikon (München 2000);
Alec MELLOR, Logen, Rituale, Hochgrade (Graz 1985)
Paul NAUDON, The Secret History of Freemasonry (Rochester 2005)
Paul NAUDON u. Hans Heinrich SOLF, Geschichte der Freimaurerei (Friebourg 1982)
Gustav Adolf SCHIFFMANN, Entstehung der Rittergrade in der Freimaurerei um die Mitte des 18. Jahrhunderts (Leipzig 1882)
W. SCHOLLMEYER, Selbstmord durch Verbrennen, zugleich experimenteller Beitrag zur Frage der Brennbarkeit menschlicher Körpergewebe In: Arch. f. Kriminologie 128 (1961) 16ff.
Tim THOMSON, Burned human remains (Teeside Univ. 2009)
Arpad VASS, Decomposition chemistry of human remains. In: Journal of Forensic Sciences 47 (2002) 3 pp 542–553.

Kapitel 2

Das Nachleben

Die kirchenrechtliche Grundlage wurde dem Templerorden durch einen Verwaltungsakt des Papstes mit der Bulle „Vox in excelso“ am Konzil von Vienne 1312 entzogen. Mitten in den Jahren der Verfolgung, Folterung und Ermordung der Tempelritter.

In Portugal wurde noch im ersten Viertel des 14. Jahrhunderts eine Nachfolge- und Auffangorganisation von König Denis I. für den aufgehobenen Orden geschaffen, der Christusorden, in Spanien ebenso, der Orden von Montesa. In Österreich richteten die Herzöge aus dem Haus Habsburg, Friedrich der Schöne und Otto der Fröhliche, die gleiche Auffangorganisation durch den Hausorden der Templeisen ein. Dadurch wurden die Tempelritter dieser Reiche gerettet.

Wäre es nicht logisch, dass dieser Vorgang auch in Frankreich, England oder Schottland eingehalten wurde? Vielleicht geschah das ohne Unterstützung durch die Regierenden, aber aus dem Überlebenswillen der dem Martyrium Entkommenen?

Wir wollen Schottland untersuchen, weil von dort eine deutliche und professionelle Stimme aus dem akademischen Kreis der Universität von St. Andrews kommt, Professor David Stevenson. Es ist kompliziert, den verschlungenen Vorgängen jeweiliger politischer und religiöser Interessen in Schottland zu folgen, aber aussichtsreich.

Zu Beginn ist eine Sprachregelung notwendig. Wenn freimaurerische Autoren heute von York, Royal Arch oder dem Schottischen Ritus

sprechen, so sind darunter die aus Amerika teilweise reimportierten und mit der Zeit veränderten Hochgraden zu verstehen.
In unserem Zusammenhang bewegen wir uns vom 16. bis ins 18. und frühe 19. Jahrhundert in Schottland und England in einer noch ursprünglichen Landschaft der Freimaurerei, in der vieles noch im Fluss ist. Hochgrade treten oft unter zwei oder mehr Benennungen auf, die Logen in Schottland pflegen ihre nicht immer übereinstimmenden Traditionen, während die Eitelkeit des 18. Jahrhunderts in Frankreich uns eine Fülle von kurzlebigen Obödienzen und Ritualen beschert, über deren Ursprünge die verschiedensten einander widersprechenden Meinungen veröffentlicht wurden.
Es gibt heute zahlreiche Vereine auf der Welt, die eine mehr oder weniger legitime Abkunft vom Templerorden behaupten. Gehört die freimaurerische Obödienz der Tempelritter aus England und Schottland, der Alte und Angenommene Schottische Ritus oder der Royal Arch dazu? Oder haben diese mehr zu bieten als, sagen wir, die Larmeniusgruppe mit ihrer Carta transmissionis?
Diese moderne Tempelrittergruppe ist hauptsächlich in Frankreich aber auch in England beheimatet und beruft sich auf eine Sukzession von Jacques de Molay. Ihre Urkunden und Artefakte sollen zweifelhaft sein. Das ist möglich, aber warum sollte es gerade im Frankreich des 14. Jahrhunderts keine Ritter geben, die ihre Tradition fortsetzen wollen.
Fälschungen im Mittelalter gibt es tausendfach. In vielen Fällen aber ist der Inhalt einer gefälschten Urkunde richtig, weil das Original verloren ging oder zerstört wurde, und zu Beweiszwecken eine Urkunde benötigt wurde. Im Mittelalter bestanden kaum Bedenken, eine spätere Urkunde, die sogar eine teilweise Abschrift älterer, verloren gegangener Dokumente sein konnte, zu verfertigen.
Hat der Templerorden in einer oder mehrer Hinsicht in Schottland eine andere Stellung eingenommen als im kontinentalen Europa? Wir werden zeigen, dass der Orden in Schottland bis in die 90er Jahre des 16. Jahrhunderts präsent blieb. Haben die Tempelritter nach 1312,

dem Jahr, in dem sie kirchenrechtlich aufgehoben wurden, angeblich zu existieren aufgehört?
Wir glauben nicht, dass der Templerorden erloschen ist.
Kirchenrechtlich, juristisch, war 1312 vielleicht das Ende, aber in der Realität verschwindet ein Orden nicht so schnell.
Waren diese mittelalterlichen Tempelritter nach einer beispiellosen Verfolgung durch Staat und Kirche und nach der Flucht nach Schottland nicht mehr katholisch, und christlich nur mehr, weil es zu ihrer Zeit keine andere transzendente Alternative gab? Wir wollen zu diesen Fragen ein paar Fakten beitragen, schließlich muss nicht jeder Leser mit der schottischen und englischen Geschichte vertraut sein.

Die Aufhebung

Relativ einfach konnte Papst Clemens V. 1312 noch vor dem Ende des Konzils von Vienne in einer Erklärung den Orden aufheben. Er konnte ihn nicht verurteilen, weil zahlreiche Konzilsväter einem derartigen Vorgehen nicht zugestimmt hätten. Es war also ein reiner Verwaltungsakt, vorgeblich im Interesse der Gesamtkirche. Tatsächlich aber war der politische Druck des französischen Königs Philips IV. oder auch bestimmte Absprachen zwischen dem König und dem Papst viel zu wichtig, um von dem gemeinsamen Ziel, der Vernichtung des Ordens, abzugehen.
Seit dem Jahr 2002 propagiert der Vatikan seine Unschuld an der Verfolgung und Vernichtung des Ordens und wird nicht müde, immer wieder, auch über Internet, darauf hinzuweisen, dass der allein Schuldige der französische König Philip IV. gewesen wäre. Dazu wird im vatikanischen Geheimarchiv im Jahr 2001 von einer jungen italienischen Historikerin, Barbara Frale[1] ein angeblich verreihtes Dokument aufgefunden, die so genannte Pergamenturkunde von Chinon.

1 Barbara FRALE, Il Papato e il processo ai Templari (Roma 2003)

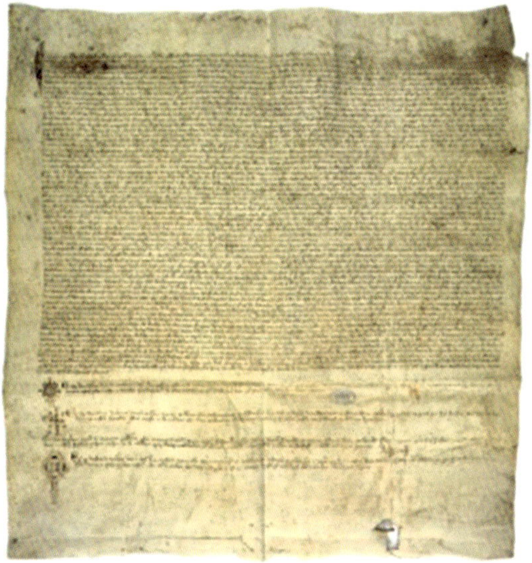

Chinonurkunde

Wieder wird eine französische Staatsführung bemüht, nunmehr um die scheinbare Unordnung des Archivs zu erklären. Dieses Mal ist es Kaiser Napoleon I., der die auf Tempelritter bezogenen Urkunden beschlagnahmt hatte und nach Einsicht sogar zurückgab.

Das war allerdings vor rund 200 Jahren. Entweder hat sich in diesem Archiv niemand um die angeblich von Napoleon angerichtete Unordnung gekümmert oder es war gar nichts verreiht und es erschien erst jetzt sinnvoll, die Urkunde zu benützen. Denn, publiziert wurde diese Urkunde aus dem Jahr 1308 zur Zeit ihrer Entstehung nicht.

Im Gegenteil, in diesem Jahr finden wir eine publizierte Bulle von Papst Clemens V. „Faciens misericordiam" in der er sich über die so genannten Geständnisse erschüttert zeigt und die Verfolgung anordnet. Natürlich hatte er zeitgemäß keinerlei Bedenken gegen die Anwendung der Folter. Diese wurde so rigoros gehandhabt, dass viele Templer dabei starben oder verkrüppelt wurden. Dieses Vorgehen steht in erheblichem Wiederspruch zum Inhalt des Chinondokuments.

Bei der Aufhebung des Ordens 1312 mit der Bulle „Vox in excelso", wird der Orden zwar nicht verurteilt, aber jedem, der Namen, Gebräuche oder Regalien des Ordens in der Zukunft verwendet, automatisch die Exkommunikation angedroht. Alle modernen

Templergruppen sollten gelegentlich auch darüber nachdenken, ob sie das tangiert.
Im Pergament von Chinon wird nur dem Großmeister Jacques de Molay und einigen gefangenen Präzeptoren des Ordens bestätigt, dass sie keine Häretiker sind, und sie werden wieder in die Gemeinschaft der Gläubigen aufgenommen. Vom Orden selbst ist keine Rede.
Etwas ganz anderes als ein kirchlicher Verwaltungsakt ist die Tatsache, dass Personen, also Ritter und Würdenträger des Ordens, die dem Orden angeschlossenen Laien und Handwerker, Regalien und Vermögen, Schiffe und ihre Mannschaft, Waffen und Pferde nicht einfach durch eine kirchenrechtliche Verlautbarung verschwinden. Auch wenn die Schätzungen mancher Autoren, dass es bis zu 80.000 Templer gegeben hätte, sehr überzogen sind, muss bei der relativ großen Zahl der Niederlassungen in Europa angenommen werden, dass es wenigstens 2.000 Ritter, Kapläne und Laienbrüder, vermutlich jedoch 6.000 bis 8.000 gegeben hat.
Wir wissen aber nur über das Schicksal einiger Weniger etwas Genaueres. Es spricht also einfach die Wahrscheinlichkeit für ein Überleben, aber auch für ein seltsames Verschwinden der Templer. Wir haben nichts von verstärkten Zunahmen an Ordensbrüdern oder von einer Überfüllung der Konvente der Johanniter oder Zisterzienser in dieser Zeit gehört.
Wir haben schon im Jahr 2000 in einem Buch „Templer in Österreich" gezeigt, dass es verschiedene Lösungen dieses Problems in Europa gab und dass sich Anhaltspunkte ergeben, wenn man nach dem Verbleib des Besitzes der Templer fragt.
Eine weitere Möglichkeit ihre Spuren zu verfolgen, ist die Verfolgung der Verwendung ihrer Regalien und letztlich auch die Analyse des Fortlebens und der Veränderung ihrer Ideen in der Folgezeit nach der Aufhebung des Ordens. Gibt es also unter diesen Prämissen Spuren einer Verbindung zwischen beiden Institutionen, dem Templerorden und der Freimaurerei? Diese Frage wird zumindest schon 300 Jahre gestellt und überraschend emotionell in der Literatur diskutiert.

Joseph Michaud in seiner Geschichte der Kreuzzüge, erstmals erschienen 1817–1822, verweist auf die Gemeinsamkeit verschiedener Gebräuche und Ausdrücke bei Templern und Freimaurern.
Marconis de Négre[2] behauptete in seinem 1858 erschienen Werk der Templerorden sei am Leben erhalten worden und ohne Unterbrechung bis in die Gegenwart überliefert worden.
Damit befinden wir uns im Fragenkomplex über die Frühgeschichte der Freimaurerei. Obwohl es natürlich auch nichtmaurerische Gruppierungen gibt, die eine Sukzession behaupten, scheint uns die freimaurerische Nachfolge in den Hochgraden am wahrscheinlichsten. Wir wollen uns mit einzelnen Indizien zu diesen Fragestellungen befassen.
Durch die dankenswerte Liberalität der Großloge von Schottland ist es heute auch Nichtfreimaurern möglich, deren Unterlagen und Literatur einzusehen und zu verwenden. Dadurch konnte viel zur wirklichen Frühgeschichte der Freimaurerei erarbeitet werden. Die Jahrbücher und die Ergebnisse der Forschungen der Logen selbst in Schottland und England und die Veröffentlichungen am Kontinent sind nach wie vor sehr disparat und es wird hier noch immer mit ebenso viel Engagement gegen eine Verbindung der Freimaurerei mit den Tempelrittern argumentiert, wie auch dafür, obwohl die Großloge von England bzw. deren Kurator in dankenswerter Weise, jetzt einen modernen Standpunkt einnimmt, nämlich, dass wir über die Ursprünge der Freimaurerei nichts wissen.[3]
John Hamill bezweifelt eine direkte Abkunft der Freimaurer von der operativen Maurerei also vom Handwerk und erwähnt u. a. ein Rechnungsbuch der London Mason Company mit einem Eintrag aus dem Jahr 1621 über „the making of Masons". Seiner Meinung nach konnte, aufgrund der exzessiv hohen Gebühren, es sich nur um die „Acception" von Berufsfremden in einen inneren Zirkel handeln.

---

2 Jacques-Étienne Marconis de Nègre, Le Temple des mystères (Paris 1858)
3 John Hamill, The Craft,(London 1986)

Eine ähnliche Meinung finden wir bei David Stevenson von der Universität St. Andrews in seinen Büchern über Schottland um das Jahr 1600.
Er hält ausdrücklich fest, dass er kein Freimaurer ist.
Für ihn steht außer Zweifel, dass sich die Logen, aus Schottland kommend, nach England ausgebreitet haben. Weiters lehnt er die Idee einer kontinuierlichen Entwicklung von den mittelalterlichen Steinmetzgilden zur modernen Freimaurerei, die er seiner Meinung nach erstmals um 1600 mit William Schaw (1550–1602) vorfindet, ab.
Der Konservator der Großloge von Frankreich, Philippe-Henri Morbach[4] erklärt: „Im Europa des 16. Jahrhunderts finden sich keine Spuren von Freimaurerlogen mehr, mit Ausnahme von Schottland. Die Behauptung, die Zünfte und die da und dort weiter bestehenden Bauhütten seien direkte Vorläufer der Freimaurerei in ihrem modernen Sinne, ist daher unrichtig." Auch Morbach orientiert sich an dem Nichtfreimaurer David Stevenson. Er fährt fort: „Ebenso erscheint es unrichtig, zu behaupten, die moderne Freimaurerei sei in England entstanden. Eine Meinung, die von den Engländern unterstützt wurde, welche diese Bewegung zu Beginn des 18. Jahrhunderts für sich beanspruchten."
Wenn diese Insider recht haben, und es spricht viel dafür, sind ganze freimaurerische und antifreimaurerischen Bibliotheken nur mehr Makulatur. So zum Beispiel die Bücher von Fessler, Schiffmann, Begemann, Wilcke, Thory, möglicherweise auch Le Forestier und andere.
Jedenfalls wollen wir uns bei der Frühgeschichte der Freimaurerei zuerst einmal auf Schottland zu konzentrieren.
Für unser Thema lassen sich zwei kritische Zeiträume von etwa 1312 bis ungefähr 1560 und danach von 1560/1590 bis etwa 1717 erkennen.

---

4 Philippe-Henri MORBACH: Von den Werkmaurern zu den modernen und spekulativen Freimaurern. In: Günter DÜRIEGL u. Susanne WINKLER (Hrsg.): Freimaurer: Solange die Welt besteht. 165. Sonderausstellung des Historischen Museums der Stadt Wien, 18. September 1992 bis 10. Jänner 1993, 149–154

In der ersten Zeitspanne von 1312 bis etwa 1560/1590 geht es um das gesicherte Überleben der in Schottland ansässigen Templer und der Ritter, die als Flüchtlinge vom Kontinent angekommen sind. Hier hat John Robinson mit seinem Buch „Born in Blood“ eine nicht abweisbare Theorie und Erklärung vorgelegt.

Es habe sich in England, speziell aber in Schottland, eine Fluchthelferorganisation gebildet, deren Handlungskriterien noch immer in den „Old Charges“ Spuren hinterlassen haben. So wird dort zum Beispiel gesagt, dass kein „besuchender Bruder“ in die Stadt gehen darf, ohne von einem örtlich ansässigen Bruder begleitet zu sein, der für ihn zeugen (garantieren) kann.

Eine Vorschrift, die sich besser für Leute auf der Flucht eignet, als für friedlich wandernde Handwerksburschen.

Für ein Mitglied einer Steinmetzzunft ist bei Bruch eines Schwures die Todesstrafe eine etwas überspannte Bestrafung, innerhalb einer Fluchthelferorganisation von Templern aber vorstellbar.

In einem englischen Ritual für die Einweihung eines neuen Meisters steht, dass dieser jetzt zum Bruder von Piraten und Korsaren wird. Auch das klingt seltsam für einen biederen Maurer.

Die Old Charges bestimmen, dass ein besuchender Bruder 14 Tage beschäftigt werden muss, dann muss er etwas Geld bekommen und an die nächste Loge weiterempfohlen/ werden.

Kaum anzunehmen, dass mittelalterliche Handwerker Fremde beschäftigen müssen, wenn sie diese vielleicht gar nicht gebrauchen konnten. Auch eine Ausbildung von je 14 Tagen an einem anderen Ort wird kaum dem Zweck des Erlernens der Spezifika eines Handwerkes dienlich sein.

In der alten Freimaurerei wurde ein Schurz aus weißem Schafleder um die Hüften getragen, ohne jede Verzierung. –

Die Templer trugen laut Regel einen Gürtel aus Schafleder um die Taille zur Erinnerung an ihr Keuschheitsgelübde.

Alle diese Argumente klingen einleuchtend und vermögen bisher nicht zuordenbare Fakten zu erklären. Außerdem wird ein Zusammenhang beider Sozietäten seit Langem behauptet, von manchen Historikern aber als mythisch energisch bekämpft.

Als John Robinson hat dieses Buch schrieb, war er noch kein Freimaurer. Er macht eine interessante Bemerkung über die Attraktivität der Freimaurerei in unserer Zeit. „Die einzige Antwort heißt Tradition. In einer rasch sich wandelnden Welt ist es eine Wohltat und gibt Sicherheit, Teil einer Sache zu sein, die sich nicht verändert."

Das Überleben

Für die Dezennien des 14. Jahrhunderts nach der kirchlichen Aufhebung des Tempelritterordens, wird man sich mit der Tatsache abzufinden haben, dass die Notwendigkeit im Untergrund zu bleiben, wenige Spuren hinterlässt. Immerhin gibt es eine Nachricht, dass Pierre d'Aumont als Nachfolger des letzten Großmeisters nach Schottland geflüchtet sein soll.
John Robinson vertritt in seinem Buch „Born in Blood" eine Theorie, die für das 14. Jahrhundert sehr plausibel klingt, und die erste Welle der Durchdringung mit esoterisch spekulativen Ideengut der Templer in den Baukorporationen, die ihnen ursprünglich nur als Tarnung dienten, erklären könnte.
Wie aber geht es weiter, wenn sich der Sturm der Verfolgung gelegt hat. Wie fühlen sich die Brüder? Wie reagieren sie auf die veränderte Umwelt? Eine psychologische Fragestellung scheint in der Geschichte durchaus angebracht, weil sie Hinweise auf Fakten bringt und Ereignisse erklärbar machen kann.
Zwei verschiedene Einstellungen sind möglich. Machen wir uns bewusst, vor 1307 sind die Templer an einflussreichen Schlüsselstellen und Spitzenrepräsentanten in der mittelalterlichen Gesellschaft. Was geschieht psychisch mit solchen Menschen, nach dem Überstehen der ersten Monate der Flucht, des sich Versteckens, nach der Angst, die keine andere Überlegung zulässt, als von Tag zu Tag zu überleben? Schließlich wird er von der politische und der kirchliche Autorität zum Verbrecher, zum Außenseiter degradiert. Niemand

kann das ohne Schock, ohne neu Stellung zu beziehen, ohne irgendeine Veränderung seiner Psyche, überstehen.
Einem regulierten Ordensmann, wie dem Tempelritter, bleiben zwei Wege offen. Einer der Demut, des Verzichts, der Treue zu den Gelübden, kurz er bleibt ein Ordensmann, auch wenn ihn seine eigenen kirchlichen Oberen nicht mehr anerkennen. In Schottland finden er und seine nachfolgenden Generationen von Ordensleuten wenigstens eine geschützte Nische bis zur Reformation vor. Anders sein militärisch geschulter Ordensbruder der ersten Generation. Kampferprobt reagiert er mit Aggression, lehnt schließlich Obrigkeiten, auch kirchliche, als unzuverlässig ab und lebt im Grunde nur mehr seinem Revanchedenken. Dieser wird den Ritter, der er ja ebenso ist, betonen.
Er wird in die Welt zurückkehren, darin leben und auf den Tag der Rache warten. So polarisiert wird die erste Generation von Flüchtlingen in Schottland gedacht haben.
Er wird heiraten, Kinder zeugen und diesen und den Enkeln den Revanchismus als unverzichtbares Erbe ihrer Ehre mitgeben. Und das ist nicht nur eine Vermutung, denn im Dezember 1318 bereits wendet sich Papst Johannes XXII., der Nachfolger Clemens V., an die Bischöfe weil ihm berichtet worden war, dass frühere Templer wie weltliche Ritter lebten und geheiratet hatten.
Ein solcher Templer wird mit seinen Brüdern eine zumindest lockere, örtlich bestimmte Gemeinschaft bilden und durch einige Generationen ein ritualisiertes Andenken an den mittelalterlichen Orden pflegen. Wie seinerzeit wird das Kapitel in einer derartigen Gemeinschaft geheim sein und bewacht werden. Das Aufnahmeritual in der nächsten Generation wird die archaischen Momente des alten Ordens aufweisen. Zum Beispiel hören wir, ohne Hemd und nur in Hosen wurden die Templer bei der Aufnahme durch einen langen Gang geführt, ohne Waffen und Metall. Dort erhalten sie ihre erste Instruktion über Regel und Statuten. — Das alles hat sich in den alten freimaurerischen Ritualen in England und Schottland ganz ähnlich erhalten. Ungewöhnliche harte Eide sichern die Geheimhaltung der

Kenntnisse, die Tempelritter im Orden überliefern. Das war nicht weiter verwunderlich, da in den mittelalterlichen Kapiteln der Templer Woche für Woche in eigenen Bußkapiteln jeder Ritter seine Sünden und Verfehlungen selbst anzuklagen hatte.
Für die schottische Mentalität etwa der siebenten Generation, wir befinden uns zwischen den Jahren 1560 und 1598, ist ein derartiges Festhalten an Riten und Inhalten eine äußerst attraktive Frage der Ehre und Exklusivität. Wie sich gezeigt hat, wurde das bei einigen Familien zum unveräußerlichen Teil des Familienstolzes und der Templertradition.
Damit entstehen zwei Gruppen, einige wenige Kleriker und Mönche, die sich eng an den Hospitaliterorden anlehnen und jene der Laien, zumeist verheiratet mit Kindern. In der Folge entwickelt sich der Anschluss weiterer Verwandter, Freunde, die gemeinsam die Templertradition pflegen. Im kirchenrechtlichen Sinn würde man das Tertiarier nennen. Eine Gemeinschaft von Laien, die zusammen mit einem Männer- oder Frauenorden eine Ordensfamilie bilden.
Nachdem aber sieben bis acht Generationen über die Welt gegangen sind, ist der Hass von Vertriebenen, der sich noch in der zweiten Hälfte des 14. Jahrhunderts in England in dem so genannten Bauernaufstand Luft gemacht hatte, verebbt. 1560 ist die Frage, wie man zu Religion steht, weit mehr eine Entscheidung des individuellen Gewissens und der sozialen Zwänge geworden. Es ist nur mehr eine Entscheidung zwischen christlichen Bekenntnissen. Schwer genug, wird sie aber nicht mehr vom Revanchismus getragen.
Die Templerzirkel oder Templerfamilien mit ihren Hausorden umfassten viele Katholiken, aber sicher auch andere Bekenntnisse, wie man zum Beispiel am Großmeister Claverhouse beobachten kann. Wir dürfen annehmen, dass sich jeder einzelne von ihnen gleichermaßen der Tradition der Templer und deren Ritus verpflichtet fühlte, lebte man doch in einer Zeit in der die Zugehörigkeit zu einem Orden einen Ehrenvorrang begründete.
Zahlreiche neu gegründete Hausorden der Fürsten zeigen uns das. Wie attraktiv muss erst ein geheimer Orden gewesen sein.

Das gilt für die Laien, die Tertiarier, aber nur bedingt für die Kleriker der Templerfamilie. Kleriker und Mönche gingen um 1570 mit David Seton, dem Großprior in die Emigration nach Regensburg.

Schottland im 14. Jahrhundert

Wir wissen, dass der Templerorden mit zumindest zwei Hauptniederlassungen in Schottland vertreten war, Balantrodoch in den Borders und Maryculter in Aberdeenshire. Die Verfolgung der Templer nach 1307 in Schottland ist lediglich durch eine einfache Befragung von zwei Rittern in Edinburgh 1309 dokumentiert.
Die Hauptstadt Schottlands wurde erst 1314 vom schottischen König Robert Bruce erobert, bis dahin herrschte dort der englische König Edward II. Es gab dort einen recht maßvollen Templerprozess, während es unter Robert Bruce vermutlich gar keinen gegeben hätte. Ebenso war es in Irland, wo Templer die sich dort nur „besuchsweise“ aufhielten nicht einmal befragt wurden.
Im übrigen wurden die Templer, soweit sie in Haft waren, 1312 alle entlassen und verschwanden, wenn sie nicht zu alt waren um ein neues Leben anzufangen, oder sie waren nach einer kurzen ersten Befragung bereits um 1308 spurlos untergetaucht. Es gab in jener Zeit nach vorsichtigen Schätzungen angeblich nur etwa 140 Templer in ganz Großbritannien. Dafür aber zumindest 50 Komtureien. Jene Templer, die nicht verschwanden sondern geblieben waren, bezogen reguläre Renten aus den Erträgen der Templergüter.
Nach 1308 setzt in den offiziellen Urkunden in England ein fingiertes „Massensterben“ der Templer ein. Vermutlich wurde nach einem vorgeblich Verstorbenen nicht mehr gesucht.
In einem Bericht der Johanniter aus dem Jahr 1338 waren in Britannien nur mehr 13 Templer am Leben, die regelmäßige Einkünfte bezogen. Die Johanniter in Schottland berichten auch Ihrem Großmeister, dass die Templerbesitzungen in Schottland zerstört seien. Beide Meldungen sind eindeutig fingiert.

Auch dass die beiden Sinclairs Henry und William gegen die Templer ausgesagt hätten, entspricht den Wunschvorstellungen gewisser Historiker. Beide haben keine Belastungen ausgesprochen, dem Jüngeren war nur unangenehm aufgefallen, dass die Investitur geheim geblieben war und danach kein Fest für die Verwandten veranstaltet wurde.

Die Aufhebung des Ordens im Jahr 1312 wurde in Schottland, soweit es Bruce unterstand, nicht durchgeführt, ja nicht einmal öffentlich verkündet, da sich König Robert Bruce selbst, mit ganz Schottland im Kirchenbann befand. Das religiöse Leben ging jedoch geordnet weiter, die Geistlichkeit, auch die hohe, unterstützte zumeist König Robert.

Der Templerorden bestand als solcher im Schatten der Johanniter weiter bis etwa 1560/1590, als alle Orden ihre Existenzmöglichkeit in Schottland und England durch die Reformation verloren.

Das Eigentum des Tempelordens, welches der Papst auf die Johanniter übertragen wollte, wurde in Schottland von 1312 bis zur Reformation offenbar nicht angetastet. Grund und Boden, Renten, Pachteinnahmen etc. verblieben für den Unterhalt der Templer. Erst in der Reformationszeit gibt es Parlamentsakte, die vermehrt in die Eigentumsrechte der Orden eingreifen.

Sehen wir uns jetzt zu dieser Darstellung, möglichst chronologisch, einige Fakten aus Urkunden und Überlieferungen in Schottland an.

Im Jahr 1311, nach Abschluss der Befragungen der Templer, erscheint Adam de Middleton, Präzeptor der Templer in Schottland, bei Bischof William Lamberton von St. Andrews um dessen Protektion für die Templer zu gewinnen.

Allerdings kennen sich die beiden Herren schon. Denn Bischof Lamberton war einer der beiden Vorsitzenden der Inquisition in Edinburgh und Lord Middleton war einer der beiden Templer, die 1309 zur Vernehmung erschienen waren.

Der schottische Historiker Archie McKerracher[5] schreibt, dass Lamberton, der ein geheimer Parteigänger von Bruce war, bereits bei die-

5 Archie McKerracher *im Scots Magazine, Juni 1991.*

ser Vernehmung einen Handel abschloss. Waffen, Geld und Know-how für Bruce, dafür wurde Schottland ein sicheres Refugium für die Templer. Von dieser Zeit an, wendete sich das Kriegsglück für Robert Bruce. Kriegsmaterial und Waffen wurden in erheblichen Mengen nach Schottland gebracht. König Edward II. erließ zwar ein Verbot der Waffeneinfuhr nach Schottland mit hohen Strafen, jedoch ohne Erfolg. Nach seinen Informationen kamen die Waffen aus Irland. Woher kamen große Mengen an Kriegsmaterial aus einem armen Land ohne Industrie, dessen Städte in englischer Hand waren?

Die Vertreter des Königs, die in Irland die Untersuchung leiteten, fanden in den Templerhäusern, sechs Präzeptoreien und elf Burgen, nur ein paar alte Schwerter und weiteres kaum brauchbares Kriegsgerät. Auch konnten in Irland nur wenige Templer verhaftet werden.

Der Historiker Herbert Wood[6] schreibt in seinem Buch „Die Templer in Irland“: „Es ist äußerst überraschend, die Wohnsitze eines militärischen Ordens so schlecht bestückt mit Waffen zu finden.“

Kein Zweifel, die Ritter und ihre Waffen wurden auf Templerschiffen nach Schottland gebracht.

1333 in der Schlacht von Halidon Hill, zwei Jahrzehnte nach der kirchenrechtlichen Aufhebung des Ordens, wird ein Tempelritter gefangen genommen und dem englischen König Edward III. vorgeführt. Dieser macht ihm Vorwürfe, dass er sein Kreuz und seinen Habit schände, wenn er gegen Christen kämpft. Die Antwort dieses Templers, Adam de Vipont, war: „Sire, ich war ein Schotte bevor ich ein Templer wurde.“ – Diese Episode überliefert uns Sir Walter Scott, der sie wahrscheinlich von seinem Freund Alexander Deuchar erfahren hatte. Einer der Verwandten dieses Ritters Adam war ein Sir William de Vipont, der in der Schlacht von Bannockburn gefallen war.

Diese Überlieferung ist deshalb so interessant weil ein Templer 20 Jahre nach der Auflösung des Ordens gegen die Engländer auf Seite der Schotten kämpft. Bei der Schlacht von Bannockburn, die viel

---

6 Herbert Wood, The Templars in Ireland. In: Proceedings of the Royal Irish Academy 26, C (1906/7) 328–360.

früher war, wird die Teilnahme der Templer auf der Seite von König Robert Bruce von vielen Berufshistorikern bestritten. Offenbar weil nicht sein kann, was nicht sein darf.

1398 stirbt Sir Henry Sinclair und wird mit Riten begraben, als wäre er ein Großmeister der Templer.

Für die zweite Hälfte des 14. Jahrhunderts verweisen wir besonders auf das Buch von John J. Robinson[7] „Born in Blood". Er erforscht den englischen Bauernaufstand und kommt dabei zu überraschenden, aber plausiblen Schlüssen. Er vertritt in seiner Fluchthelfertheorie die These, dass vor allem die aus Frankreich geflohenen Ordensritter sich sinnvoller weise in Schottland in Sicherheit brachten. Seiner Meinung nach wurde der Bauernaufstand der zweiten Hälfte des 14. Jahrhunderts in England von Templern und ihren Sympathisanten organisiert und unterstützt. Wie wäre es sonst möglich gewesen, dass eine Schar marodierender Bauern in den Tower von London ohne einen Schwertstreich eindringen konnte, den dorthin geflohenen Großmeister der Johanniter herausholt und aufhängt. Der Anführer der Bauern wird im Allgemeinen Wat Tyler genannt. Wenn wir das in ein gutes Englisch bringen, heißt der Mann wohl Walter the Tyler, also Walter der Ziegeldecker.

Er war ein Heerführer, der hohe taktische und strategische Kompetenz aufwies. Letztlich konnte er nur durch den Bruch des Versprechens auf freies Geleit besiegt werden, eine Darstellung, die das folgende Bild zeigt.

Bruch des freien Geleits bei Walter the Tyler

7 John J. Robinson, Born in Blood. The Lost Secrets of Freemasonry (1990)

Einfach untertauchen, wie es sich heute manche vorstellen, war damals kein einfaches Unterfangen. Wer im Schottland des 14. Jahrhunderts als Landstreicher aufgegriffen wurde, wurde eingesperrt. Wurde er zum dritten Mal verhaftet, verlor er seinen Kopf.

Untertauchen war also nur in einer Organisation möglich, in der regelmäßig Ortsfremde und auch Ausländer unverdächtig aufgenommen werden konnten. Das waren nun einmal die Baukorporationen, die je nach Auftragslage, einmal mehr, einmal weniger wandernde fremde Gesellen und Helfer beschäftigten. In den Statuten und Protokollen der Gilden werden sie *day-laborers* genannt. Gut möglich, dass die Mastermasons ihrerseits durch die Flüchtlinge mit ideologischem und esoterischem Ideengut in Kontakt kamen und damit vielleicht ein wenig zu spekulieren begannen, was in den Erzählungen der Old Charges seinen Niederschlag fand.

Templer im 15. und 16. Jahrhundert

Parallel zu den Laien lebten einige Brüder des Templerordens, vor allem die Schotten selbst, als Ordensleute in Anlehnung an den Johanniterorden, aber ohne Eingliederung, bis ins 16. Jahrhundert weiter. Die Templerbaillies bestanden weiter und betrieben ihre wirtschaftlichen Angelegenheiten und gewohnten Aufgaben. Wir haben einige Nachrichten darüber aus 1513 und 1532. So hielt zum Beispiel Charles Campbell als Baillie sogar noch Gericht in Ayr.

Das heißt, es muss über 200 Jahre in beiden Gruppen, den Ordensbrüdern und den laisierten Templern zu Neuaufnahmen von Novizen beziehungsweise, kirchenrechtlich formuliert, Tertiariern gekommen sein.

Es wird überliefert, dass der Großmeister John Harris eine radikale Veränderung des Ordens in Schottland vornahm, indem er den Rittern die Heirat erlaubte, damit ihre Nachkommen den Orden aufrechterhalten konnten. Natürlich war der Orden dadurch eine ganz andere Institution als bei seiner Gründung im 12. Jahrhundert geworden, er hatte sich damit den Verhältnissen und Lebensumständen angepasst. Wir müssen uns aber die Zahl der Ordensritter, nach dem Absterben der ersten Generation der Flüchtlinge, als sehr gering vorstellen, gerade ausreichend, um die Verwaltung der Güter fortzusetzen und ein Ordensleben aufrecht zu erhalten. Aber natürlich auch um das heroische Andenken wach zu halten. Gerade diese Haltung ist aus der Mentalität der Schotten nicht wegzudenken.

Mackey[8] beschreibt in seinem Buch, dass der Tempelritterorden und der Johanniterorden im schottischen Parlament durch den Präzeptor von St. John, (in Torphichen, Westlothian, Scotland) vertreten wurden. Dieser Präzeptor wurde, vermutlich weil er die politische Vertretung im Parlament wahrnahm, auch als Großmeister der Templer angesehen. Jedenfalls hatte er bei Verfügungen über das liegende Gut der Templer das letzte Wort.

Daraus folgt aber, dass die Kapelle von Rosslyn zu einer Zeit gebaut wurde, als der Templerorden in Schottland noch relativ problemlos existierte.

Richard A. Hay, ein Verwandter der Sinclairs, der Zugang zum Familienarchiv hatte, berichtet in seiner Genealogie, dass die Saint-Clair 1441 zu Schirmherren der schottischen Maurer ernannt wurden. Sicher ist auch, dass Sir William Sinclair fünf Jahre später das Fundament von Rosslyn Chapel legen ließ. Überraschend berichtet die gleiche Chronik, dass er zum Bau der Kapelle in Rosslyn Steinmetze und andere Handwerker aus dem Ausland beschäftigte. Was ist das für ein Schirmherr, der seinen Handwerkern die Konkurrenz ins Haus holt?

Wie wir wissen, vereinigt Rosslyn in seiner Bauplastik templerische und freimaurerische Symbole obwohl es beide Gruppen angeblich damals nicht mehr bzw. noch nicht gegeben hat.

Oder ist Sinclair schon Schirmherr von ganz anderen Maurern, deren Riten und Legenden dann in dieser Kapelle verewigt wurden?

---

8 Albert G. Mackey, William R. Singleton, History of Freemasonry 5 (1898) S. 1354.

Jedenfalls halten die Sinclairs nach seinem Tod im Jahr1480 jährliche Treffen ab und zwar ausgerechnet in Kilwinning nahe der Westküste Schottlands, wozu sie die ganze Insel von Osten nach Westen durchqueren müssen. Ein weiterer Hinweis auf die nicht völlig aufgeklärte Bedeutung dieses kleinen Ortes in Schottland, dessen Loge später sogar eine Templer Charta nach Irland vergab!
Eine andere Charter, erlassen von König James IV. von Schottland, wendet sich an „Fratribus Hospitalis Hierosolimitani, Militibus Templi Solomonis [...]“. Diese Urkunde aus dem Jahr 1488 bestätigt den Johannitern und den Templern alle alten Rechte und Privilegien. Genauso wie es auch Robert Bruce im 14. Jahrhundert getan hatte.[9]
James IV. zählt nicht zu den Regenten, denen man unterstellen könnte, nicht zu wissen ob es in seinem Land Templer gab oder nicht. Er war sehr gebildet, interessiert an Musik, Literatur und Architektur. So hatte er dem anonymen Verfasser des meistgelesenen Epos in Schottland „The Wallace“ seinen Schutz angedeihen lassen. Er war geschätzt von Papst Julius II. und befreundet mit Kaiser Maximilian I. von Habsburg. Er wusste was er tat, wenn er den Templern ihre Rechte bestätigt.
Das Schottische Parlament autorisiert 1528 die religiösen Korporationen ihr Land an angesehene Männer zu verkaufen. Ein klares Zeichen einer neuen Zeit, die kirchliche Orden keinen Raum mehr einräumen wollte. – Der erste Verkauf dieser Art erfolgt 1535.[10]
In Schottland sind die Besitzungen der Templer also nicht wie am Kontinent relativ zwanglos in das Eigentum der Johanniter übergegangen oder wie in Portugal nahtlos an den Christusorden übergeben worden. In England hatten die Johanniter sogar auch Schwierigkeiten

9 James Maidment, Templaria. Papers relative to the history, privileges, and possessions of the Scotish Knights Templar, and their successors the Knights of Saint John of Jerusalem. (Edinburgh 1828–1830*)*

10 Alexander Walker, The Knights Templars in and around Aberdeen,. In: The Aberdeen Journal (Aberdeen University Press, 16. März 1887)

den Templerbesitz zu übernehmen und mussten oft das Parlament um eine Entscheidung anrufen.[11]
Fest steht, dass ein Alexander Seton, der 1346 als Meister der Hospitaliter bezeichnet wird, Gerichtssitzungen in Balantrodoch am Hauptsitz des Templerordens, abhielt.[12]
Die Familie Seton spielt nicht nur eine herausragende Rolle in der schottischen Geschichte, sie ist durch Sir Christopher Seton mit König Robert Bruce verschwägert. Ebenso mit den Stuartkönigen verschwägert sind die Familien Mar und Murry. Aus allen diesen Familien finden wir Großmeister bzw. Großpriore des Tempelordens nach 1560. Nur Zufall?
Weiters ergibt sich zufällig, dass ein anderer David Seton im 16. Jahrhundert bei den schottischen Templern, und ein weiterer im 18. Jahrhundert eine besondere Rolle in der Freimaurerei spielen.
In Schottland wurden die Güter der Templer, im Naheverhältnis zum Johanniterorden gesondert verwaltet. Scheinbar als wären beide Orden in irgendeiner Form, nur zu Verwaltungszwecken, jedenfalls aber lange nach der kirchenrechtlichen Aufhebung der Templer 1312, verbunden worden. Ein Zustand der bis in die Mitte des 16. Jahrhunderts belegt ist.
Dem Großmeister der Johanniter meldete man 1338, dass es in Schottland keine Templergüter gäbe bzw. diese völlig zerstört seien. In einem Verzeichnis des 16. Jahrhunderts aber führen dieselben Johanniter 519 Güter auf, die den Templern gehören.[13]
Als Bevollmächtigte nach Außen treten dabei so genannte Tempelverwahrer oder Templerbaillies auf, welche einen örtlich beschränkten Wirkungskreis haben, zum Beispiel 1490 ein Alexander Spens für Fife, 1532 ein Charles Campell im Sheriffdom von Ayr.

---

11 Charles G. Addison, The History of the Knights Templars (London 1842)
12 Scottish Record Office, RH 6/ 114 u. 115.
13 Maidment a.a.O

Schacher mit Ordensgut

In dem von der Scottish History Society herausgegebenen Buch „The Knights of St. John of Jerusalem in Scotland“[14], wird von zwei Mitgliedern der Familie Sandilands unrühmlichen Angedenkens berichtet.

Beide Johanniter, wobei man am 31. 7. 1564 John James Sandilands den Habit aberkannt hatte und aus dem Orden ausstieß, weil er sich an beweglichem Kirchengut vergriffen hatte. Sein Verwandter Sir James Sandilands aber brachte es bis zum Baron Torphichen, indem er als Präzeptor der Johanniter seinen eigene Orden und die Templer um einen großen Teil ihrer Ländereien brachte, nachdem das schottische Parlament die Autorität des Papstes im Lande aufgehoben und die Rechte der Orden auf Ländereien annulliert hatte.

In einer Familiengeschichte der Familie Seton, die durch Aufzeichnungen der Familie Sandilands bestätigt wird, spielt sich das so ab:

Sir James Sandilands als Kommandeur und Prior für Schottland und als Präzeptor von Torphichen, – er wird auch als Großmeister der Templer und Nachfolger von Sir Walter Lindsey bezeichnet, – übergibt an Queen Mary am 22. Jänner 1564 die Ländereien beider Orden. Darunter befinden sich von den Templern zumindest Balindrodoch und Maryculter.

Sandilands wird auch oft als Lord St. John bezeichnet. Das weist nicht nur auf seinen Titel nach seiner Bereicherungsaktion hin, sondern auch darauf, dass der oberste Hospitaler als solcher einen Sitz im Parlament einnahm und damit den Templerorden ebenfalls vertrat.

Nur zwei Tage später kaufte Sir James die Ländereien der Königin wieder ab und zwar um 10.000 Kronen.

Infolgedessen rebellierte ein Teil der Templer und ging mit ihrem neuen Großmeister, dem Neffen von George Lord Seton, Sir David Seton, der schon zuvor Großprior der Templer gewesen war, in die

14 Ian B. Cowan, P.H.R Mackay, Alan Macquarie, The Knights of St. John of Jerusalem in Scotland (Edinburgh 1983)

George Lord Seton

Emigration nach Regensburg. Leider scheint es kein Bild von David Seton zu geben, aber sein Verwandter George, der fünfte Lord Seton, lässt uns einen Blick in das Gesicht der Menschen dieser Zeit machen.
David Seton stirbt in Regensburg 1591 bzw.1581, beide Daten werden genannt, und findet seine letzte Ruhestätte in der Kirche des Schottischen Konvents.
Auch in der von einem späteren George Seton 1896 verfassten Chronik seiner Familie ist dieser Vorfall berichtet.
Porter Whitworth[15], berichtet in seiner Geschichte der Malteserritter, dass David Seton der letzte Prior der Templer Schottlands gewesen sei und sich mit vielen seiner Brüder 1572/73 ins Exil nach Regensburg begeben hatte.
Die Affaire Sandilands ist nur ein letztes Beispiel dafür, wie in dieser Zeit auch die Ländereien der Templer verschachert wurden.
Nachdem das Parlament 1528 durch ein Gesetz religiöse Korporationen ermächtigt hatte, ihr Land zu verkaufen, wurde 1535 ein Teil der Präzeptorei Maryculter an Harry den dritten Sohn des Lairds von Drum verkauft. Weitere Teile im Juli 1535 an Gilbert Menzies und ein paar Jahre später an den Laird von Petfodels.
Nachdem das Parlament die geheime Sakramentenspendung und überhaupt jede „Idolatrie“ bei Verlust aller Güter verboten hatte, war

15 Porter Whitworth, A History of the Knights of Malta (1858) 2, S. 303

für einen Orden oder auch regulierte Kanoniker in Schottland kein Platz mehr. Die Besitztümer des Ordens gingen in fremde Hände über und zurück blieben nur Dokumente von Besitztiteln. Hartnäckig hält sich auch ein Gerücht über die Existenz von Artefakten. Doch im Verlauf mehrerer Jahrhunderte gelangte nichts Spektakuläres an die Öffentlichkeit. Erst im Jahr 2011 kam die später besprochene Tafel aus der ersten Hälfte des 17. Jahrhundert an die Öffentlichkeit.

Kehren wir noch einmal zu David Seton, der mit den Resten der Kleriker des Ordens nach Regensburg emigriert, zurück. Warum entschließt er sich gerade nach Regensburg zu gehen?

Vielleicht findet sich darauf eine Antwort in einer päpstlichen Bulle aus dem Jahr 1577. Mit dieser wurde die St. Jakobskirche in Regensburg, den sie seinerzeit gründenden irischen Mönchen weggenommen und schottischen Mönchen anvertraut. Erster Abt wird Ninian Winzet. (1518–1592), der auch als Gegner des schottischen Reformers John Knox bezeichnet wird. Dorthin also wendet sich Seton und seine Brüder, falls es nicht so ist, dass Winzet bereits selbst einer dieser Templer ist. Bei den irischen Mönchen in St. Jakob gab es nur mehr einen Mönch und einen Novizen. Dann erscheint doch eine größere Zahl schottischer Mönche, die vor der Reformation und ihren Eingriffen in die Besitzansprüche des Templerordens fliehen und ins Exil gehen.

Sieht es nicht so aus, als hätte selbst der Papst mit dieser Bulle die Existenz eines aus Klerikern und Mönchen bestehenden Templerordens bestätigt und noch im Jahr 1577 eine Ausweichmöglichkeit geschaffen. Auffallend ist auch, dass offenbar Unstimmigkeiten darüber bestehen, wann und an wen dieses Kloster übertragen wurde. Es gibt eine Behauptung, dass es 1515 bereits auf schottische Benediktiner übergegangen wäre. Das passt nicht zur päpstlichen Bulle 1577 und zum ersten Abt, der erst 1518 geboren wurde. Dieser Ninian Winzet soll auch der Beichtvater der Königin Maria Stuart gewesen sein.

Das Kloster soll ab 1577 einen Aufschwung genommen haben und speziell der Erziehung junger Schotten gewidmet worden sein.

Hier stoßen wir wieder einmal auf eine von bewussten Auslassungen und Unklarheiten getragene Überlieferung, wie sie typisch für das Umfeld des Templerordens nach der Verfolgung zu beobachten ist.
Auch in anderen europäischen Ländern finden sich nur Reste von Besitztiteln der Templer. Für das heutige Österreich, Oberitalien und Westungarn wurde eine Auflistung im Buch „Templer in Österreich" versucht.
In Italien haben noch im 18. Jahrhundert einige Kirchen den Beinamen „de la Mason" geführt. Es sind dies:
Unsere liebe Frau zu Bologna und die ehemalige Kirche der Templerkommende in Mailand S. Paciandii de Cultu S. Joannis Baptistae.[16]
– Es bleibt unbenommen, daraus Schlüsse zu ziehen.
Für Nordwestitalien ist das Buch von Ellena Bellomo, „The Templar Order in North-west Italy" grundlegend. Wie schon an anderen Orten in Europa, finden sich auch hier nur Mauerreste, Namen, Erinnerungen. Nur die prächtigen Schatzkammern der Malteser und des Deutschen Ordens geben eine ungefähre Vorstellung, wie es auch bei den Templern ausgesehen hat.

1560–1717

Der zweite für uns interessante Zeitraum von etwa 1560 bis1717 beinhaltet das Überleben dieser laisieren Templer, angeschlossen an die operativen Logen in einer eigenen Obödienz oder in Zirkeln der Loge, Formen die man später Hochgrade nennen wird. Innere Zirkel, die von William Schaw in diesen Logen in Schottland 1589 und 1599 gebildet wurden. Wenn man die Nachrichten, über die große Loge von York aus dem 16. Jahrhundert bedenkt, so kann man vermuten, dass hier ähnliche Vorgänge abgelaufen sind.
Mackey und Singelton erwähnen in ihrer History of Freemasonry, auf Seite 1354, wie wir bereits wissen, dass der Tempelritterorden

16 Antiquitates christianae (Romae 1755)

und der Orden der Johanniter in Schottland durch den Präzeptor von St. John im schottischen Parlament vertreten wurde. Das waren immer die Präzeptoren von Torphichen. Diese Präzeptorei war so dominant, dass um sie Intrigen gesponnen wurden und Kämpfe entbrannten. Sogar ein späterer Regent von Schottland bewarb sich um dieses Amt und die damit verbundene Macht und Privilegien.

Torphichen

Wir haben Grund zur Annahme, dass der Präzeptor von St. John auch quasi als Regent die Befugnisse eines Großmeisters der Templer in Schottland ausübte. Die Reformation hat dieser Konstruktion ein Ende gemacht und die Laientempler zurückgelassen. Dadurch aber hatten sie die Notwendigkeit und die Möglichkeit sich neu zu konstituieren.

Mackey und Singleton: „Von der Zeit der Reformation an erscheinen diese beiden Orden kombiniert in Schottland nur mehr als masonische Körperschaft und der verstorbene Mr. Deuchar ist überzeugt, dass so früh, etwa 1590 ein Teil der Brüder mit der Architekturbruderschaft vermischt wurde und dass eine Loge in Stirling, deren Patron König James selbst war, ein Templerkapitel (Chapter) zugeordnet hatte. Sie wurden als die Maurer mit den gekreuzten Beinen bezeichnet. Deren Einweihungszeremonien fanden nicht in einem Raum statt, sondern in einer alten Abtei, deren Ruinen man noch in der Nachbarschaft sehen kann."

William Schaw deklarierte in seinen Statuten, deren eine Ausfertigung 1861 in Eglinton Castle aufgefunden wurden, drei „Hauptlogen“ Edinburgh, Kilwinning und Stirling. Durch die Sinclairbriefe wird oft angenommen, Stirling wäre eine Neugründung zwischen 1601 und 1628, weil die Loge im zweiten Brief erwähnt wird, im ersten jedoch noch nicht. Richtig ist jedoch, dass in einer Ausfertigung des zweiten Schawstatutes von 1599, die Loge von Stirling bereits als die dritte Hauptloge angeführt wird. Das Dokument, das 1861 in Eglinton Castle gefunden worden war, ist derzeit im Besitz der Großloge von Schottland.

Mackey und Heywood erklären die Bezeichnung Maurer mit den gekreuzten Beinen aus der Vereinigung der Tempelritter mit der Maurerloge von Stirling. Sie führen diese Haltung auf den Begräbnisritus der Templer zurück. – Im 16. Jahrhundert bedeutete es einen maurerischen Tempelritter.

Grabdenkmal

Am Fuß der Burg von Stirling liegt sehr malerisch ein alter Friedhof nahe der Kirche Holy Rude. Das ist die Tauf- und Krönungskirche König James VI. Bei einer mittelalterlichen Kirche wurden bei der Weihe oft 12 Kreuze in die Wände geritzt. In Holy Rude finden sich noch zehn davon. Es sind Templerkreuze.

In dem Friedhof finden sich einige gut erhaltene Templergrabsteine und weitere interessante Grabsteine von Freimaurern, die bis ins 17. Jahrhundert zu datieren sind. Die Annahme scheint gerechtfertigt, dass wir damit die letzten Spuren einer Templeransiedlung des Mittelalters und die Grabsteine der späteren „Maurer mit den gekreuzten Beinen“ identifizieren können. Jedenfalls fügen sich die Artefakte zu den Quellen. Templer und Freimaurer in unmittelbarer zeitlicher Folge. Überlieferungen, die in Stein gemei-

Holy Rude

Templergräber

Grabdenkmäler der Freimaurer

ßelt vor uns stehen. Das kann auch eine Erklärung für die Vorliebe und Nummerierung bestimmter Logen durch Schaw bieten.
Nun, die „Maurer mit den gekreuzten Beinen“ kann man auch noch in London in der Tempel Church besichtigen, oder besser vielmehr ihre Vorläufer. Die Grabplatten im Inneren dieser Kirche zeigen gerüstete Ritter des Templerordens als Liegefiguren, deren Beine übereinender gelegt, gekreuzt sind.
Die Kunstgeschichte rätselt seit Jahren um diese Gisants, wie sie Liegefiguren auf Gräbern nennt. Der Typ des Ritters mit den übereinander geschlagenen Beinen wird von Erwin Panofsky interpretiert als Ritter der entweder in der Schlacht oder am Kreuzzug gestorben ist. Gerhard Schmidt in Gotische Bildwerke und ihre Meister spricht von standesspezifischer Ausprägung und das Historische Lexikon der Schweiz sieht es als höfische Geste. Übereinstimmende Meinung ist, dass derartige Gisants nur in England und da nur zwischen 1230 und 1340 auftreten. Der Zusammenhang mit den Tempelrittern hätte daher schon rein zeitlich auffallen können.

Grabstein in Maryculter

Es muss sich um einen alten Brauch handeln, der dann in den Maurern mit den gekreuzten Beinen und weiterhin überlebt hat. Wohl daher kommt auch die Darstellung der gekreuzten Schenkelknochen mit Schädel auf vielen Grabmonumenten der Freimaurer und den früheren Regalien der maurerischen Templer vor.

Als weitere Bestätigung dieses Zusammenhanges bieten sich Artefakte in Stirling an, von denen wir trotz einer Zusage kein Bild erhalten konnten. Aber es findet sich eine frühere genaue Beschreibung der Stirling Brasses und Zeichnungen derselben.

Zeit der Reformen – Zeit der Reformation

Gelegentlich lieferten auch bekannte Historiker wie Begemann oder Le Forestier Argumente für Details, die ihnen in ihrer Argumentationslinie selbst nicht gefielen. In „Tempelherren und Freimaurer" gibt Begemann[17] zu, dass es Templer in Schottland bis 1563 gab. Dem Jahr in dem sie sich mit den Johannitern verbanden, wie er zu wissen glaubt. Tatsächlich waren die Vorgänge in der Mitte des 16. Jahrhunderts etwas komplexer.

Das religiöse Klima Schottlands in der Mitte des 16. Jahrhunderts war freudlos und gewalttätig. Die Reformation hatte in John Knox

17 Wilhelm Begemann, Tempelherren und Freimaurer. Vorgeschichte und Anfänge der Freimaurerei in Schottland (Berlin 1914) S. 60.

und Andrew Maxwell brutale und begabte Widersacher zur katholischen Königin hervorgebracht, welche Hand in Hand mit den großen Adelsgeschlechtern eine Art Daueropposition gegen das schottische Königtum und die Kirche stellten. Die Kirche war repräsentiert durch Bischöfe, die mehr Politiker als Kirchenmänner waren. Die Reformation in Schottland endete praktisch damit, dass es etwa um 1590 keine oder sehr wenige offizielle Katholiken und schon gar keine kirchlichen Orden mehr gab.

Mit der Reformation in Schottland wurden alle kirchlichen katholischen Orden vom Parlament verboten. Es besteht also seit etwa 1562 Handlungsbedarf für die Überlebenden der Templertradition um den Verdacht der Idolatrie und des Kryptokatholizismus von sich abzulenken.

Die Integrierung dieser Gruppen und Familien mit ihrem Hausorden der Templer in ein auch nach der Parlamentsakte von 1562 und 1564 anerkanntes System der Maurer und Steinmetze, das im Übrigen bereits einmal in der Zeit der Verfolgung ab 1312 Zuflucht und Sicherheit geboten hatte, schien sich als Lösung anzubieten, um ihre Zusammenkünfte nicht als heimliche katholische Umtriebe von der protestantischen Kirche argwöhnischer Beobachtung und Verfolgung auszusetzen.

Eine praktikabel erscheinende Lösung, umso mehr, als die Logen in Kilwinning und York bereits funktionierende Vorstufen dieser Entwicklung gezeigt haben dürften.

Anders wäre ihre Berufung auf ein Vorrechte gebendes höheres Alter 1598, und später als die neuen Großlogen im 18. Jahrhundert gegründet wurden, kaum erklärlich. Hier rivalisieren nicht eine Maurerinnung mit William Schaw oder der Großloge der Freimaurer, sondern zwei gleichrangige „symbolische" Körperschaften.

Man könnte den Schluss ziehen, dass beide Logen, die sich „Große Logen" nennen, bereits im Mittelalter berufsfremde Personen angeschlossen hatten. Wenn Robinson Recht hat, waren es Templer auf der Flucht. Und während viele andere operative Baukorporationen sich nicht als ständige Einrichtungen etablieren konnten und wieder untergingen, gelingt es York und Kilwinning zu überdauern. Vielleicht sogar mit nicht operativen Mitgliedern oder wenigstens mit der Erinnerung an Templer und ihre Nachkommen. Daher beanspruchten diese beiden Logen einen Vorrang vor allen Neugründungen und erhalten ihn auch eingeräumt.

Die operativen Baukorporationen in Schottland bestanden jedenfalls zur Zeit der Reformation durch William Schaw 1598, als Incorporations (Gilden) erst seit 1592. Was waren die Ziele dieser Reform, die sich nach sechs Jahren angeblich als notwendig darstellte und die Incorporations gar nicht berührte?

Diese Reform bestand im Wesentlichen aus der „Erfindung" der Freimaurerei, einem Anschließen, einer Affiliation von bestehenden Laientemplerzirkeln an die Baukorporationen. Offenbar nach dem Vorbild bestehender gewachsener Strukturen.

Und das in zwei Varianten. Entweder bleibt der Templerzirkel neben der Loge affiliert bestehen, wie in der Loge von Stirling, oder er wird als in die Loge eingeschriebener innerer Kreis bestehen, der über die zwei oder drei Grade, – darüber wollen wir jetzt nicht abhandeln -, hinaus tätig ist. Damit hat Schaw jedenfalls den Grundstein auch für das Hochgradsystem überhaupt gelegt. Vielleicht hat er es nicht wirklich selbst erfunden. Alles spricht dafür, dass er zumindest im Ansatz die Lösung bereits vorgefunden hat.

James VI.

König James VI. von Schottland war ein begnadeter politischer Überlebenskünstler. Er gelang ihm sogar die presbyterianische Kirche in Schottland zu beugen. Er war tatsächlich ein Friedensfürst in einer Zeit, da Krieg, politischen Mord und Verwüstung des Volksvermögens als heroisch und elegant galt. Er war bei seinen Zeitgenossen in England und Schottland, aber auch bei den Historikern bis ins 20. Jahrhundert unbeliebter als Heinrich VIII., dieser Jack the Ripper auf dem Thron.

James VI. hatte nicht nur gute Anlagen, sondern auch einen der ungewöhnlichsten Lehrer und Erzieher die Schottland je hervorgebracht hat, den Philosophen und Historiker George Buchanan (1502–1582).

König James VI. von Schottland

George Buchanan

Ausgebildet und lehrend auch in Frankreich, war Buchanan der Lehrer des großen Michel de Montaigne. Selbst ein großer Geist, ein Humanist der zeitweise an der portugiesischen Universität Coimbra lehrte, ein Dichter und politischer Theoretiker, und gelegentlich auch Verfasser erotischer Schriften, war Buchanan alles nur nicht der übliche Schulmeister.

Wen wundert es also, dass dieser König nicht nur ein Interesse für die Wissenschaften seiner Zeit, sondern auch für Esoterik entwickelte.

James VI. soll einmal ein Bankett gegeben haben, bei dem er den zutiefst zerstrittenen schottischen Adel gezwungen hatte, jeweils mit seinem ärgsten Feind, Arm in Arm, zur Tafel zu gehen. – Ein Symbol für seine politische Überzeugung des Ausgleichs und der maßvollen Toleranz. Er war jedenfalls so vernünftig, eine gewisse Neutralität in Religionsangelegenheiten zu entwickeln und Toleranz zu praktizieren.

Im Gegensatz dazu steht, dass er höchstpersönlich einen Traktatus über Dämonen, die „Daemonologie" verfasste. Er gilt auch als Autor zahlreicher Gedichte und eines Lehrbuches der Dichtkunst in schottischer Sprache: „The Essayes of a Prentise in the Divine Art of Poesie", das in Edinburgh 1584 gedruckt wurde.
Hüten wir uns darüber zu lächeln. Es sind die gleichen Dämonen, die auch heute noch in den Krankengeschichten unserer Psychotherapeuten als abgespaltene Komplexe herumgeistern. Erinnern wir uns, dass in der zweiten Hälfte des Jahrhunderts in dem James England regierte, Sir Isaac Newton in Cambridge eine Mathematik und Physik lehren wird, die noch das Weltbild unserer Großväter und Väter am Beginn des 20. Jahrhundert bestimmend beeinflusste.
Hohe Rationalität und ein Hang zur Esoterik aber passen zum von der Spätrenaissance geprägten Klima des Hofes von James VI. in Schottland. Das Gleiche muss für London gelten, wo er ab 1603 als James I. regierte und wo man Interesse für Hermetik, Alchemie, dem angeblich geheimen Wissen Ägyptens, Plato, den Neuplatonismus und schließlich am Rosenkreuzertum kultivierte.
Gleichzeitig entdeckte der König für sein Theater die Stücke William Shakespeares. Dieser bedankt sich vielleicht bei James mit seinem Stück „The Tempest" in der die Figur des Prospero eine Huldigung an die gelehrte Person des Königs ist.
König James I. ließ auch die berühmte Bibelübersetzung anfertigen und in vielen Logen wird diese King James Bibel noch heute aufgelegt.
Dass dieser König zu Recht ein hohes Sicherheitsbedürfnis hatte, ist in der historischen Forschung unbestritten und durch Belegstellen begründet. Er war als Kind Nachfolger seiner Mutter Maria Stuart geworden. Die verschiedensten schottischen Adeligen hatten die Regentschaft geführt, er war mehrfach im Kindesalter von rivalisierenden Adelsgruppen entführt worden und musste als Heranwachsender versuchen, langsam seine Kompetenzen wieder an sich zu ziehen.
Mehrmals hatte der junge James begründeten Anlass um sein Leben zu fürchten.

Der Archivar und Historiker Ronald G. Asch[18] beurteilt die Situation in seiner Biographie James I. realistisch: „So wie seine Mutter letztlich den Verlust ihrer königlichen Stellung nicht dauerhaft überlebt hatte, so glaubte auch er an Leib und Leben von jenen bedroht zu sein, die seine herrscherlichen Rechte in Frage stellten, eine Annahme, die im Rahmen der traditionellen politischen Kultur Schottlands mit ihrem hohen Gewaltpotential sicherlich nicht ganz unrealistisch war."

Das ist eine bewundernswerte diplomatische Formulierung für die Tatsache, dass zum Beispiel die Familie Lord Ruthvens in drei Generationen wiederholt Gewalttaten gegen ihn und seine Mutter verübt hatten.

Patrik Lord Ruthven war 1566 an der Ermordung von Maria Stuarts Privatsekretär beteiligt. Dessen Sohn hatte mit anderen Verschwörern den König selbst entführt. Seine Söhne wiederum, Alexander Ruthven und der Earl of Gowrie, versuchten den König als Gast in ihrem eigenen Schloss in einen Hinterhalt zu locken, aus dem er nur knapp von seinem eigenen kleinen Gefolge mit der blanken Klinge gerettet werden konnte. Alle diese Anschläge kulminierten im Gunpowder Plot, der so genannten Schießpulververschwörung 1605 bei der eine Gruppe unter Guy Fawkes versuchte, ihn gemeinsam mit seiner Familie und dem gesamten englischen Parlament in die Luft zu sprengen.

Zeitweise, etwa 1595, fehlte am Königshof das Geld so sehr, dass sogar die Leibwache aufgelöst wurde und nur die Mitglieder des Hofstaates zur Not Schutz bieten konnten.

Es ist nur zu verständlich, dass König James Maßnahmen setzte, die ihm auch inoffiziell Anhänger und loyale Gefolgsleute suchen ließ. Dies gelang ihm mit den neuen Logen William Schaws, die man später als 5. Kolonne bezeichnet hätte und er bekräftigte seine Verbundenheit durch seinen Eintritt in eine Loge. Laut einem Manuskript

18 Ronald G. Asch, Jakob I. (1566–1625) König von England und Schottland. Herrscher des Friedens im Zeitalter der Religionskriege (Stuttgart 2005)

aus dem Jahre1658 wurde er 1601 von John Mylne, dem Meister vom Stuhl der Loge Scone and Perth als Mitglied aufgenommen.[19]
An diesem Geschehen lässt sich außergewöhnlich gut die Einstellung der akademischen Geschichtsschreibung demonstrieren. Leider ist der Demonstrator der sonst so verdienstvolle David Stevenson von der Universität St. Andrews.
Nachdem er die Quelle für die Aufnahme James VI. in den Freimaurerbund genannt hat und anführt, dass die Aufnahme aufgrund der intellektuellen Wissbegierde des Königs nicht undenkbar ist, folgt als Schluss, dass diese Annahme der Initiation unwahrscheinlich sei.
Das Dokument, das in Frage steht, ist der so genannte Vertrag oder die Übereinkunft der Mastermasons niedergelassen in der Gemeinde Perth vom 24. Dezember 1658.
Dort wird die Familie Mylne hervorgehoben und behauptet, dass sie schon in sechs Generationen Mastermasons hervorgebracht hat.
Dies sei eine legendenumwobene Geschichte der Familie Mylne, ganz abgesehen von anderen Überlegungen, kontert Stevenson.
Die Übereinkunft von Perth 1658 konnte durch Zeitgenossen überprüft werden, weil der letzte dieser sechs Mylnes gerade ein Jahr zuvor gestorben war. Drei Mastermasons in Reihenfolge von vor 1600 bis 1657 gibt Stevenson zu. Ob davor noch drei weitere waren, diese Kenntnis konnten sich Zeitgenossen und Mitglieder in den Logen relativ leicht vor Ort verschaffen. Ob alle Meister waren oder nur Fellows, hat mit der Aufnahme des Königs im Jahre 1601 nichts zu tun. Jeder um 1658 Lebende konnte ein so bedeutendes Ereignis aus dem Jahr 1601 in seiner Gemeinde überprüfen. Warum sollte die Loge riskieren, korrigiert oder ausgelacht zu werden?
Die zweite Behauptung, der Verweis auf noch „andere Überlegungen“, bleibt ohne weitere Ausführung. Stevenson deutet nicht einmal Gründe dafür an. Ähnlich abweichende Ergebnisse bieten dem Leser auch die Werke von Begemann, Schiffmann, Le Forestier, Lennhoff-

19 David Michael Lyon, History of the Lodge at Edinburgh, (Edinburgh 1900) S 98;

Posner, Dafoe, ohne dass diese Aufzählung einen Anspruch auf Vollständigkeit erhebt.

Der protestantische König James VI. beauftragt also den Katholiken Schaw, die Reste des Templertums zu verstecken und ihm eine unverfängliche Struktur zu geben, dazu brauchte man in einer Zeit, in der sich die presbyterianische Reformation etabliert hat, und unduldsam gegen echte oder vermeintliche Katholiken vorgeht, eine Struktur, die nicht katholikenfeindlich ist, wenn die Logen zumindest in den größeren Ansiedlungen neben den Inkorporationen weiterbestehen sollen. Zufällig waren die *Incorporations* oder ihre führenden Männer katholisch, oder nicht abgeneigt. Die protestantische Kirk, mit Unterstützung des Parlaments, hatte ihnen viel von ihren Ritualen und Brauchtum genommen, das auf die Verehrung bestimmter Heiliger, ausgeprägte kirchliche Riten und ein hierarchisch strukturiertes soziales Gefüge innerhalb der katholischen Gemeinde gestützt war.

Dann brauchte man noch einen mächtigen Protektor wie den Earl of Sinclair, der ebenfalls katholisch ist, und sich nicht scheute im Umgang mit den protestantischen kirchlichen Behörden. Das Ganze spielte in einem Land das nahezu gänzlich von der Reformation erfasst war.

Aus diesem Grund ist es leicht verständlich, dass die jakobitische Freimaurerei durch Generationen mehrheitlich katholisch betont erscheint und zwar nicht beeinflusst von irgendwelchen Umtrieben der Jesuiten. Die Dynastie hatte ihre Gründe, die späteren Stuarts, besonders seit James II. sind die Katholiken.

Stevenson wirft die Frage auf, warum nur in der Maurerei und nicht auch in anderen Gilden ein Widerstand gegen die freudlose und tyrannische Art der neuen Kirche entstand. Die Antwort ist, die Maurergilde war bereits in mancher Beziehung unterschiedlich zu den anderen Gilden.

Sie wird bereits in der Reformationszeit ein geheimes Erkennungssystem und teilweise über eine reiche „Mythologie“ verfügt haben, wie er meint.

So sehr er Recht hat, was die von Schaw geförderten Spätrenaissancestudien in den Logen betrifft, so unmöglich ist es, dass Erkennungszeichen und Mythologie zum Widerstand ausreichen. Es müssen andere, weiterreichende Faktoren sein, wenn die Handwerkergilde aus der Tradition heraus auf die Repressalien der Presbyterianer reagiert. Der katholische Glaube allein reicht als Begründung nicht aus, wenn die Mehrheit der Gildenmitglieder unter dem wachsenden sozialen Druck und der Bespitzelung später die neue Religionsform doch annahm.

Die Erklärung können nur sehr starke Traditionen geben, die auch mit dem Selbstverständnis der Steinmetze und Maurer zusammenhängen. Dieses Selbstbewusstsein könnte über 200 Jahre gepflegt worden sein und aus der Templertradition kommen. Die Aufnahme von verfolgten Templern im 14. Jahrhundert und die damit verbundene Gefahr vermag schon ein Band der Zusammengehörigkeit zu knüpfen, überhaupt wenn ein paar der Baukorporationen, vielleicht wie jene in Stirling, immer schon zu den mittelalterlichen Templerkomtureien gehört haben und ihnen unterstellt waren.

Warum veranlasst König James VI. die Schawreform? Möglich, dass er eine gefühlsbetonte Beziehung zur Templertradition hatte. Hat er sich doch von den Zeitgenossen selbst als neuer König Salomo oder Kaiser Konstantin feiern lassen. Noch bei der Leichenpredigt nach seinem Tod wurden derartige Vergleiche gebraucht.

Mit dieser positiven Einstellung zum Tempelritterorden wäre er in Schottland nicht allein gewesen. Der Übersetzer des berühmten Werkes „De occulta philosophia" von Cornelius Agrippa von Nettesheim ändert von sich aus ein die Templer beleidigendes Zitat um. Es hat ihn und wohl auch das zu erwartenden Leserpublikum gestört.

Das allein reicht nicht für die Entscheidung eines Regenten. Auch nicht, dass William Schaw mit Alexander Seton befreundet war, sie waren zusammen in Frankreich gewesen waren, und die Familie Seton sogar die Kosten für die Errichtung des Grabmals für Schaw im Dom von Dunfermline bezahlte. Und die Seton beziehungsweise die Clans der Montgomerys, Hamilton, Sinclair etc. sind klassische Templerfamilien in Schottland.

Bei all diesen Entscheidungen, nicht nur der Regierenden, sind Nützlichkeitsüberlegungen die Haupttriebfedern. Welchen Nutzen gewinnt König James VI. also bei dieser „Reform“ und warum erwählt er einen Katholiken? Schaw hatte zwar zwei Jahre vorher, ebenso wie der König, die Negative Confession unterzeichnet. Es handelte sich dabei um ein antikatholisches schriftliches Bekenntnis, das die reformierte, schottische Kirk von ihren Angehörigen verlangte. Beide unterzeichnen aber unter massiven politischen Druck. Wir können davon ausgehen, dass Schaw katholisch geblieben war, obwohl er wie auch sein Freund Alexander Seton zumindest gelegentlich protestantische Gottesdienste besuchte, da er auch später noch als „Jesuit“ verdächtigt wurde.

Alexander Seton

James VI. war gerade einer extremen protestantischen Adelsgruppe, den Ruthven Raiders, die ihn entführt hatten, entkommen. Logischerweise versuchte er sich mit deren Gegnern zu umgeben. Was die Reform der Maurergilden anlangt, so hatte er bereits die Schwierigkeiten an der Regentschaft seiner Mutter Maria Stuart beobachten können, gegen den Widerstand der reformatorischen Geistlichkeit und der protestantischen Adelsclans zu regieren. Er braucht gegen diese Kräfte ebenfalls Unterstützung. Was lag näher, als die in ihrer Isolation lebenden katholischen Adeligen ebenso wie manche protestantische und episcopale Standesgenossen, von denen viele noch der Templertradition verpflichtet waren, versteckt zu sammeln und unauffällig zu zentralisieren. Seine 5. Kolonne!

Loyale verlässliche Anhänger, die verdeckt organisiert lebten und bei Bedarf einschreiten konnten. So wird sich das James VI. vorgestellt haben. Tatsächlich waren die jakobitischen Logen, auch nach seiner Zeit, ein Sammelplatz der Stuartanhänger, ebenso in der Emigration in Frankreich im 18. Jahrhundert.

Grabmal William Shaws

Durch den frühen Tod William Schaws 1602 und die Thronbesteigung James VI. in England waren die neuen Logen in ihrer Entwicklung noch nicht voll im Sinne der Absichten der Gründer ausgerichtet und jetzt sich selbst überlassen. Sollte doch König James I. nur einmal noch in seinem Leben 1617 nach Schottland zurückkehren.

Dadurch setzte eine sehr disparate Entwicklung ein, in der jedoch nie die Grundzüge der Old Charges, des Maurerwortes und der Union mit berufsfremden Personen vergessen wurden. Die Anziehungskraft dieser neuen Gruppen nahm sogar ständig zu und entsprach offensichtlich Interessen und Neigungen des 17. Jahrhunderts.

Charakteristisch für diese Entwicklung in der zweiten Hälfte des 17. Jahrhunderts sind die Logen von Hamilton und Dunblane. Vor allem in der Loge von Dunblane beim Meeting im Jänner 1696 liest sich das Mitgliederverzeichnis wie eine jakobitische Verschwörung:

William Drummond, Lord Strathallen (Master)
John Cameron
John Pearson of Kippenross
Alexander Drummond
Alexander Cameron

Obwohl auch eine Minderzahl operativer Maurer vorhanden ist, kann den Logenprotokollen keinerlei Interesse für Belange des Handwerks entnommen werden.
In der Loge von Dundee, die in der zweiten St. Clair Charter 1628 aufscheint, hatte die Reform offenbar einige Konfusionen verursacht. 1659 werden zur gleichen Zeit zwei Protokollbücher angefangen. In einem werden die Organe des Gesellschaft Deacon, Clerc und Officer genannt, das andere Protokollbuch nennt sie Master und Warden. Offenbar ist hier von zwei Organisationen die Rede, die gar nicht so deutlich getrennt sind.
Kilwinning, das ein sehr großes Einzugsgebiet für seine Mitglieder umfasste, ignoriert die Incorporations vollkommen.
Es zeigt sich eine ähnliche Entwicklung wie in England, wo wir in den Logen um diese Zeit praktisch nur Gentleman-Masons, also berufsfremde Maurer finden. Erst in den letzten Dezennien müssen wir annehmen, dass auch die Gentleman-Masons anfangen, die ersten zwei bis drei Grade zu bearbeiten. In früheren Zeiten wurden ihnen bei einem einzigen Termin die Aufnahme zum apprentice und fellow craft gewährt und damit ausgedrückt, dass sie ohne Ausbildung in diesen Graden direkt in die ihnen angemessene Ebene eintreten.

Sir Francis Bacon

Sir Francis Bacon

Nach einem beispiellosen gesellschaftlichen Aufstieg für Sir Francis Bacon, Lord Verulam, Lordkanzler König James I., erfolgte ein ebenso plötzlicher Fall wenige Jahre vor seinem Tod. Man bestritt, vermutlich zu Recht, seine Redlichkeit, unbestritten war sein Ruf als hochgebildeter und hochtalentierter Literat. Diesen Ruf in einer Zeit zu erhalten in der ein Oxford, Sir Philip Sidney, Christopher Marlowe, Ben Jonson und William Shakespeare lehrten und publizierten, zeigt die hohe Qualität seines Talents. Mehr noch, bis heute verstummen die Stimmen nicht, die behaupten er habe die Werke Shakespeares geschrieben.

Dass sich aber in seiner Zeit ein gesellschaftliches Phänomen, wie die spekulative Freimaurerei bildet und bis heute, seit etwa 1598 besteht, erscheint ohne einen theoretischen Unterbau, der die neue Organisationsform definiert, unmöglich.

Und dieser Unterbau war auch schon vorhanden. Gerade zu dieser Zeit schreibt Sir Francis Bacon (1560–1626) seinen Bestseller „Nova Atlantis“. Man hat Bacon nachgesagt, er sei Freimaurer gewesen, er wäre Rosenkreuzer etc. und tatsächlich hatte er, dessen Herkunft selbst geheimnisvoll war, für Geheimnisse einen Sinn, – hatte er doch ein eigenes Verschlüsselungssystem erfunden.

Wenn er im neuen Atlantis die Forderungen einer idealen Gesellschaft beschreibt, widmet sich Bacon Details, die nicht unbedingt für eine utopische Schilderung notwendig wären.

Sein Buch ist eine Sozialutopie, das in der Verbreitung einem heutigen Bestseller gleichkam. Der Inhalt beschreibt eine utopische geheime Gesellschaft von Weisen, die sich untereinander Brüder nennen und in einer Republik leben, die von dieser Geheimgesellschaft geführt wird. In völliger Freiheit werden philosophisch-ethische Diskussionen geführt und zum Wohl der Menschheit gearbeitet. Diese Weisen bezeichnen sich als Mitglieder des Hauses Salomo, wollen eine bessere Welt erbauen, beziehungsweise haben das auf ihrer Insel bereits realisiert.

Wenn wir einmal theoretisch annehmen, dass Bacon sein Atlantis ohne Bezug zur neuen Freimaurerei geschrieben hat, so mussten jedenfalls deren Mitglieder sich unerhört angesprochen und ermutigt fühlen. Aber auch dem Autor muten wir einen blinden Fleck in seinem Gesichtsfeld zu, wenn wir annehmen, dass er die Ähnlichkeiten nicht erkannt und gewollt hätte. Der erste englische Wissenschaftstheoretiker aus heutiger Sicht ist gleichzeitig der erste Theoretiker der spekulativen Maurerei.
Kein Wunder also, wenn die neuen mit spekulativen Maurern durchwachsenen Bauhütten sich mit der Idee identifizieren.
Die Zeit war wieder einmal reif für die Idee einer idealen menschlichen Gemeinschaft, wie sie schon Sir Thomas Morus in seinem Buch „Utopia" geschildert hat. Allerdings lassen sich bei Morus keinerlei Ähnlichkeiten mit den Idealen der Freimaurerei finden. Mag sein, dass sich die Templertradition gerade nach ihrer Verfolgung im 14. Jahrhundert auch an ihre eigene Utopie in der Nachfolge der Lehren des Joachim de Fiore erinnert hat.

Die Freimaurerei entsteht

Spätestens in der Folge des 15. Jahrhunderts ist auch ein Selektionsverfahren in den früheren Bauplatzlogen denkbar. Ausgelöst durch den dramatischen Rückgang der Bautätigkeit im 15. Jahrhundert verloren viele operativ definierte Incorporations ihre Existenzgrundlage und lösten sich auf. Gegen 1598 spätestens, werden die wenigen verbliebenen Logen, die wir aus dem ersten Brief Sinclairs rekonstruieren können, neu organisiert und angeblich reformiert.
Innerhalb dieser Logen wird, ein innerer Kern, eine Art von Hochgraden organisiert, vorerst reserviert für die Angehörigen bestimmter Familien des schottischen Adels, wobei die Grade der Ritter von Malta und der Templergrad an die gemeinsame Güterverwaltung des Templerbesitzes mit den Johannitern und das damit ermöglichte Überleben der Templer im 14. und 15. bzw. der ersten Hälfte des 16. Jahrhunderts erinnern.

Ein Überleben, das sehr wesentlich mit den familiären Verbindungen zu Geschlechtern der schottischen Aristokratie bewirkt wurde.
Durch den Verlust der materiellen Existenzgrundlage, die Einziehung der Güter der Templer durch das Parlament im 16. Jahrhundert begleitet von der Eliminierung aller kirchlicher Orden, auch der Johanniter, ist der Orden auf eine säkularisierte Basis im Rahmen freimaurerischer Hochgrade verwiesen, die von William Schaw eingeführt wurden.
Dass diese Zusammenhänge nicht erst im 18. oder 19. und 20. Jahrhundert konstruiert wurden, zeigt ein Buch von Pierre Dupuy, Traités concernants l'histoire de France, savoir la Condamnation des Templiers, denn dieses wurde bereits 1654 erstmals veröffentlicht.
Diese Schrift, die den Templern nicht unbedingt sympathisierend gegenübersteht, zeigt bereits die zahlreichen Übereinstimmungen zwischen Form und Inhalt in den Ritualen der Templer und der gerade aufkommenden Freimaurerei.
Durch die Forschung von David Stevenson wurde die parallele Existenz von Incorporation und Loge bewusst hervorgehoben und es wurden auch für Edinburgh einige wenige Zahlen zugänglich. Dabei treten bemerkenswerte Differenzen auf.
So werden zwischen 1601 und 1700, also im ganzen 17. Jahrhundert, in der Incorporation lediglich 149 Lehrlinge registriert, während in der Loge, welche sogar nur unvollständige Aufzeichnungen aufweist, die Zulassung von 271 Lehrlingen im gleichen Zeitraum vermerkt ist. Es gibt Namen, die nur entweder in der Incorporation oder in der Loge auftauchen. Wir können auf zwei Möglichkeiten schließen. Selbst wenn alle 149 Lehrlinge operative Maurer sind blieben 122 „Non-Operatives" übrig. Wenn nur teilweise Namensgleichheiten auftreten, ist die Anzahl der Gentlemen größer als nur 122 Anwärter. Klarheit kann nur eine genaue Überprüfung der Listen bringen.
Professor Stevenson schreibt, dass die Maurer eine sehr kleine Handwerkergruppe in Edinburgh waren. Im 17. Jahrhundert lebten in Edinburgh ungefähr 2.200 Bürger von denen 57 Prozent Handwerker waren. Die Maurer allerdings waren eine Gruppe von weniger als

ein Prozent der gesamten Population der Bürger. In realen Zahlen für das Jahr 1670 waren es 15 Personen, für das Jahr 1709 waren es 14. Derartige Zahlen lassen weder auf eine rege Bautätigkeit noch auf einen besonderen Einfluss in der Stadtverwaltung schließen.

David Stevenson definiert die Freimaurerei „als eine Bruderschaft, eine Gemeinschaft von Männern, die sich durch geheime Initiationen, durch geheime Rituale und geheime Arten sich zu erkennen und sich in Gruppen, genannt Logen, organisieren.“ Wir können diese Definition ohne weiteres vom 17. bis ins 21. Jahrhundert gelten lassen. Vielleicht mit einer Ausnahme: Seit etwa der ersten Hälfte des 18. Jahrhunderts gibt es auch Frauen in der Freimaurerei und wir fragen uns, ob sie nicht vielleicht sogar ein Gewinn für die „Bruderschaft“ sind.

Richtet man den Blick auf ganz Schottland und später dann auf die Welt, ist die Freimaurerei trotz des unbestreitbaren Ehrenvorranges von Kilwinning und York, 1598 und 1599 entstanden und zwar aus der Notwendigkeit, einen neuen Zirkel in eine angeblich schon bestehende Institution einzugliedern, und zwar von Beginn an mit dem Ansatz von Hochgradsystemen, da für die vollkommene Durchmischung der Stände, 1598 die Zeit noch nicht reif war.

Es gab einen inneren Kreis oder affilierte Zirkel wie in Stirling, zumindest in einigen Logen nach dieser Reform, die später etwa in der ersten Hälfte des 17. Jahrhunderts sogar von einigen wenigen Familien dominiert wurden oder –zumindest von Schaws Idee her – diesen vorbehalten bleiben sollten.

Eine führende Rolle in diesen Templerzirkeln kam dabei der Familie Sinclair zu. Nach dem Tod Schaws nahmen die Logen sehr disparate Entwicklungen, sodass heute die ursprünglichen Pläne und Vorstellungen Schaws nicht mehr mit Sicherheit rekonstruiert werden können.

Der erste Großmeister der Templer im 12. Jahrhundert Hughes de Payens soll mit einer St. Clair verheiratet gewesen sein. Die Komturei Balantrodoch, die erste und größte Päzeptorei in Schottland, entsteht auf dem Land der Sinclairs.

Balantrodoch

Verschiedene Mitglieder der Familie sind Templer und ein Sinclair baut im 15. Jahrhundert Rosslyn Chapel, dieses seltsame Bauwerk 5 Meilen südlich von Edinburgh.
Seit König James II. um das Jahr 1441 sind sie, wie in ihrer Hauschronik angeblich überliefert, erbliche Patrone und Protektoren der schottischen Maurer. Sie scheinen sich aber um dieses Amt nicht zu kümmern. Später werden sie erbliche Großmeister der Freimaurer bis 1736, das Jahr, in dem William Sinclair, Earl of Rosslin diese erbliche Würde niederlegt, um sie sofort als gewählter Großmeister wieder zu übernehmen.
In der Literatur bisher nicht befriedigend geklärt war der Umstand, warum kurz nach dem Jahr 1600 Generäle, hohe Adelige und namhafte Personen des öffentlichen Lebens, wie Elias Ashmole, immerhin Wappenherold König Charles II., aufgenommen werden. Warum er und seine Freunde sich in eine berufsständische Gilde von Steinmetzen und Maurern drängen sollten um diese schließlich in kurzer Zeit so

Rosslyn Chapel

William Sinclair

umzuformen, dass der ursprüngliche Berufsstand, sieht man von wenigen berühmten Architekten ab, darin nicht mehr vertreten ist.
Ashmole hat ein heute noch gültiges Buch der Geschichte des Hosenbandordens veröffentlicht, in dem auch andere Ritterorden z.B. die Templer behandelt werden. Aber auch das bleibt singulär und reicht nicht einmal aus, um sein eigenes Interesse an den Logen zu begründen.
Die bisherigen Erklärungsversuche des Interesses von Nichthandwerkern an den Logen sind unbefriedigend.
Geltend gemacht werden ein neues Interesse an der Mathematik, die Freude an informellen Zusammenkünften, an Gesellschaft und Bruderschaft, Interesse an Diskussionen sowie am gemeinsamen Essen und Trinken. Dabei scheint übersehen zu werden, dass das scheinbare Eindringen in die Logen anfangs primär durch den Adel erfolgte und relativ spät der erste Arzt und der erste Kaufmann aufgenommen wurden.
Diese Gesellschaftsschicht aber hatte keinen Mangel an geselligen Zusammenkünften, Ausübung von Hobbys sowie gemeinsamen Essen und Trinken. Wenn ein guter Teil des schottischen Adels allein aus diesen Beweggründen sich mit den Handwerkern getroffen hätte, wäre noch zu bedenken, dass durchaus nicht jeder Maurer ein Architekt war und sich leidenschaftlich für Mathematik interessiert oder sich der Hermetik (der Alchemie und okkult-esoterischen Lehren) verpflichtet fühlte.
Alle diese Erklärungsversuche klingen irgendwie krampfhaft und gewaltsam. Es muss ein sehr viel wirksameres, zentrales Motiv vorhanden gewesen sein, eine Geheimgesellschaft zu gründen beziehungsweise ihr anzugehören.
Das nicht verschwundene Wissen um die seinerzeitige Zugehörigkeit der flüchtenden Templer zu einer rettenden Baukorporation mag ein Bindeglied zusätzlich zur Notwendigkeit gewesen sein, als zumindest katholisch verdächtiger Tertiarier unterzutauchen.
Was immer auch Schaw beabsichtigte oder König James VI. vor hatte, lief durch den frühen Tod Schaws 1602 und die Übernahme der Regierung in England 1604 durch James aus dem Ruder. Die Entwicklung verselbständigte sich, und bildete viele Spielarten von Logen aus, ohne dabei die zentralen Mythen preiszugeben.

Auch die Anordnung Schaws, Protokolle über die Zusammenkünfte anzufertigen, wurde, soweit das für eine Geheimgesellschaft zuträglich ist, eingehalten. Dadurch aber sind diese Protokolle oft von außerordentlicher Kürze und manchmal sehr banal.
In manchen Logen trat der Adel mit vielen Personen ein und verließ nach einiger Zeit die Loge wieder geheimnisvoll, nachdem er sie vorher geradezu dominiert hatte. Manche Adeligen kehrten einige Zeit nach ihrem Austritt wieder zurück. Wir vermuten, dass die wechselnden politischen Verhältnisse, Parteiungen und Verfolgungen einen großen Anteil an dieser Mitgliederbewegung hatten.
Darüber erzählen uns die Protokolle nichts, ebenso kein Wort über Details der Rituale, kein Wort über Esoterik.
Logenzusammenkünfte fanden drei bis vier Mal im Jahr statt. In den Anfängen des 17. Jahrhundert war der Versammlungsort auch in Kirchen, später im Haus eines Mitgliedes, das über entsprechende

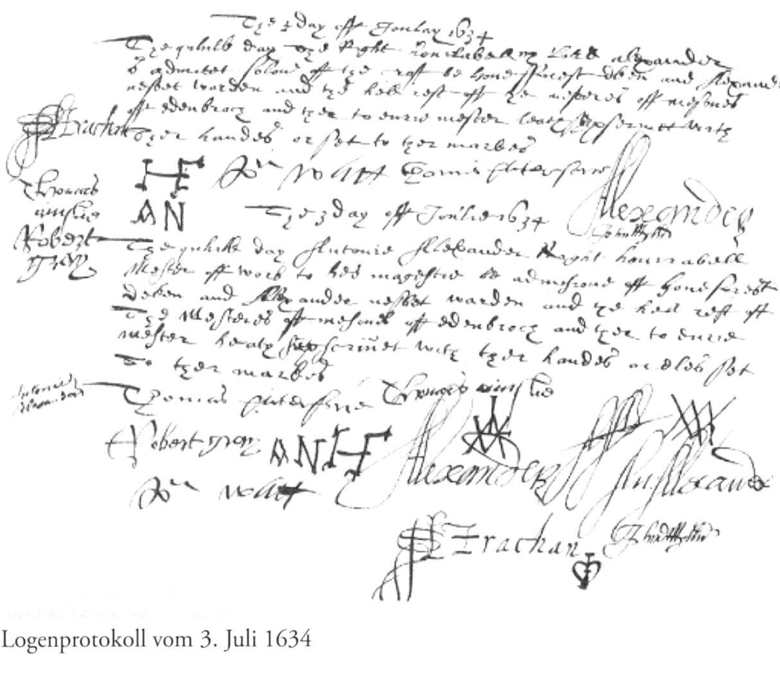

Logenprotokoll vom 3. Juli 1634

Räumlichkeiten verfügt oder in Gasthäusern. Manche Logen kauften ein Haus um sich dort zu versammeln, zumeist außerhalb der Stadt oder etwas abseits des Ortes gelegen. Offen bleibt die Frage der Nutzung außerhalb der drei, vier Zusammenkünfte.

Durch die Seltenheit der Treffen scheint es, dass die Logen die Tagespolitik weder verfolgen noch sie beeinflussen konnten und wir müssen annehmen, dass die rituellen Gebräuche im Vordergrund standen.

Man fragt sich, wo die Attraktivität von Logen lag, die den angeblichen Maurern keine Vertretung ihrer Interessen bot, dem Adel und teilweise dem hohen Hofadel keinerlei Vorteile in Aussicht stellte.

Am 3. Juli 1634 werden William Lord Alexander und sein Bruder Anthony, beide Master of the Work, ebenso wie Sir Alexander Strachan in die Loge Saint Mary's Chapel No1 in Edinburgh aufgenommen. Zu dieser Aufnahme gibt es nach unserm Wissen das erste Logenprotokoll, das die Rezeption einiger Gentlemen dokumentiert. Diese Loge ist unter anderem interessant, weil dort Loge und Incorporation –also die Zunft der Steinmetze – im selben Haus arbeiten, beide voneinander getrennt Protokolle führen und trotzdem keiner ein Wort über den anderen verliert.

Etwa 1640/41 werden General Alexander Hamilton, der Bruder des Earl of Haddington in die Mary's Chapel Lodge in Edinburgh und Sir Robert Moray, Generalquartiermeister der Armee von Schottland und einer der Gründer der Royal Society, der wohl ersten Akademie der Wissenschaften, in der gleichen Loge aufgenommen.

Sir Robert Moray

Im Juli 1647 wird mit Dr. William Maxwell ein Arzt rezipiert. Er ist der Leibarzt des Königs. Der erste Kaufmann Mr. Hercules Janking wurde am 17. 8. 1649 aufgenommen. All das geschieht in einem Zeitraum von nur rund 30 bis 40 Jahren, wobei bisher keine eine gute Erklärung gefunden konnte, wozu diese Aktion

der scheinbaren Umformung und damit Verfremdung einer angeblich berufsständischen Gilde eigentlich gedient hätte.
Unsere Antwort lautet: diese Persönlichkeiten mit unterschiedlichem sozialen und beruflichen Hintergrund waren nicht in berufsständischen Gilden (Incorporations) eingetreten, sondern in Logen, und das war etwas ganz Anderes.
Die Royal Society hatte, ebenso großen Einfluss auf die Freimaurerei in England, wie später die Akademie der Wissenschaften in Wien durch Ignaz von Born.
Bemerkenswerterweise aber gibt es keine Einflüsse der Royal Society auf andere berufsständische Incorporations.
Mitten im 17. Jahrhundert, genauer am 2. Februar 1652 hatte ein presbyterianischer Geistlicher, James Ainslie aus Minto in Roxburghshire im schottischen Grenzgebiet, bei seiner Kirchenbehörde Verdacht erregt, indem er, obwohl er kein Berufsmaurer war, das „Mason's Word" besaß. Die Kirchenältesten fragten bei den Nachbarkirchen an und eine kirchliche Urkunde von Kelso datiert 24. Februar 1652 erwähnt zu seiner Entlastung, dass in dem „Wort" keine Sünde und kein Anstoß wäre. Derartige Fälle hätten sich in der „Kirk, der er angehörte, bereits zur Zeit ihrer größten Reinheit ereignet, dass Geistliche und Professoren das 'Wort' hatten, ebenso Kirchenälteste in unseren Versammlungen".
Was ist mit dieser Zeitangabe gemeint, die als Zeit der größten Reinheit bezeichnet wird?
Diese Zeit dürfte nach 1584 bzw. in den zwei Jahrzehnten danach anzusetzen sein. 1584 ist das Jahr der Black Acts, jener Gesetze, welche die Einführung einer episkopalen Hierarchie in Schottland vorsahen und so etwas wie ein königliches Kirchenregiment erschaffen sollten. Sie sind am Widerstand der reformierten Kirche nach einem Jahr gescheitert. Die Zeit blieb also nach deren Auffassung rein.
Wenn es aber presbyterianische Geistliche um 1600 schon in Logen gegeben hat, so sind das die ersten spekulativen Maurer von denen wir Kenntnis erlangen. Das Kriterium, welches Schaw veranlasste, innere Zirkel in den Logen zu schaffen, muss auch auf diese, nament-

lich ungenannte Personen zugetroffen haben. Templertraditionalisten auch unter den Reformierten?![20]

Was aber ist dieses Mason's Word, das einerseits verdächtig macht, anderseits aber voll Stolz benutzt wird, so wie in einem Gedicht von Henry Adamson um 1630? Interessant an diesem Gedicht sind für uns nur die Schlusszeilen:

Wir Brüder vom Rosenkreuz
Wir haben das Mason Word und das zweite Gesicht.[21]

In der zweiten Hälfte des 17. Jahrhunderts wird das Mason' Word also oft schon mit der Mitgliedschaft in der Freimaurerei gleich gesetzt.

Sinclairbriefe

Es ist gut möglich, dass die St. Clair Chartas (sie ergehen an Vater und Sohn Sinclair) durch den Zusammenhang Templer und Freimaurer einen etwas anderen Sinn erhalten.

Es handelt sich dabei um Briefe der neuen Logen an den jeweiligen Chef des Hauses Sinclair, in denen er erfolgreich ersucht wird für die Maurer und Steinmetzen Schottlands, wieder das auf unbekannte Weise für 150 Jahre außer Gebrauch gekommene Protektorat und die Jurisdiktion über die Logen aufzunehmen.

Die Familie Sinclair ist zu dieser Zeit, etwa hundert Jahre nach dem Bau von Rosslyn Chapel, eine der führenden und mit dem Hof verbundenen Familien, deren Templertradition außer Frage steht. Henry Sinclair war Bischof und wurde zum Abt von Kilwinning ernannt. Er war Mitglied des Thronrates der Maria Stuart.

Wappen Sinclair

20 Alec Mellor, Nos frères séparés, les francs-macons (Tours 1961) S. 291

21 Thomas Hay Marshall, The History of Perth, from the earliest period to the present time. (Perth 1849) S.520

Bereits ihre Mutter, Marie de Guise, stützte sich auf die Sinclairs, was ein Brief vom 3. 6. 1546 Sir William Sinclair betreffend, den Baigent und Leigh[22] zitieren, beweist:

„wir uns [...] an den genannten Sir William binden, damit wir seine treue und wahre Herrin sind; seinen Rat und sein uns gezeigtes Geheimnis werden wir nicht offenbaren."

Festgestellt wird in dieser so genannten ersten St. Clair Charta von 1601, die eigentlich ein Brief ist, „dass unsere Kunst eines Schirmherren und Beschützers und Aufsehers entbehrt, was viele falsche Entartungen und Unvollkommenheiten hervorgebracht hat".

Die das schreiben sind Personen, deren Unterschrift teilweise durch Notare erfolgen muss, da sie, wie sie selbst anführen, des Schreibens unkundig sind.

Im Jahr 1627/28 kommt es zur zweiten St. Clair Charta mit einem im Wesentlichen gleichen Inhalt und aus den Unterschriften ist zu sehen, dass mittlerweile sogar einige Logen wie Glasgow, Ayr, Dundee und Stirling dazu kommen und manche vielleicht auch neu gegründet sind. Dass die Loge von Stirling eine angeschlossene maurerische Tempelrittergruppe hatte, konnte schon gezeigt werden.

Hätte es um das Jahr 1600 einen Bauboom gegeben, würde man einsehen, dass neue Logen operativer Maurer entstehen. Da dies aber nicht der Fall war, kann die Gründung neuer Logen nur im Zusammenhang mit der Reform Schaws gesehen werden. Diese Logen dienen bereits den spekulativen Maurern, nicht mehr nur den Handwerkern. Denn die Handwerker hatten daneben ihre Incorporations, also Gilden. Wie erklärt sich also diese Doppelgleisigkeit?

Es kann angenommen werden, dass die Incorporation dem Einfluss der jeweiligen Stadt am Standort der Gilde zumindest teilweise unterlag. Aber weshalb finden sich gleich zwei Körperschaften mit manchmal gleichen Namen im Mitgliederverzeichnis? Aber auch nicht allen

22 Michael Baigent u. Richard Leigh, Der Tempel und die Loge (Bergisch Gladbach 1990)

Namen! Manche scheinen schneller innerhalb der Loge Karriere zu machen, werden aber nie Meister in der Incorporation.
Seltsam ist die diplomatisch vage Formulierung in den Sinclairbriefen, man brauche einen Aufseher wegen der Unvollkommenheiten etc.
Seltsam auch hinsichtlich der ersten Charta, wo doch seit 1583 William Schaw mit direktem Kontakt zum König zur Verfügung stand. Was konnte die seit längerer Zeit offenbar für die operativen Maurer untätige Sinclairfamilie bringen, was der direkte Kontakt zum König über Schaw nicht ermöglichte?
Eine einleuchtende Erklärung wäre, dass Schaw nicht einer der Familien mit Templertradition angehörte. Die Familien Stuart, Seton, Sinclair, Hamilton und Montgomery dagegen spielen ab dieser Zeit eine hervorragende Rolle in der Freimaurerei.
Tatsächlich finden wir den ersten nicht operativen Maurer, den wir **namentlich** kennen, wenn wir einmal von Schaw selbst absehen, bereits im Jahr 1600 während um die Mitte des 17. Jahrhunderts die Logen bereits von Nichtoperativen dominiert sind.
Am ersten Sinclair-Brief (St. Clair Charter) finden wir auch die Unterschrift von William Schaw. Trotzdem vermissen wir den Hinweis auf die Familie Sinclair im ersten Schawstatut 1598.
Schaws Amt endet mit seinen Tod 1602. Kurz davor dürfte seine Unterschrift auf die erste St. Clair Charta erfolgt sein, obwohl man annehmen müsste, dass er mit dem Ansuchen an Sinclair seinen eigenen Einfluss in den Logen beschränkt. Es müssen also doch schwerer wiegende Beweggründe vorhanden gewesen sein, als nur der Wunsch einiger operativer Logen.
David Stevenson beleuchtet dieses Problem genau und rekurriert dabei auf Erklärungen, die uns nicht befriedigend erscheinen. Er vermutet Eigeninteressen von William Schaw, die der König nicht bestätigen wollte. Uns scheint das Gegenteil der Fall. Schaw hätte, in seiner Loyalität den König mit den Statuten niemals übergangen. Das wäre auch praktisch unmöglich gewesen. Schaw war andererseits so großzügig, dass er jahrelang seine Bezahlung nicht beanspruchte

und erst der Nachlassverwalter forderte die fehlende Bezahlung der Gebühren ein.
Umso mehr ist das zu vermuten, als sein Nachfolger mit den Logen nicht die gleichen Pläne zu verfolgten schien wie Schaw. Der auf ihn folgenden Master of the Work Cunningham strich die Hälfte aller Gebühren in den Logen ein und wirkt an der Sache selbst weniger interessiert. Erst wieder dessen Nachfolger Lord Alexander und sein Bruder wurden aktive Freimaurer.
Hatte Schaw 1601 noch die erste St. Clair Charter unterschrieben, so fehlt 1628 auf der zweiten Urkunde die Unterschrift des Masters of Work James Murray, der Sinclair als unerwünschten Konkurrenten betrachtete. Die Sinclairs haben aber offensichtlich diese Auseinandersetzung gewonnen. Gegen Ende des Jahrhunderts sind sie sogar verpflichtet, das Mason Word anzunehmen, was nichts anderes heißt, als die Lehren, die Rituale und Geheimnisse der Freimaurer als Mitglied zu erhalten.
Nehmen wir einmal an, die Initiative zu den beiden St. Clair Chartas geht gar nicht von den Logen aus, sondern ist eine konzertierende Aktion mit der von König James VI. anbefohlene Reform. Dann wird auch das seltsame Schweigen und die ungewöhnliche Toleranz der presbyterianischen Kirche plötzlich verständlich. Trotz der sonst herrschenden Intoleranz hatte sie nie Probleme mit der Freimaurerei. Zwar wird ein Fall überliefert in dem sich die Kirk über einen Geistlichen vergrämt zeigt. Dieses Problem wurde aber, wie gezeigt, schnell beigelegt.
Gut möglich, dass zu Beginn des 19. Jahrhunderts das große Interesse des Lyon Herolds[23] und Großmeisters der Templer in Schottland Alexander Deuchar, an diesen beiden Sinclair-Charters darin begründet war, dass er diese beiden Dokumente, besonders aber das erste, als

23 Der Lyon Herold war die oberste Autorität in allen Fragen der Heraldik in Schottland entsprechend dem englischen King of Arms und damit auch Vorsitzender von Ehrengerichten.

den Punkt der Verschmelzung der Templertraditionen mit den Logen ansah.
Jedenfalls hat Alexander Deuchar sich bis zu seinem Tod nicht vom Besitz der beiden Chartas getrennt. Erst danach konnte die Großloge von Schottland diese Dokumente erwerben.
Nach unserem Dafürhalten haben die Logen in Schottland als es zu einer Integration mit den Templertraditionalisten kam, praktisch in einem oder mehreren Hochgradsystemen gearbeitet.
Dass diese Gruppierungen ihrer angestammten Dynastie der Stuarts in Schottland zumindest überwiegend treu waren, erscheint vielfach bezeugt. Auch als König James II. in die Emigration ging, in welcher sein Sohn James III. (Old Pretender) ebenso wie er starb, trat keine Änderung ein. Die Logen werden immer mehr Instrumente der Politik des Hauses Stuart. Schon gar nichts ändert sich bei einer so faszinierenden jugendlichen Heldengestalt wie es der von Sohn James III. war, Charles Edward Stuart genannt Bonnie Prince Charlie.
Im Exil in Frankreich wird der Name James als Jakob ausgesprochen und die schottische Freimaurerei als jakobitisch bezeichnet. Dass in diesen Logen unter den Emigranten und Sympathisanten politisiert wurde, Kontakte geknüpft wurden und auch das betrieben wurde, was aus der Sicht der neuen Herren in England, der Dynastie der Hannovraner, als Spionage verstanden wurde, dürfte keinerlei Beweise benötigen. Dieser Spionagegefahr begegnen aber die Hannovraner mit einem brillianten Schachzug.

Charles Edward Stuart

1717

Der englische Königshof der Hannovraner gründet aus rein politischen Gründen, als Gegengewicht gegen die politische jakobitische Maurerei 1717, die Großloge von England.
Die Freimaurerei kann mit Recht behaupten seit der zweiten Hälfte des 18. Jahrhunderts unpolitisch zu sein. Eine Rückbeziehung dieser Einstellung auf das 17. oder die erste Hälfte des 18. Jahrhunderts würde an den Fakten vorbeigehen.
In dem nach George Buchanan benannten Manuskript aus dem 17. Jahrhundert, das sich derzeit im Besitz der Großloge von England befindet, ist nachzulesen: „[...]dass ihr dem König ohne Verrat oder Falschheit treu seid, und dass ihr von keinem Verrat oder Falschheit erfahren werdet ohne dem König davon Mitteilung zu machen".
Es bestanden seit 1717 also zwei Richtungen der Freimaurerei, nämlich eine jakobitische, aus Schottland stammende Richtung, deren Protagonisten meist katholisch waren und eine englische pro-hannoveranische unter der Oberhoheit der Großloge von England. Dieser Zustand erhielt sich bis weit in die zweite Hälfte des 18. Jahrhunderts.
Die jakobitische Freimaurerei hatte, als sie schon gar nicht mehr politisch war, in Frankreich sehr viele Ausprägungen in zahlreichen auch kurzlebigen Obödienzen erfahren. In diesem Zusammenhang ist ein Brief eines deutschen Freimaurers etwa 1742/43 interessant.
Wilhelm Marschall von Bieberstein war 1737 in London Freimaurer geworden. Anschließend ging er nach Frankreich und traf dort Schotten, die Stuartanhänger und Freimaurer waren. „Ich habe in St. Germain" schreibt er „den Lord Balmerin und Graf Kilmarnock kennen gelernt, die große Kenntnisse in der Freimaurerei gesammelt haben. Vielleicht ist der Zeitpunkt nicht mehr fern, wo man damit hervortreten wird, und ich warte hierauf, um mich zu besinnen, ob ich diese Freimaurerei der englischen vorziehen soll".[24]

---

24 Nettelbladt, Freimaurerische Systeme, S. 236

Der Engländer John Robison[25] hat schon 1797 und Gustav Bord[26] wiederum 1908 erfolglos darauf hingewiesen, dass die schottische Maurerei von den Anhängern König James II. 1688 nach Frankreich gebracht wurde. Eine Meinung, die sich in Frankreich mittlerweile durchgesetzt hat, während in England noch Voreingenommenheiten das Bild prägen.
Erst der Geniestreich des Hannoveranischen Königshauses im Jahre 1717 unter der Federführung des reformierten Hauskaplans des englischen Kronprinzen, John Theophilus Desagulier, schuf ein Gegengewicht gegen die viel älteren jakobitischen Logen. Zumindest die Logen in England, deren dritter Großmeister er wurde, wurden damit wieder zu Whigs gemacht, indem sie von einer Großloge kontrolliert wurden, deren Großmeister mit einer einzigen Ausnahme, dem Herzog von Wharton, keine Stuartanhänger waren.
Auf die Zusammenhänge mit der Sache der Stuart und die Bemühung der Whigregierung der Hannoveraner Einfluss in der Freimaurerei zu gewinnen wurde von Margaret C. Jacob[27] hingewiesen.
Aber bereits Douglas Knoop[28] bewertet die Zusammenkunft von vier Logen in London zu Gründung einer Großloge nicht besonders hoch. Tatsächlich ist das Datum 1717 beinahe irrelevant in dem langen Entwicklungsprozess der Bewegung. Allerdings war es zu seiner Zeit der Ausgangspunkt zur Kontrolle der Logen in England durch die Regierung. Für nachfolgende Perioden aber, durch die Zentralisie-

25 John Robison, Proofs of a Conspiracy against all the Religions and Governments of Europe, carried on in the Secret Meetings of Free-Masons, Illuminati and Reading Societies, etc (Edinburgh 1797) bzw. ders., Postscript to the second edition of Mr. Robison's Proof of a Conspiracy against all the Religions and Governments of Europe, etc. (Edinburgh 1797); John Robison, Outlines of a course of lectures on mechanical philosophy, etc. (Edinburgh 1797).

26 Gustav Bord, La Franc-maçonnerie en France des origines à 1815 (Paris 1908)

27 Margaret C. Jacob, The radical Enlightenment, (London 1981)

28 Douglas Knoop, The Genesis of Freemasonry. An Account of the Rise and Development of Freemasonry in its Operative, Accepted, and early Speculative Phases (Manchester 1948, Nachdruck London 1978)

rung der masonischen Bewegung doch so bedeutungsvoll, dass auch Schottland 1736 eine Großloge gründete.
Natürlich sollten diese Logen nicht nur ein Sammelbecken von Personen werden, die ohnehin Anhänger von König George I. waren. Man wollte sicher auch die schwankenden, Ruhe liebenden und nicht aktiven Anhänger der Stuarts binden. Also wird in religiösen Belangen Toleranz verkündet, die Tagespolitik aus der Diskussion in der Loge ausgeklammert und der brave gesetzestreue Untertan in die Konstitution Andersons aus dem Jahr 1723 aufgenommen. Die neue Großloge erhält dadurch bis 1723 starken Zulauf in England. In diesem Jahr umfasst sie bereits 52 Logen. Dabei handelt es sich nicht um neu gegründete Logen, sondern bereits 1717 bestehende, die aber sich nicht sofort angeschlossen hatten.
Die Großloge bietet nur ein Dreigradsystem, Lehrling, Geselle und Meister, an. Das führt sofort zum Konflikt mit einem Teil ihrer eigenen Logen, die gewohnt waren, wie in der älteren jakobitischen Maurerei auch in so genannten Hochgraden zu arbeiten. Erst mit dem endgültigen Aus für die Dynastie der Stuarts, nach der Schlacht von Culloden 1746, beginnt die englische Großloge Hochgrade langsam nicht mehr als gefährlich anzusehen. Trotzdem dauert der innere Konflikt zwischen Moderns und Antients, wie sich die beiden Gruppierungen nennen, bis 1813 an.

Logen in England

Dass man mit der Konstitution des James Andersons eine ethisch nicht überbietbare und gleichzeitig psychologisch kluge Formel gefunden hatte, die auch späteren Jahrhunderten ein glänzendes Ver-

mächtnis geworden ist, hat vielleicht nur Anderson selbst, der Verfasser der heute noch gültigen Konstitution, geahnt.
Es besteht seit 1717 in London die erste Großloge der Welt. Vorher hatte niemand von einer derartigen Konstruktion gehört. Diese ermöglichte eine gewisse zentrale Kontrolle der Logen. Damit nicht zusätzlich in den Logen innere Zirkel entstehen, mussten sie so einfach und übersichtlich wie möglich aufgebaut sein, daher waren keine Hochgrade ausgebildet!

Alte Pflichten

Anderson entwirft bis 1723 eine Konstitution, die den Logen die Teilnahme und Erörterung der Tagespolitik verbietet und den einzelnen Maurer ausdrücklich an die Gesetze seines Landes bindet. Religiöse Toleranz ist ein wichtiger Punkt, damit sich ein dogmatischer Katholik in einer solchen Loge nicht wohl fühlen würde.
Von wem stammt dieser perfekte politische Schachzug?
Von John Theophilus Desaguliers, einem damals berühmten Gelehrten der Royal Society, Mitarbeiter und Freund Isaac Newtons, der auch zufällig der Hauskaplan des Prinzen von Wales und der dritte Großmeister der Großloge war.

Theophilus Desaguliers

1738 musste Anderson eine neue Konstitution mit einigen Änderungen machen und beklagt in dieser zweiten Konstitution nicht nur das Verschwinden und Verbrennen von wichtigen Dokumenten der frühen Freimaurerei, sondern stellt auch fest, dass zum Ende des 17. Jahrhunderts sehr unterschiedliche Logen in England bestanden. Das ist umso weniger verwunderlich als in England Logen von der Gentry ganz ohne operative Mitglieder gegründet wurden und florierten. Außerdem hatten die Logen sowohl in Schottland als auch in England in jener Zeit nach Schaw die Angewohnheit, interessierende neue Ideen und Zeitströmungen aufzugreifen, zu diskutieren und auch zu praktizieren. Alchemie, Astrologie, Rosenkreuzertum und vieles andere mehr wurde in einer Loge, bald mehr bald weniger, rezipiert und führten zu ganz verschiedenen Zirkeln. Ein Jahrhundert später wird in Frankreich der Mesmerismus, Spiritismus und die Ägyptenfaszination zu ähnlichen aber noch mehr übertriebenen Ergebnissen kommen.

Mit nur teilweisem Erfolg wird der Führungsanspruch der neuen Großloge von England anfangs des 18. Jahrhunderts durchzusetzen versucht, wie der Streit zwischen Moderns und Antients in den englischen Logen zeigt. Die Antients waren auch unter dem Namen Athol-Maurer bekannt, da sie einige Herzöge von Athol zu Großmeistern hatten.

Dieser Streit war eine Auseinandersetzung der englischen Freimaurer, im Wesentlichen auch um die Frage, ob über den dritten Grad hinaus regulär gearbeitet werden dürfe. Die Antients erklärten, dass sie schon immer mehr als die drei Grade bearbeitet hätten. Die Großloge habe auch die Rituale geändert und damit die Landmarks verletzt. Wohl zu Recht sind die Antients überzeugt, dass sie ermächtigt sind, jeden bekannten maurerischen Grad innerhalb ihrer Logen zu bearbeiten. Die Antients waren mit Laurence Dermott bestens etabliert und ein ernst zu nehmendes Zeichen des Widerstandes gegen die Moderns von 1717.

Aber die Antients waren in ihren Beharren auf altes Herkommen nicht allein und sie waren selbstverständlich nicht nur Iren, wie es einige freimaurerische Autoren gerne hätten.

Auch die Große Loge von York meldete sich zu Wort und bezeichnete sich als die Großloge von **ganz** England. Sie arbeitete ebenso wie die Antients über den dritten Grad hinaus, offenbar aus altem Herkommen.
Sie autorisierte mindestens 13 Tochterlogen, errichtete ein Großkapitel im Royal Arch und Chapter für Initierte höherer Qualifikation, wie Fifield D'Assigny in „Impartial Inquiry“[29] 1744 schreibt. 1778 hatte die Grand Lodge of all England die Templer gleichermaßen anerkannt und hielt Tempelritterarbeiten ab.
Sie verlieh sogar einer anderen Gruppierung, die sich ebenfalls von der englischen Großloge abspaltete, der "Grand Lodge South of the River Trent", den Status einer Großloge. (G. Y. Johnson)
Allein daraus ergibt sich die Unrichtigkeit der Behauptungen hauptsächlich französischer Autoren, Hochgrade wären erst im 18. Jahrhundert in Frankreich entstanden. Die gallische Eitelkeit hat uns lediglich ein fast unentwirrbares Knäuel von später dazu erfunden Hochgraden und Ritualen beschert, von denen die meisten heute nicht mehr existent sind.

Die Kritik

Die Kritik ist von Anfang an eine doppelte. Einerseits wird hervorgehoben, dass die Freimaurerei nur die Fortsetzung der „bösen“ Templer ist, andererseits wird eine derartige Affinität massiv bestritten.
Wenn wir aber Vorbehalte gegen Behauptungen, Protokolle und Urkunden aus den eigenen Reihen der Freimaurer haben, dann befassen wir uns mit den Feinden der spekulativen Freimaurerei!

---

29 Fifield D'Assigny, A serious and impartial enquiry into the cause of the present decay of Free-Masonry in the Kingdom of Ireland, 1744; An answer to the Pope's bull: With the character of a Free-Mason, 1738; An impartial answer to the enemies of Free-Masonry, 1741. Hrsg. von William Smith (Bloomington 1974)

Abgesehen von Papst Clemens XII., der seinerseits die Verbindung Freimaurer und Tempelritter betont hat, hat sich niemand mehr in dieser Richtung hervorgetan als der französische Jesuit und Historiker Abbé Augustin Barruel (1741–1820).
Dieser schriftstellerisch erfolgreiche Verleumder hatte die Freimaurerei insgesamt für die schrecklichen Auswüchse und Gräuel der Französischen Revolution verantwortlich machen wollen. Dabei wissen wir, dass die Freimaurer aller Denominationen und auch beiderlei Geschlechts in der Französischen Revolution die Rolle der Opfer, nicht der Täter hatten. Robespierre war nie Freimaurer, der in den Verzeichnissen genannte Robespierre war sein Großvater!
Barruel aber schreibt, an die Logen adressiert: „Eure ganze Schule und alle eure Logen sind abgeleitet von den Templern nach der Auslöschung (Ausrottung) ihres Ordens. Eine bestimmte Anzahl von schuldigen Rittern, die der Verfolgung entkamen, vereinigten sich zur Sicherung ihrer schrecklichen Mysterien [...] Sie schufen Adepten die von Generation zu Generation ihr Wissen weitergaben [...] Derart ist euer Ursprung [...] Die Zeit und die Veränderung der Sitten haben einen Teil eurer Symbole und euer furchtbares System verändert; aber die Essenz davon ist geblieben [...]"
Bei Barruel müssen wir uns fragen, wusste er noch von historischen Zusammenhängen?
Waren ihm Prozessarchive zugänglich, Unterlagen deren Zugang uns heute noch immer fehlt?
Napoleon Bonaparte hatte die auf die Tempelritter bezüglichen Akten im Vatikanischen Geheimarchiv ausheben und nach Paris bringen lassen. Nach seiner persönlichen Einsichtnahme wurden sie angeblich wieder zurückgegeben. Es würde aber durchaus dem üblichen Vorgehen des französischen Kaisers, wie es auch bei Kunstgegenständen bekannt ist, entsprechen, Teile zurückzubehalten. Der Vatikan beruft sich noch heute auf die Unordnung, in der die Archivalien zurückgestellt wurden, wie zuletzt die wunderbare Auffindung des Chinon-Dokuments gerade zum passenden Zeitpunkt.

Der Abbé Barruel konnte weder in Frankreich noch in seiner Emigration in England mit einer besonderen Abneigung der Bevölkerung gegen Tempelritter, noch auch nur mit einem größeren Bekanntheitsgrad derselben rechnen.
Wir können also davon ausgehen, dass die auch ins Deutsche übersetzten Denkwürdigkeiten aus der Feder des Abbé die ehrliche Überzeugung des prominentesten Feindes der Freimaurer war. Ihm war sicher nicht daran gelegen, das Prestige der Freimaurerei durch die Rückbeziehung in eine ferne Vergangenheit zu erhöhen.
René Le Forestier, ein Gelehrter unsere Tage, hat die Tendenz, bei aller Akribie, die er für sein 4-bändiges Werk verwendet, vorwiegend französische Quellen zu verwenden. Ohne weitere Quellenangabe behauptet er daher, die älteste Fassung der „Templerlegende" findet sich in einem Manuskript aus Straßburg ca. 1760. Er bezeichnet die Ausführungen als unrichtig und linkisch, aus dem deutschen Sprachraum herrührend, et cetera.
Richtig an einer Kritik der umlaufenden, zahlreich abgewandelten Erzählungen über die Zerstörung des Ordens und sein Weiterleben über Beaujeu und d'Aumont ist lediglich, dass durch die mangelnde schriftliche Fixierung in der Frühzeit, also im 14. Jahrhundert, Zusätze und Veränderungen gemacht wurden, die unpassend und verwirrend wirken.
So gibt es eine Version in der die wichtigsten Feinde des Ordens Squin de Florian und Noffodei genannt werden. Relativ leicht aber könnte man erkennen, dass es sich um Verballhornungen wirklicher Namen von Feinden des Ordens handelt. Es sind Esquieu de Floyrac, ein Handlanger Philips IV. und ausgestoßener Tempelritter und Guillaume de Nogaret, jener Mann, der die Anklagen erfand und das Verfahren gegen die Templer leitete.
Bereits in dieser Version werden die Templer mit der freimaurerischen Hiramlegende verbunden, da Noffodei einen templerischen Subprior mit drei Schlägen tötet. Dessen Körper vergräbt er unter Steinen und Buschwerk. Am Ende der Geschichte wird Noffodei von den Templern erwürgt. Sein reales Vorbild Guillaume de Nogaret wurde vergiftet.

Die Kritik in der Literatur an einer Verbindung der beiden Institutionen, Templer und Freimaurer, erfolgte bisher durchgängig mit dem unbelegten Hinweis, dass die Logen lediglich Verbindungen von Bauhandwerkern (stonemasons) wären, und eine templerische Vergangenheit oder ein Ursprung ins Reich der unbewiesenen Mythen gehört.

Viele unserer Freunde unter den Freimaurern sind selbst im Zwiespalt, ob sie lieber eine Herkunft aus der gewerblichen Wirtschaft oder eine ritterliche Vergangenheit vorziehen sollten.

Einerlei, es geht nicht um Gefühle und Vorlieben, sondern nur um Quellen aller Art und deren Glaubwürdigkeit.

Die Kritiker weisen meist mit mehr oder weniger Hohn auf die historischen Auslassungen des James Anderson in den beiden Konstitutionen von 1723 und 1738 hin. Regelwerke die dieser nach der Gründung der Großloge von England in deren Auftrag verfasst hat.

Der Kritik unterzogen werden auch Veröffentlichungen von Gruppierungen aus dem 18. und 19. Jahrhundert in Deutschland und Frankreich, die ihre eigene Reputation, einzeln oder als Gruppe, durch eine Ableitung auf den Tempelritterorden erhöhen wollten.

Dabei wird übersehen, dass historische Zusammenhänge, die lediglich auf einer gewissen Anempfindung beruhen, leicht kritisiert werden können, dadurch aber nichts über andere möglicherweise echte Verbindungen ausgesagt ist. Ein Trugschluss dem übrigens auch viele Freimaurer in ihren literarischen Erzeugnissen zum Opfer gefallen sind.

Nach dem Durchforsten der masonischen Literatur, aber auch der Ergebnisse von Nichtfreimaurern, die über eine ausschließliche Handwerkstradition geschrieben wurde, sehen wir uns zur Frage veranlasst, warum sollten fromme christliche Handwerker im späten 17. und 18. Jahrhundert mit Kreide eine Art Teppich auf den Boden zeichnen und mit Symbolen des jüdischen Tempels füllen, wenn doch die Juden seit Jahrhunderten eine immer wieder verachtete Minderheit waren?

Handwerker haben vom Spätmittelalter bis in die Gegenreformation Gilden und Zünfte gegründet und Umzüge in der Öffentlichkeit veranstaltet, um ihr Sozialprestige zu erhöhen. Dabei hatten sie ihr Seelenheil und ihre Dukaten im Kopf. Was hätte ihnen ein Geheimbund genützt?

Wozu sollen sie über mehrere Jahrhunderte mit Schwertern hantieren und das noch mit weißen Handschuhen in einem staubigen Gewerbe?

Architektur und Bildhauerei setzen nicht nur Begabung, sondern jahrelange Lernprozesse und Übung voraus. Wie soll man so etwas verraten können? Noch dazu in einem Gewerbe, in dem die Gesellen, zumeist um etwas zu lernen, auch zur Wanderschaft verpflichtet waren.

Oder warum sollten sie anlässlich ihrer Meistererhebung schwören, dass sie eher ihren Leib entzweischneiden lassen und diesen verbrennen wollen als Geheimnisse verraten. Oder, dass sie sich zu Brüdern von Piraten und Korsaren machen wollen? So steht es in den alten englischen Ritualen, von John Robinson in seinem Buch "Born in Blood" treffend zitiert.

Erscheint das nicht für Handwerker auch der damaligen Zeit etwas übertrieben?

Nie hat eine Handwerkerzunft vor der Existenz der Freimaurer sich mit dem salomonischen Tempel identifiziert oder diesen zu einem führenden Symbol gemacht. Die einzigen Organisationen, die das in der Geschichte getan haben, waren Tempelritter und Freimaurer.

Bei den mittelalterlichen Templern jedoch finden wir in Atlit, südlich von Haifa, einen Grabstein eines „Templerbaumeisters", jedenfalls einen Stein, der Winkelmaß und Hammer aufweist. Zusätze ähnlicher Art, die auf eine hochrangige Beschäftigung im Orden hinweisen, finden sich nur selten, zum Beispiel beim Admiral der Templerflotte. Dieser Grabstein, der in Atlit unter vielen anderen neutralen Templersteinen gefunden wurde, ist auch für die Allgemeinheit so interessant, dass er heute im Rockefeller Museum in Jerusalem zu finden ist. Dass die Steinmetzen und Maurer im mittelalterlichen Templerorden eine herausgehobene Rolle spielten, sehen wir schon in der französischen, der „langen" Regel. Artikel 325 gestattet den „Brüdern Maurern“ das Tragen lederner Handschuhe bei der Arbeit. Das ist den Rittern und anderen Brüdern, außer den Kaplänen verboten.

Die Großmeister

Es gibt auch Quellen, die ausdrücklich von einer rein templerische Organisation in Schottland im 14., 15. und 16. Jahrhundert bis zum Verbot durch das Parlament berichten.
Selbst wer Pierre d'Aumont 1315 und dessen Nachfolger John Harris nicht gelten lassen will, wird sich 1346 bei den Gerichtssitzungen von Alexander Seton am Hauptsitz der Templer schwer tun. Dabei hilft es auch nicht, wenn Seton und seine allfälligen Nachfolger den Titel Großmeister nicht in den Urkunden benutzen. Sie halten Gericht, sie verkaufen Land und Besitz, sie schalten souverän wie ein Großmeister. Sie werden als "Overlords of Templar lands" bezeichnet. Das gilt für die Knollis (Knowles) und Dundas, Lindsay und Sandilands, die als Lords St. John im Parlament sitzen, dort den Templerorden vertreten und alle das reiche Priorat beziehungsweise die Johanniter-Präzeptorei von Tophichen innehaben.
Sir William Knollis ist von 1466 bis 1509 in den Urkunden zu finden.

John Erskin Earl of Mar

Sein Nachfolger Sir George Dundas 1510–1532 wird gefolgt von Sir Walter Lindsay 1532–1538 als Vorgänger von Sir James Sandilands. Jener war Präzeptor von Torphichen und Meister des Templerordens, jedenfalls um 1550. Sandilands agiert 1564 wenig ehrenhaft, er eignet sich die Ländereien der Johanniter und der Templer an. Er konnte diesen riesigen Komplex an Ländereien nicht halten und musste wegen seiner Schulden, etwa sieben Achtel davon wieder verkaufen. Aber auch der Rest war

beachtlich. Nicht zu Unrecht erwähnt G. Watson, dass die Beurteilung von Sandilands kontroversiell ist, je nach Konfession und Partei. Schon erwähnt wurde Father Hay[30], ein Mitglied der renommierten Setonfamilie, er schreibt eine Familienchronik "A History of Family Seton" in der berichtet wird, dass ein Alexander David Seton Tempelritter und Großprior von Schottland war. Es ist der oben erwähnte Seton der ins Exil nach Regensburg ging.
Das nächste Lebenszeichen des Ordens finden wir 1590 als König James VI. den Templern ein Spital, 1593 eine Kapelle, ein Kloster und ein Spital in Leith überlässt.[31]
David Seton als Großprior oder wenn man will, Großmeister ist im Exil in Deutschland und der Orden übernimmt Schenkungen des Königs in Schottland? Das sieht nach einem kräftigen Lebenszeichen aus.
Es wird behauptet das Alexander David Seton den Orden umbenannte, in „Orden der Tempelritter von St. Anthony". Ob das allerdings genügte um die Parlamentsakte von 1560 an zu unterlaufen, muss bezweifelt werden. Viel näher liegt die Erklärung, dass mit dem Tod von Sir David 1581 der Orden in Schottland endgültig in aller Stille säkularisiert wurde und daher nicht mehr unter die parlamentarischen Verbote gegen religiöse Orden fiel. Wie sonst konnte er noch 1590 und 1593 Schenkungen vom König entgegennehmen.
Wir wissen nicht, ob die Templertraditionalisten aus dem Laienstand, nach dem Tod des noch geistlich ordinierten Großmeisters Seton in Regensburg, wussten wie es weitergehen sollte, ob sie einen Laien zum Großmeister machen konnten und wie dann die zu befürchtende Reaktion der schottischen protestantischen Kirk aussehen würde. War diese doch gegen alle religiösen Organisationsmuster, welcher Konfession auch immer.

---

30 Richard Augustin Hay, Genealogie of the Saintclairs of Rosslyn Edited by James Maidment (Edinburgh 1835)

31 National Archives of Scotland, The privy seal register of Scotland

Fünf bis sechs Jahre danach „reformiert" Schaw die Bauhütten, erfindet seine neuen Logen und bietet durch die „inneren Zirkel" die Möglichkeit nicht operative Maurer zu inkorporieren. Wir können nicht feststellen, wann genau sich die ersten dieser „Zirkel" wieder ein neues Oberhaupt gegeben haben, aber überliefert wird, dass John Graham of Claverhouse, Vicomte Dundee, Großmeister einer derartigen templerischen Organisation war und dass am 27. 7. 1689 in der Schlacht von Killicrankie das Großkreuz des Ordens an seiner Leiche gefunden wurde. In dieser Schlacht verteidigte er die Sache der Stuarts gegen Wilhelm von Oranien. In den letzten Minuten dieser siegreichen Schlacht traf ihn eine Gewehrkugel tödlich.[32]

John Graham of Claverhouse

Claverhouse wird in der schottischen Geschichte als Soldat von ausgezeichnetem Mut und großer Tapferkeit, aber wilder Gemütsart beschrieben. Er war Anhänger einer reformierten aber gemäßigten Kirche, die auch die bischöflichen Organisationsmuster wieder einsetzen wollte. Keinesfalls jedoch war er Katholik, obwohl er eindeutig Jakobit war. Bei der Verfolgung der schottischen protestantischen Kirk und ihrer Anhänger war er in seiner Zeit ein unerbittlicher Verfolger dieser Unerbittlichen.

Wenn nun dieser Mann Großmeister war, so ersieht man daraus, dass der Orden, nicht mehr von Johannitern gestützt, säkular geworden ist und die militärische Seite wieder dominant geworden war.

Sein Nachfolger als Großmeister wurde 1715 John Erskine, Earl of Mar, dann gefolgt von Lord George Murray of Atholl, der die Geschäfte des Großmeisters mit der Bezeichnung Regent bis 1745

32 Arthur Edward Waite, A new encyclopadia of freemasonry (London 1921)

führte, seit dem 24. September 1745 Prinz Charles Edward Stuart bis zu seinem Tod in Rom am 31. Jänner 1788.
Bereits am 1. Dezember 1783 hatte der Prinz den schwedischen König Gustav III. von Schweden zum Koadjutor und erblichen Nachfolger ernannt. König Gustav III. stirbt 1792.
1792 bis 1795 gilt John Oliphant of Bachilton, wieder ein Schotte, als Großmeister. Nach seinem Tod am 15. Oktober 1795 folgt 1807 bereits Alexander Deuchar of Morningside.
Die Vakanz zwischen 1795 und 1807, beziehungsweise 1811 (der englischen Charta) wird durch den Wunsch von Prinz Henry Benedict Stuart Kardinal von York, dem Bruder von Prinz Charles Edward Stuart erklärt, man möge vorläufig keinen Großmeister wählen. Verständlich bei einem Kardinal der römischen Kirche der in Rom lebt. York stirbt am 13. 7. 1807 und damit wurde Deuchar Großmeister.[33]
Der Großmeister Earl of Mar folgte den Stuarts ins Exil nach Paris und war dort mit dem Chevalier Ramsay befreundet, der in seiner berühmten Rede auf die Kreuzrittervergangenheit der Freimaurerei nachdrücklich hingewiesen hat. Aber Ramsay bleibt nicht allein.
Der Marquis d'Argens veröffentlicht 1738 eine Broschüre über die Freimaurerei in der steht, dass jakobitische Logen eine Templerherkunft für sich beanspruchen.
Machen wir den Versuch, stellen wir jetzt eine Liste beginnend mit dem hypothetischen 24. Großmeister Pierre d'Aumont zusammen. Da das Überleben des Templerordens in Schottland einigermaßen wahrscheinlich ist, dürften keine allzu großen Probleme auftreten, wenn den Überlieferungen einige Tatsachen zu Grunde liegen und wir die

Lord George Murray

33 John Yarker, 1872; In: Quatuor Coronati 33 (1920).

tatsächliche Handlungsbefugnis beachten, sowie zwischen Großmeister und Regent vorerst nicht unterscheiden.

Pierre d'Aumont	27.12.1315	
John Harris		
Alexander Seton	1346	
Sir Henry Sinclair	1398	
Sir Henry Livingston	1463	Präzeptor Torphichen
Sir William Knollis	1466–1509	" "
Sir George Dundas	1509–1532	" "
Sir Walter Lindsay		
(Neffe von Dundas)	1532–1550	" "
Sir James Sandilands	1550–1564	" "
Sir David Seton	1564–1581/91	(Großprior)
vacant	1581–1670	
John Graham of Claverhouse	1689	
Vicomt Dundee		
vacant	1689–1715	
John Erskine Earl of Mar	1715	
Lord George Murray of Atholl	1745 (Regent)	
Charles Edward Stuart	1745–1788	
König Gustav III.	1788–1792	
Coadjutor	1783–1788	
John Oliphant of Bachilton	1792–1795	
vacant	1795–1807	
Alexander Deuchar of Morningside	1807-1836	
Admiral Sir David Milne of Milngraden	1836–1845	
George Augustus Murray, 6th Duke of Atholl	1845–1863	
John Stewart of Hopsburn	1864	
John Whyte Melville of Colquhalzie and Strathkinnes	1865–1883	

Robert Francis St. Clair-Erskine, 4th Earl of Rosslyn	1884–1890
vacant	1891
Gavin Campell, 1st Marquis of Breadalbane	1892–1905
Algernon, 9th Ear of Kintore	1906–1928
Alexander, 18th Lord Saltoun	1928–1930
Sir Robert Gordon Gilmour, 1st Bt.	1931–1939
Edward James, 10th Earl of Elgin and Kincardine	1939–1967
Sir Charles Malcolm Barclay-Harvey of Kinord	1967–1969
Ian Logan McKean	1969–1977
David Ian Liddell Grainger of Ayton	1977–1983
Robert McIntyre	1983–1999
Roy Scott	1999–2004
Kenneth Donald Kennedy	2004–2009
David Anderson Christie Niven	2009

Karl Gotthelf von Hund

Die späteren Behauptungen von Karl Gotthelf Freiherrn von Hund und Altenkrotkau nach 1743 dürften stimmen, zumindest war er in gutem Glauben, wenn er und viele andere die Strikte Templerobservanz als direkte Nachfolge der Tempelritter begriff.

Auf dem vom 16. August bis 5. September 1775 in Wiesbaden tagenden Freimaurerkongress tritt der sich so nennende Graf Saint Germain auf und stellt in einer Rede fest: „Nach meiner Aufnahme in den Orden der Freimaurer kam ich zu der Entdeckung, dass in den Logen in vielen Hinsichten Verwirrung herrschte und die Tableaus ebenso viele Rätsel waren, ohne Zusammenhang. Dennoch wird die

Freimaurerei die Form bleiben, worin der Templerorden sich verstecken wird."

Wegen dieser und ähnlicher Äußerungen musste Saint Germain schließlich selbst untertauchen und eine andere Identität annehmen, – die kaiserliche Regierung in Wien hielt seine Verfolgung für opportun. Erzählt man doch zu Recht, dass Kaiserin Maria Theresia von ihrer Polizei sogar einmal eine gerade arbeitende Loge in Wien überfallen ließ, in der sich ihr Gatte Kaiser Franz Stephan aufhielt und der dadurch zu einer überstürzten Flucht gezwungen wurde.

Noch ein Wort zu Ramsay: G. du Bosqu de Beaumont[34] zitiert im 18. Jahrhundert in seinem Buch „La Cour de Stuarts à Saint Germain-en-Laye":

„Der katholische Ritter Ramsay, welcher die Sache der königlichen Stuarts vertrat, propagierte eifrig die Freimaurerei der Tempelritter. Er behauptete dass der Name Freimaurer nicht in einem grobmateriellen buchstäblichen Sinn genommen werden sollte, denn sie seinen früher nicht nur tüchtige Architekten, sondern auch kriegerische und religiöse Fürsten gewesen, welche die Temples vivantes du Tres Haut hätten bauen wollen.

Sie hatten ihren Ursprung in Schottland in Herodon und Kilwinning, wo die verbannten französischen und andere Tempelritter einen Zufluchtsort fanden unter dem Schutz des Königs Robert Bruce."

In Saint-Germain-en-Laye hielt sich der Hof des schottischen Königs James III. (Old Pretender) auf und war die so genannte jakobitische Freimaurerei ein wichtiges Propaganda- und vielleicht auch Spionageinstrument dieses Königs. Die Jakobiten rekurrierten selbst und ganz offen auf eine Templervergangenheit.

Baron von Hund, durch ihn fand die Strikte Templerobservanz auf dem Kontinent Verbreitung, legte seinen Angreifern aus den eigen Reihen zur Verteidigung dieser Obödienz auch eine Liste der Großmeister des Tempels im 11. und 12. Jahrhundert vor, die zu seiner

34 G. Du Boscq de Beaumont et M. Bernos, La Cour des Stuarts à Saint-Germain-en-Laye [Texte imprimé], 1689–1718 (Paris 1912)

Zeit nur ein Insider kennen konnte. Erst heute mit einer bedeutend erweiterten und vernetzten Kenntnis der Archivalien bestätigt sich diese Liste, bis auf einen Namen.
Hund, der wohl zu Recht behauptete 1743 von einem schottischen Aristokraten Alexander Seton, bzw. besser bekannt als Alexander Montgomery, 10. Earl of Eglintoune, wenn nicht sogar vom Prätendenten selbst zum schottischen Tempelritter gemacht worden zu sein, wäre vielleicht glaubwürdiger für seine Zeitgenossen geworden, wenn er selbst gewusst hätte, dass seine unbekannten Oberen, nach der Schlacht von Culloden, der letzten Schacht zwischen Schotten und Engländern, entweder tot oder im Exil waren.
Es war auch kein Irrtum, wenn er den schottischen Thronprätendenten mit diesem freimaurerischen Templerorden in Verbindung brachte.
Dass später Prinz Charles Edward Stuart gegenüber dem Abgesandten der deutschen Ordenskapitel der Strikten Observanz, behauptete den Orden nicht zu kennen und kein Freimaurer zu sein, hat eine ganz andere Ursache.

Prinz Charles Edward Stuart

Prinz Charles Edward Stuart

Charles Edward Stuart war in Rom im Exil geboren worden, hatte keine Hoffnung auf eine Restauration und lebte von einer Zuwendung des Papstes.
Es bestand kein Grund für ihn, seinen Lebensunterhalt zu riskieren. Außerdem nahm er damit der Hochgradfreimaurerei den Makel jakobitisch, also noch immer politisch infiltriert, zu sein. Seine Erklärung dürfte in die diplomatischen Gepflogenheiten gepasst haben, aber wir sollten nicht vergessen,

dass wir es mit einem tief deprimierten Menschen zu tun haben, dessen eigentlicher Lebensplan undurchführbar geworden war. Und es konnte wirklich nur einem naiven Menschen, wie dem Deutschen Baron von Wächter einfallen, einfach in Rom den Prinzen in seiner politisch und wirtschaftlich schwierigen Situation zu befragen.
Baighent und Leigh stellen auch in ihren Büchern die Behauptung auf, dass es in Schottland den Templern gelungen war, noch andere Habseligkeiten des mittelalterlichen Ordens zu überliefern, die sie selbst in der Hand und zu ihrer Verfügung hatten. So beispielsweise eine Ordenssatzung aus dem Jahr 1156. Sehr bezeichnend ist in diesem Zusammenhang der Schlusssatz dieser Autoren:
„Die Existenz solcher Gegenstände zeigt auf beredte Weise, wie viel der historischen Forschung entgeht."

Logen

Beschäftigen wir uns wieder ein wenig mit den Logen. Es ist jetzt an der Zeit uns endlich von zwei gar nicht so lieb gewordenen Legenden zu trennen, um einen Schritt weiter zu kommen.
Erstens, dass die Freimaurerei ausschließlich aus einer reinen Handwerkertradition herkommt. Vergessen wir endlich die Collegia fabrorum der Römer und die Straßburger Bauhütte im Mittelalter. Sie hatten nie so genannte spekulative Maurer als Mitglieder.
Zweitens, dass die Hochgradmaurerei – eine Form der Freimaurerei in der mehr als nur die drei Grade des Lehrlings, des Gesellen und des Meisters bearbeitet werden – in Frankreich im 18. Jahrhundert erst nach dem Dreigradsystem der so genannten blauen Maurerei entstanden ist. Beides ist unrichtig. Wie wir sehen, bestand auch eine intensive Verknüpfung des Templerordens mit den Freimaurern in Schottland nach 1598.[35]

35 J. E. S. Tuckett, Der Ursprung der Hochgrade. In: Quatuor Coronati 32 (1919)

Als Letztes müssen wir uns klar machen, dass es sich immer um eine Geheimgesellschaft handelt. Das ging so weit, dass eine vielfach auch eingehaltene Tradition den Logen vorschrieb, sich nicht in Städten oder Gemeinden zu treffen, da man dort überwacht werden könnte. Eine derartige Vorschrift ist entweder paranoid, vor allem wenn es sich nur um Erkennungszeichen einiger weniger Handwerker handelt, oder sie resultiert noch aus der Zeit der Flucht der Templer nach Schottland im 14. Jahrhundert.

Dort ging es um Leib und Leben. Da will man nicht gesehen oder belauscht werden, und in einem freien Umfeld ist eine Flucht auch leichter möglich als in einer Stadt. In den alten Katechismen steht, dass die Versammlung eine volle Tagesreise von der Stadt entfernt sein soll. Diese Tradition stammt also kaum von Handwerkern.

Die Handwerker hatten ihre geheimen Zeichen, die nicht operativen Maurer aber hatten auch im presbyterianischen Schottland in den ersten 20 Jahren Grund geheim zu bleiben, und auch heute kann man in schottischen Logen nicht alle Überlieferungen erfahren und nicht alle Dokumente einsehen. Jeder Schluss, dass es etwas nicht gegeben habe, weil keine Aufzeichnung vorhanden ist, wäre voreilig.

In den 30er Jahren des 17. Jahrhunderts erfahren wir erstmals von Gentlemen Masons durch erhaltene Protokolle und gleichzeitig werden die Logen zunehmend von dem Brauch, nicht in der Gemeinde sich zu versammeln, abweichen.

Wenn es auch Rituale, Katechismen und Old Charges überliefert gibt, Inhalte welche der Geheimhaltung unterlagen, stehen dort nicht, oder wurden nur sehr selten aufgeschrieben. Manche heute überholte Wendungen geben einen Blick auf das Mason Word frei und lassen solche Schlüsse zu.

Stevenson schreibt im achten Kapitel seiner „Origins of Freemasonry", die Freimaurerei, wie sie im 17. Jahrhundert in Schottland zu Tage tritt, basiert auf Logen, geheimen oder halb-geheimen Organisationen von Eingeweihten, die Geselligkeit und Freundschaft mit ausgearbeiteten Geheimnissen kombinieren.

Es hat sowohl in der Literatur der Nichtfreimaurer als auch bei den Veröffentlichungen des Ordens der Freimaurer immer Erklärungsbedarf gegeben, warum in der Zeit von etwa 1600 bis 1700 sich Berufsfremde in eine Maurergilde drängen und auch aufgenommen werden. Besonders befremdlich ist es, wenn man bedenkt, dass es sich im ersten halben Jahrhundert praktisch nur um Angehörige des Adels, zumeist um Personen am Königshof, handelte. Gegen Ende des 17. Jahrhunderts sehen wir manche Logen vollständig dominiert von den Gentlemen, nicht operativen Mitgliedern von hohem gesellschaftlichen Rang. – Unsere Meinung ist, dass diese Gentlemen den Eintritt nur in die neu gegründeten Logen für erstrebenswert hielten. Wären sie nur an den Traditionen der
Handwerker oder an deren praktischer Geometrie interessiert gewesen, hätte Schaw gar keine Logen gründen müssen. Sie hätten sich bei den Incorporations einschreiben können. Das aber findet, bis auf ein paar echter Architekten, wie zum Beispiel bei der Familie Mylne, nie statt.

Freimaurer in England stellten fest, dass es sich bei allen Logen in England um spekulative Maurer, also Berufsfremde gehandelt hat. Sie haben nur Ritual und Symbole der operativen Steinmetze angenommen und weiterentwickelt. Auch hier wird die Radikalität dieser Ansicht den historischen Fakten nicht ganz gerecht. Es wird in England heute nicht gerne gehört, aber wir haben davon auszugehen, dass die Freimaurerei überwiegend aus den Logen Schottlands nach England gekommen ist und zwar durch Engländer, die sich in Schottland in eine Loge aufnehmen ließen.

Signifikant für diese Vorgehensweise ist der Umstand, dass sogar der dritte Großmeister der 1717 gegründeten Großloge von England, John Theophilus Desaguliers sich anlässlich eines Besuches in Schottland 1721 ebenfalls in die Loge von Edinburgh aufnehmen ließ.

Es darf aber bei all dem Diskurs, ob die Freimaurerei in England oder in Schottland ihre Ursprünge hatte, nicht übersehen werden, dass trotz oder vielleicht sogar wegen der individuellen Verschiedenheit der Logen wechselseitige Beeinflussungen stattfanden. Die große Loge von York hatte im 16. und 17. Jahrhundert kräftige Lebenszeichen gegeben und ihre typischen Organisationsmuster, ebenso wie jene der Loge von Kilwinning, können sehr gut Vorbildfunktion für die „Reform“ der schottischen Logen 1598 und 1599 gewesen sein.

Die Situation in Schottland selbst wird aber in der Literatur teilweise ganz anders als in England geschildert. Es werden oft belanglose Verschiedenheiten in der Entwicklung der Logen betont. Ob sie in einem Zwei-Grad oder nur Ein-Grad-System arbeiten, oder nur zu bestimmten Gelegenheiten zusammen gerufen wurden und Ähnliches mehr.

Die auffallenden Gemeinsamkeiten werden nicht mit der gleichen Intensität hervorgehoben.

Der Zustrom von Berufsfremden zu Maurerlogen wird aus dem Selbstverständnis der Freimaurer im 20. Jahrhundert zu erklären versucht. Dieser Ansatz aber ist zum Scheitern verurteilt. Nur das soziale und psychologische Umfeld des 17. Jahrhunderts kann plausible Erklärungen bringen. Scheinbar wird das erstmals von David Stevenson in seinem Buch “The origins of Freemasonry” versucht. Leider gelingt es ihm nicht ganz, den nationalen Stolz der Schotten zu unterdrücken.

Er weist auf das große Interesse der Höflinge im 17. Jahrhundert und der gebildeten Schicht an Hermetik, Esoterik, Geschichte Ägyptens und der Hieroglyphen, an Euklid, Pythagoras und überhaupt an der Geometrie hin. Verstärkt wird dieses Interesse noch durch die Bewegung der Rosenkreuzer. Aber besteht dieses Interesse auch in den Korporationen der Bauleute und Steinmetze?

Nur weil in ihren Gildenritualen von der alten Abstammung ihres Handwerks von Euklid und Vitruv die Rede ist, sind im 17. Jahrhundert Handwerker nicht generell am Neuplatonismus der Spätrenaissance interessiert.

William Schaw

Wappen der Schaw

William Schaw, seit 1588 Baron Sauchie, war der zweite Sohn des John Schaw of Broich und der Enkel von Sir James Schaw of Sauchie. Am 21. Dezember 1583 ernannte ihn König James VI. zum „Master of Works" in Schottland auf Lebenszeit. Schaw lebt von 1550–1602.

Wenn in freimaurerischen Schriften öfter geschrieben wird, dass er Baumeister gewesen wäre, so ist das ebenso wie die Unterschlagung seiner adeligen Herkunft und seiner übrigen wichtigen politischen Ämter, eine kleinbürgerliche Attitüde eingefleischter „Werkmaurer".

William Schaw war das was man einen Höfling nennt, am Hofe James VI. Er war Kämmerer der Königin, ein enger Freund von Alexander Seton, den er 1583 auf eine diplomatische Reise nach Frankreich begleitete. Beide Herren waren im Zuge ihrer vielfältigen Interessen, die ein Höfling der Spätrenaissance haben musste, beziehungsweise haben sollte, auch an Architektur interessiert.

Schaw war im Winter 1584 aus Frankreich zurückgekommen, übernahm im Jahr darauf wieder diplomatische Aufgaben mit dem dänischen Botschafter und wurde 1588 in Edinburgh von dem dortigen Rat der Presbyterianer vorgeladen, weil er als Katholik in den Verdacht geraten war, mit den Jesuiten zu paktieren.

Vom König wurde er beauftragt, Königin Anna aus Dänemark abzuholen, wobei er 1590 nach Schottland zurückkommt, um die Rückkehr des königlichen Paares vorzubereiten. Dabei soll er angeblich Holyrood Palace und Dunfermline Palace hergerichtet und repariert haben. Er war außerdem verantwortlich für die Zeremonien bei Hof und wurde dann 1593 der Kämmerer der Königin. Dass er sich tatsächlich um das Bauen in Schottland und um die operativen Bauleute über den Rahmen seiner verschiedenen Ämter hinaus gekümmert hätte, darf wohl bezweifelt werden.

Als die Taufe des ältesten Sohnes von König James VI. in Stirling Castle 1594 vorgenommen werden sollte und bereits zahlreiche Botschafter und Vertreter ausländischer Monarchen angereist waren, musste man feststellen, dass die königliche Kapelle in Stirling Castle in einem Zustand des Verfalls war, der diese Taufe praktisch unmöglich machen musste. Er ließ daraufhin sehr schnell, aber wohl etwas spät, eine größere Kapelle adaptieren.

Auch die Zuteilungen des Schatzamtes für Reparaturen und Bauten stellen keine sehr aufregenden Summen dar, sodass man davon ausgehen kann, dass in den meisten Fällen nichts weiter als Wiederinstandsetzung von Gebäuden oder Räumen betrieben wurde, wobei der Schwerpunkt in vielen Fällen nur auf der Innenausstattung, wie Vorhänge etc. lag.

Es war also einerseits der Mangel an Geld oder aber auch die Nonchalance eines großen Herren, die durchgreifende Sanierungen selbst für das Königspaar in deren Palästen und Kirchen verhinderten bzw. die doch durchgeführten Arbeiten nicht gerade ambitioniert erscheinen lassen.

Nur vier Jahre nachdem er in aller Eile die königliche Kapelle in Stirling Castle errichtet hatte, soll er sich plötzlich, statt Bauaufträge zu vergeben, mit der Organisation der Steinmetze und Bauleute befasst haben, obwohl diese einen hohen Grad an Selbstorganisation innerhalb ihrer Incorporations (Gilden) vorweisen konnten. Dabei erscheinen manche Bestimmungen der Schawstatuten entweder von außerordentlicher Banalität so dass anzunehmen ist, dass die Steinmetze untereinander bereits ausreichende Lösungen getroffen hatten, – wie beispielsweise niemand solle eine Arbeit annehmen, die über seine Kompetenzen oder Fähigkeiten hinausgeht, – dass die Lehrlinge sieben Jahre an ihren Meister gebunden sind und derartiges mehr.

Eine Jahr später erlässt er das zweite Statut in dem Schaw hauptsächlich die Loge in Kilwinning anspricht und ihre regionale Autorität bestätigt. Großen Wert legt er auf die Protokolle bei den Logenversammlungen und fordert diese neuen Logen auf, die Art of Memory bei Lehrlingen und Fellows zu überprüfen. Dabei handelt es sich um ein esoterisch anmutendes Kunststück, das man bereits in der Antike benutzte, um bei längeren Reden nicht aus dem Konzept zu kommen. Welchen Sinn dies für Stonemasons ergeben sollte, wird nicht erklärt. Auffallend ist aber, dass in den Werken von Giordano Bruno diese Art of Memory ein wesentlicher Teil seines magischen Systems ist.

Den rosenkreuzerischen Boom ab 1614/15 erlebte William Schaw nicht mehr.

Es ist aber für eine Geheimgesellschaft, die ohnehin versucht, Hermetik zu studieren bzw. sich damit zu beschäftigen, nicht ungewöhnlich, diese neu aufkommenden Gedanken aufzunehmen.

Der unsichtbare Rosenkreuzerorden erinnert schon von der Diktion her an die unsichtbaren Oberen der späteren Strikten Templerobservanz.

Richtig schreibt Stevenson: „Es gibt natürlich Beweise einer sehr bemerkenswerten masonischen Entwicklung in Schottland in den 1590ern. Aber es scheint sehr unwahrscheinlich, dass zu dieser Zeit diese Entwicklungen derart exportiert wurden, dass sie irgendetwas mit dem Ursprung der Rosenkreuzerei zu tun hätten."

Er meint weiter, dass zu den masonischen überlieferten Mythen und der von Schaw betonten hermetischen Suche der Art of Memory, der Mythos vom Geheimnis der unsichtbaren Brüder vom Rosenkreuz dazukam.

Abgesehen von den praktischen Erwägungen des Königs über einen von ihm steuerbaren oder für ihn votierenden Geheimbund, darf bei beiden Persönlichkeiten, sowohl bei James VI. als auch bei William Schaw nicht vergessen werden dass sie mit voller Überzeugung dem Ideal des Architekten der Spätrenaissance nachstrebten und die Auffassung des antiken Schriftstellers Vitruv teilten, der den Architekten als kundig der Medizin, der Philosophie, der Astronomie, der Physik und der Musik bezeichnet. Der Architekt wird zum Synonym des Uomo universale den schon die Renaisance in Florenz verherrlicht hatte. Nichts lag näher als diese idealistische Gesinnung ebenfalls in die Gruppierung einzubringen und sie, aufbauend auf eben noch nicht zu dieser Form entwickelten Bauleuten, einzusetzen. Aus diesem Grund konnte eine Gruppe ambitionierter, gebildeter, den hermetischen

Weg gehender Adeliger und gehobener Bürger mit einer scheinbaren Grundlage von praktische Geometrie ausübender Maurer verbunden werden und deren Tradition und ihre mystischen Erzählungen über die Herkunft ihres Berufes einbezogen werden.

William Schaw fand nicht nur in Edinburgh sondern in einigen Landesteilen 1598 Maurergilden (Incorporation) vor, die bereits imstande waren, die Angelegenheiten der Zunft und den Kontakt mit den Behörden der Stadt zu regeln. Mit den beiden Schawstatuten reformiert er jedoch in keiner Weise die Incorporations sondern er gründet daneben Logen als Parallelorganisationen. In Edinburgh sind diese seit dem Jahr 1599 sogar im gleichen Gebäude untergebracht.

Schaw hat die Logen im Auftrag seines Souveräns reformiert und diese Zirkel für Nicht-Operative gebildet. Seine Aufträge – Allgemeine Satzungen für die Master Masons von Schottland, zumeist Schawstatuten genannt – sind 1598 und 1599 an die Logen gegangen Die Schawstatuten ignorieren die Existenz der Incorporations (Gilden) und diese stellen sich den Logen gegenüber blind und taub. Von einer Reform kann also wirklich nicht die Rede sein. Jedenfalls scheint die Inkorporation nie Sorge gehabt zu haben, dass die Logen für sie eine Konkurrenz bilden.

Die Schawstatuten vom 28. Dezember 1598 und 28. Dezember 1599 verweisen auch auf die guten Gepflogenheiten der Vorgänger der Maurer, womit wohl die Old Charges gemeint sind. Aber im Detail ändert er diese Vorschriften und passt sie an. Tatsächlich ist sein Organisationsschema und Ritual abweichend, es ist territorial und zeitlich fixiert.

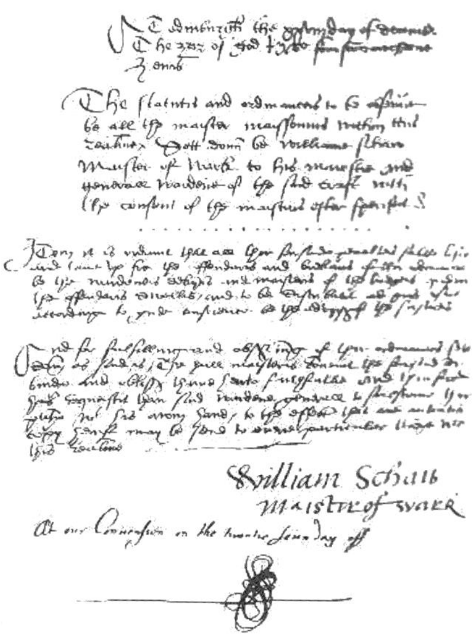

Schawstatuten

Überhaupt ist der Inhalt der Schawstatuten interpretationsbedürftig und sagt nichts aus, über den Anteil den Schaw persönlich an der Neugestaltung oder zumindest der Überarbeitung der Rituale seiner Logen nimmt. Mittelalterliche Logen waren Bauplatzlogen. Sie existierten nur so lange der Bau auszuführen war. An manchen Plätzen, wo große Kirchenbauten über viele Jahre auszuführen waren, bezeichnet sie Stevenson als halb fortdauernde Logen. Letztere sind aber mit dem Vordringen der Reformation und deren fanatischen Zerstörung katholischer Kirchen und Klöster im 16. Jahrhundert bis auf wenige verschwunden. Letztlich waren mittelalterliche Logen durch ein konkretes Bauvorhaben örtlich beschränkt und zeitlich begrenzt.

Stevenson weist auch auf ein Phänomen hin, das den Schluss zulässt, dass die neuen Logen zumindest zum großen Teil andere Zwecke erfüllen, denn die Bauplatzlogen bestehen bei lokalen Bauvorhaben auch in Schaws Zeit und später weiter.

Auch konnte eine Bauplatzloge einer Frau, der Witwe eines Meisters, gehören und im 16. Jahrhundert gab es unter den Freimaurern noch keine Frauen. Darüber hinaus aber werden sich die Agenden dieser temporären Logen mit den Tätigkeiten der Gilden (Incorporations) in Städten und Gemeinden jedenfalls überschneiden. Dazu kommt der große Aufwand an Geheimhaltung bei den neuen Logen und ihre Einflusslosigkeit bei den jeweiligen Städten und Gemeinden. Es ist also kein Wunder wenn schon vor Stevenson einige Autoren nach dem wahren Zweck der „Reform“ fragten.

Das umso mehr, als König James VI. erst 1592 den Masons das Recht eine Handwerkergilde (incorporation) zu errichten gegeben hatte.

Die Statuten Schaws richten sich an Meister und Lehrlinge oder Fellows of the Craft. Es ist herrschende Meinung, dass in den Ritualen die Begriffe Fellow und Meister gleichgesetzt werden, dass es also nur zwei rituelle Grade gegeben hätte. Es werden Instruktionen und Zeremonien für die Aufnahme von Lehrlingen und Fellow Craft gegeben. In der Edinbourgh Lodge finden wir 1606 und 1609, in Aitchinsons Haven bereits 1599 Anzeichen, dass Kandidaten in Ritual etc. eingeführt werden und auch eine Art Prüfung ablegen.

Die Statuten erstellen ein zusammenhängendes System von Logen, das der Kontrolle durch Schaw unterlag. Damit müssen die Logen ein Minimum an örtlicher Stabilität aufweisen und eine zeitliche Kontinuität. Ihre Mitglieder dürfen nach Beendigung eines Baues weder zur Gänze noch Einzeln verschwinden, denn sie haben zumindest Jahr für Jahr Versammlungen abzuhalten.

Stevenson weist auf die häufig gestellte Frage hin, warum die Statuten nichts zu enthalten scheinen, das auf die Befassung mit esoterischen Angelegenheiten und damit auf die Entwicklung der Freimaurerei hinweist. Dazu zählt er auf, dass sehr wohl der ausdrückliche Hinweis auf die Art of Memory enthalten ist, welche aus den okkulten Lehren der Spätrenaissance kommt. Die Kenntnis dieser Kunst bezeichnet er als eine notwendige Qualifikation der Mitglieder einer Loge.

Des Weiteren gibt es Andeutungen bei den Zeremonien der Zulassung eines Fellow Craft. „Es sei sicher", schreibt er, „dass später im Jahrhundert ausgearbeitete geheime Rituale des Mason Words vorhanden waren, daher werden sie 1598 auch schon vorhanden gewesen sein."

Das am meisten Überraschende bleibt aber, dass die protestantische Kirche, bekannt für ihre Intoleranz, keine Probleme mit den Riten und Geheimnissen der Logen hat, obwohl Schaw als Katholik verdächtig wird.

Das Mason Word wird in den Logen, aber auch im Sprachgebrauch der nicht in eine Loge aufgenommenen Zeitgenossen, als Synonym für alle geheimen Lehren und Erkennungszeichen der frühen Freimaurerlogen gebraucht.

Schaw hat, wie Stevenson immer wieder hervorhebt, die Logen mit der esoterischen Seite der Spätrenaissance angereichert. Neuplatonismus, Astrologie, Alchemie, Magie und Art of Memory. Letzteres ist eine Gedächtnisübung, bei der für lange vorbereitete Reden bestimmte fixe Passagen dieser Rede, als in einem Gebäude an bestimmten Stellen bildlich niedergelegte Bilder, vorgestellt werden. Tatsächlich eine Gedächtnisübung von der schon Cicero spricht. Eine Übung, in der ein Bauwerk nicht real errichtet wird, wohl aber „spekulativ".

Aber auch für den praktischen Zweck, Rituale oder die „Old Charges“ zu memorieren, war diese Kunst der Erinnerung sehr brauchbar, werden doch sämtliche Passagen des Rituals auch heute noch in englischen und schottischen Logen auswendig rezitiert.

Die Erscheinung und das Interesse an der Hermetik war zweifellos auch eine Mode. Aber Hermetik kommt von Hermes Trismegistos, untrennbar verknüpft mit Toth dem ägyptischen Gott und Kulturheros. Hermes aber und Ägypten hatten seit Langem einen Platz in den Old Charges. Es war Schaw, der diese Gedanken in ein System von Geheimen Logen einbaute noch bevor auch rosenkreuzerische Einflüsse wirksam wurden.

Alle diese Übungen und Lehren haben für den Menschen des Endes des 16. Jahrhunderts und im ganzen 17. Jahrhundert eine unglaubliche Faszination. Wobei der Eindruck auf gebildete Schichten natürlich stärker ist und auch das Geheimnisvolle dieser Lehren besonders anziehend wirkt.

Eine Begrenzung nach unten vermittelt aber bereits der Umstand, dass die meisten Bücher dieser Disziplinen die Kenntnis der lateinischen oder griechischen Sprache voraussetzen.

Das Ideal, das den Menschen vor Augen stand, war weniger der Wissenschaftler im heutigen Sinn als der Magier (Stevenson).

Charakteristisches Merkmal der Logen wurde im 17. Jahrhundert die Beschäftigung mit der Wissenschaft und der Kult der Freundschaft.

Wissenschaft aber hatte damals keineswegs den Bezug zu Esoterik, Alchemie und Hermetik verloren. Hüten wir uns, diese Vorgangsweise mit dem Etikett der Primitivität zu versehen. Einer der bedeutendsten Wissenschaftler seiner Zeit, Giordano Bruno, lebte und lehrte 1583 bis 1584 in England. Er hat damals schon erklärt, dass die Sterne Himmelskörper ähnlich unserer Sonne sind, dass es eine unendliche Zahl von Welten gebe, bevölkert mit intelligenten Lebewesen und dass das Universum unendlich ist.

Der neuplatonische Okkultismus war ungeheuer angereichert mit Symbolen, wobei sogar die chemischen Elemente und der Ablauf der Experimente, durchgängig mit Symbolen bezeichnet wurden. Symbole stellten den göttlichen Bauplan dar und verbargen ihn gleichzeitig vor den Uneingeweihten. Die Lehrbücher dieser Wissenschaften sind ohne weiterführende mündliche Erläuterung der Symbole unlesbar. Und natürlich waren diese Symbole verknüpft mit Hermetik, Kabbala, Mathematik und Geometrie. Die pythagoräische Zahlenlehre liefert den Unterbau dieser Symbolik. Der Symbolismus jener Zeit hatte durch seine Faszination einen wesentlichen Einfluss auf die Entwicklung der Freimaurerei.

Der einfache Maurer, der über seine Werkzeuge moralisiert, mag Welten von einem Alchemisten, Astrologen oder Philosophen auf der Suche nach den Geheimnissen des Universums, entfernt erscheinen, aber sie sind verbunden indem sie ein gemeinsames Weltbild teilen.

Wenn in Schottland sich ein Logensystem mit geheimen Ritualen und Erkennungszeichen etablieren konnte, während in Europa gerade die große esoterische Bewegung der Hermetik alles überschwemmt, muss es sicherlich eine Verbindung zwischen beiden geben.

Aus dieser Verbindung bezog und bezieht die Freimaurerei ihre Methode. Und nicht zu Unrecht weist Stevenson darauf hin, dass jedes Symbol auf verschiedenen Ebenen gedeutet werden kann.

Es bleibt uns nur noch anzumerken, dass die Symbole in verschieden Graden auch unterschiedlich gedeutet werden können, dass sie quasi eine Entwicklung durchmachen können. Selbstverständlich aber spielt sich diese Entwicklung im Adepten ab und nicht im Symbol.

Es ist daher wenig sinnvoll, wenn in der Freimaurerei, wie wir hören, gesagt wird, dass in den so genannten blauen drei Graden alles enthalten sei. Die frühen Freimauer hatte präzise Vorstellungen, wenn sie von Hochgraden sprachen. Es waren verschiedene Ebenen, durchaus nicht undemokratisch, waren diese doch zumindest theoretisch allen zugänglich.

Bei der Lektüre von freimaurerischen Publikationen verschiedener Großlogen stellten wir fest, dass manche Autoren Hochgrade nur Seitengrade nennen. Uns scheint damit die Bedeutung des Symbols an sich nicht erkannt. Seitengrade sind dann etwas, das man beiseite schiebt?

Unsere Freunde aus den Hochgraden haben uns mitgeteilt, dass sie ohnehin nur mehr von einer Vertiefung der Erkenntnisse sprechen und nicht von einer Erhöhung. Trotzdem haben wir den Eindruck gewonnen, dass ihre ehrwürdigen Grade eher einer Be-seitigung ausgesetzt sind.

Kilwinning

Kilwinning

Frühe Logenprotokolle gibt es vom 9. Jänner 1599 für die Loge von Aitchison's Haven, die es heute leider nicht mehr gibt, und vom 31. Juli 1599 für St. Mary's Chapel Nr. 1 in Edinburgh.

Wie man sieht, wurden die Verpflichtung zur Führung von Protokollen in den Schawstatuten befolgt. Allerdings sind sie nicht immer sehr aufschlussreich.

Widerstand leistete nur die Lodge of Kilwinning, die stark genug war, um sich dem Plan von Shaw teilweise entgegen zu stellen, und zwar weil sie es als unvereinbar mit ihrer Vergangenheit empfand. Sie feierten auch nicht den Johannisstag als Festtag, sondern den 20. Dezember. Warum aber dieser 20. Dezember so bedeutungsvoll war, wusste schon in früheren Zeiten niemand mehr.

Dazu schreibt David Stevenson, „die Maurer im Westen hatten eine Organisationsform – oder letztlich eine Tradition einer früheren Organisation – basierend auf Kilwinning, welche für sie stark genug war um William Schaws Plänen Widerstand zu leisten und zwar als unvereinbar mit ihrer Vergangenheit."

Darum bestanden sie auch auf einen Vorrang vor allen anderen Logen und wollten als Nr. 1 geführt werden. Schaw war durchaus bereit Kilwinning als das „Haupt“ der Logen in Schottland anzuerkennen, aber nur mit der Nummer 2.
Durch diese Widerstände mag es sein, dass die Verpflichtung zur Protokollführung nicht eingehalten wurde. Möglicherweise sind aber die frühen Aufzeichnungen zerstört oder nie veröffentlicht worden. Wir haben daher das erste Protokollbuch von Kilwinning erst beginnend mit 20. Dezember 1642.
Über Nichtoperative erfahren wir erst ab 1671 etwas. Am 20. Dezember 1672 wird der Earl of Cassillis, 1673 Sir Alexander Cunningham of Corsehill, Josef Cunningham of Carlurg, David Stewart und Alexander Galt aufgenommen. Am 21. Jänner 1674 der Earl von Eglintoun und Lawrence Wallace der Bruder des Laird von Shewalton. Drei Wochen später wird die Aufnahmegebühren der Loge für Non-Operatives erhöht.
1676 kommt Sir David Cunningham dazu, 1678 Lord Cochrane Warden. Diese Gentlemen dominierten die Loge einige Jahre.
Die Loge von Kilwinning hat eine interessante Gründungslegende. Fremde Bauleute vom Kontinent wären im 12. Jahrhundert gekommen und hätten den Benediktinern Kirche und Kloster in Kilwinning gebaut. Dabei hätten sie die einheimische Bevölkerung eingebunden in dieses Werk. So sei die Loge von Kilwinning als älteste Loge in Schottland entstanden.
Wie in fast jedem Mythos wird auch hier ein wirklicher Vorgang überliefert, verbrämt mit möglichst sichtbaren Spuren aus dem Umfeld.
Die Benediktiner von Kelso kommend, werden sich ihr Kloster in Kilwinning schon selbst geplant und gebaut haben, wenn auch mit Maurern, die eine zeitweilige mittelalterliche Baustellenloge betrieben. Dass aber Fremde vom Kontinent kamen, mit der einheimischen Bevölkerung Verbindungen eingingen und die älteste Loge in Kilwinning steht, scheint gar nicht so abwegig.
Im Ritual des Royal Order of Scotland, dem “highest and sublim degree of Masonry”, im ersten Grad, der ”Heredom of Kilwinning”

genannt wird, wird Bezug genommen auf den Berg Moriah, dem Tempelberg in Jerusalem als dem ersten Sitz des Ordens. In Icolmkill, fährt das Ritual fort, ist der Orden wiederhergestellt und danach nach Kilwinning gebracht worden.

Die sinnvollste Erklärung für das Wort Heredom ist, dass es einen mythischen Berg bezeichnet. Das passt zu Moriah, aber auch zu Icolmkill, das nichts anderes ist als die Insel Iowa in den Hebriden.

I-colum-hill ist keine schlechte Bezeichnung, gibt es dort doch einen augenfälligen Hügel und die Tradition des Hl. Columba. In Kilwinning wird manchmal der nahe Belvedere Hill so genannt.

Wird hier der Weg des Templerordens beschrieben, von Jerusalem nach Schottland?

Eine zweite Legende, die Elias Ashmole aufgeschrieben hat, passt ebenfalls sehr gut hierher. Ein mittelalterlicher Papst hätte einer italienischen Korporation von Architekten Erlaubnis erteilt durch Europa zu reisen und Kirchenbauten zu besichtigen. Auf diese Gruppe würden die angenommenen Maurer oder Freimaurer zurückgehen.

Gar nicht so falsch. Es war ein mittelalterlicher Papst, der die Templer auf der Flucht quer durch Europa trieb und nach unserer Auffassung sind die Freimaurer ohne diese „Reisen“ wohl kaum entstanden.

Das Wort Loge wurde bei den Bauleuten lange vor 1598 benutzt, aber in einem sehr abweichenden Sinn und ohne beweisbare historische Kontinuität zu den Logen Schaws. Er hat das traditionelle Erbe der mittelalterlichen Bauhütten, das aber im Wesentlichen nur mehr in einigen Abschriften der Old Charges in wenigen Logen bestand, mit neuen Entwicklungen und der Kultur seiner Zeit verbunden.

Es blieb lange völlig ungeklärt, wozu diese Doppelgleisigkeit gut war. In den Protokollen dieser Logen fällt auf, dass sie sich weder viel, noch ausreichend mit Angelegenheiten der Handwerker beschäftigen um ihre Existenz auch nur zu rechtfertigen. Darüber hinaus ist alles was ihr Selbstverständnis anlangt, ihre Rituale, ihre Erkennungszeichen und ihre Lehren geheim. So geheim, dass auch in den Protokollen nichts davon aufgezeichnet wird. Es findet sich nur ein dünnes

Rinnsal von Gildenaufgaben verzeichnet, schreibt Stevenson von der St. Mary's Lodge No. 1 in Edinburgh.

Es sind schon früher Erklärungen dafür gesucht worden, aber bis jetzt sind diese Interpretationen nicht einleuchtend erschienen. Hätte die Loge echte Gildenaufgaben erfüllt, hätte sie sich mit der Incorporation abstimmen müssen oder wenigstens berichten müssen. Das ist nicht geschehen. Die Mitglieder der Incorporations konnten in die Logen aufgenommen werden, was auch in vielen Fällen geschehen ist. Aber es gab viele Mitglieder der Logen, die nie in eine Incorporation eintraten.

Diese zuerst schwer verständliche Doppelgleisigkeit in Schottland gilt auch nur für die großen Logen, denn in kleinen Gemeinden und auf dem Land, wo keine Incorporations bestanden, wäre diese Doppelgleisigkeit absurd geworden. Dort erfüllen die Logen schlecht und recht beide Aufgaben, die Interessensvertretung der Handwerker und die geheime Tätigkeit. Auch dort wird von den zivilen, städtischen oder Gemeindeobrigkeiten so getan, als nähme man die Existenz einer geheimen Körperschaft nicht zur Kenntnis. Sie werden nicht kontrolliert, und Gemeinde und Kirche versuchen keinen Einfluss zu gewinnen.

Um die Mitte des 17. Jahrhunderts, in der Zeit des Bürgerkrieges, stellten sich viele Schotten gegen König Charles I., dann gegen das Protektorat Cromwells und in der Restauration unter Charles II., fanden sie sich im Widerstand gegen Lord Lauderdale. Es waren unruhige, kriegerische und gefährliche Zeiten. Aber die Logen wuchsen und nehmen weiter nichtoperative Mitglieder, Gentlemen, auf.

Die sozialen Funktionen, wie gemeinsame Bankette, Unterstützung der Mitglieder, Hilfsprojekte, Sterbeverein, haben die Logen mit den Gilden und Kirchen gemeinsam. Was war es aber, das die Logen in Aristokratie und aufstrebendem Bürgertum, später aber auch bei anderen Handwerkern, die keine Maurer waren, so begehrenswert machte?

Lessing schreibt in seinem Dialog „Ernst und Falk", dass die Freimaurerei gleichsam etwas Natürliches wäre. Er meint damit etwas, das in der menschlichen Natur angelegt ist.

Fragen wir also den berühmten Psychiater Carl Gustav Jung in seinen letzten Lebensjahren, was er zu dieser Situation zu sagen hat.

> *„Schon die Anfänge der Gesellschaftsbildung lassen das Bedürfnis nach Geheimorganisationen erkennen. Wo kein aus zureichenden Gründen zu hütendes Geheimnis besteht, werden „Geheimnisse“ erfunden oder zurechtgedreht, die dann von den privilegierten Eingeweihten „gewusst“ und „verstanden“ werden. Dies war bei den Rosenkreuzern und vielen anderen der Fall. Unter diesen Pseudogeheimnissen gibt es – ironischerweise – von den Eingeweihten ganz und gar nicht gewusste wirkliche Geheimnisse z. B. in jenen Gesellschaften, die ihr „Geheimnis“ vorzüglich der alchemistischen Tradition entnommen haben.* [...]
> *Die Geheimgesellschaft ist eine Zwischenstufe auf dem Weg zur Individuation: man überlässt es noch einer kollektiven Organisation, sich von ihr differenzieren zu lassen; d. h. man hat noch nicht erkannt, dass es eigentlich die Aufgabe des Einzelnen ist, von allen anderen unterschieden auf eigenen Füssen zu stehen.* [...] *Es wäre darum unrichtig, die Zwischenstufe als Hindernis zu betrachten; sie bedeutet im Gegenteil auf längste Zeit hinaus die einzige Existenzmöglichkeit des Individuums, das heutzutage mehr den je durch Namenlosigkeit bedroht erscheint. Sie ist in unserer Zeit noch so wesentlich, dass sie vielen mit einem gewissen Recht, als endgültiges Ziel gilt, während jeder Versuch, dem Menschen die Möglichkeit eines weiteren Schrittes auf dem Weg der Selbständigkeit nahe zu legen, als Anmaßung und Vermessenheit, als Phantasma oder als Unmöglichkeit erscheint.“*

Die Allerersten

Berücksichtigen wir, dass Shaw nur ein an Architektur interessierter Laie war, kann er als Master of the Work, als operativer Mason, in der Baukorporation gerade noch angesehen werden, weil er als königlicher Beamter die Baukorporationen leitete.

Um 1600 gibt es einige namenlose Geistliche der schottischen protestantischen Kirche im Besitz des Maurerwortes. Aber
am 8. Juni 1600 hält Schaw in Holyroodhouse eine Versammlung ab, an der ein John Boswell of Auchinleck teilnimmt und das Protokoll, ebenso wie weitere elf Mastermasons, mit seiner Unterschrift und seiner Masonmark versieht. Damit ist er der erste spekulative, nichtoperative Maurer, dessen Namen wir kennen. Er ist der Laird von Auchinleck, das nebenbei bemerkt, ganz in der Nähe von Kilwinning liegt. Und wir nehmen auch an, dass er an jenem 8. Juni des Jahres 1600 als Repräsentant der Loge von Kilwinning an der Sitzung in Edinburgh teilnimmt, und so unsere Vermutung sehr wahrscheinlich macht, dass Schaw das Institut der Gentlemen Masons in Kilwinning bereits vorgebildet fand.
Ebenso merkwürdig wäre es, wenn er die Aktivitäten der Großen Loge von York in seiner und der Generation vor ihm, nicht aufmerksam verfolgt hätte, und möglicherweise auch dort von altem Herkommen Non Operatives vorfand.
Wenn uns der Name Boswell in den Ohren klingt, dann deshalb, weil ein Nachfahre dieses Mannes, James Boswell die berühmte Biographie von Samuel Johnson[36] geschrieben hat.
John Boswell ist also der erste spekulative Maurer von dem wir hören, nicht wie vielfach behauptet wird, Sir Robert Morey, der erst rund 40 Jahre später aufgenommen wird. Boswell arbeitete sehr wahrscheinlich in der Loge von Kilwinning, und gehörte einer, in seiner Zeit, gehobenen Klasse von Grundbesitzern in der Nähe dieses Ortes an.
Unmittelbar nach dem Tod von Schaw waren die Logen offenbar eine Zeit lang sich selbst überlassen. Sein Nachfolger als *Master of the Work* Cunningham scheint desinteressiert. Erst mit dessen Nachfolgern, den Brüdern Alexander und einem John Mylne aus der berühmten Steinmetzfamilie kann König Charles I. vielleicht seine Pläne und die Pläne seines Vaters James I. wieder weiterverfolgen.

36 James Boswell, The Life of Samule Johnson (1791); Deutsch: Dr. Samuel Johnson. Leben und Meinungen. (Zürich 2002)

John Mylne wurde 1633 *Fellow craft* in der Edinburgh Lodge. Drei Jahre später übernimmt er von seinem gleichnamigen Vater oder Großvater, der schon König James VI. als Freimaurer aufgenommen hatte, das Amt des *Appointed Master to the King*.

John Mylne

Am 3. Juli 1634 wird William Lord Alexander und sein Bruder Anthony Alexander sowie Sir Alexander Strachan of Thornton sofort in den zweiten Grad aufgenommen. Ihr sozialer Status ermöglicht es ihnen und vielen ähnlichen Personen den Lehrlingsgrad zu überspringen bzw. werden beide Grade in einer Zeremonie erteilt.

Und wieder wird in der freimaurerischen Literatur gerätselt, warum denn solche Leute sich in die Handwerksgilden drängen. Die Antwort muss sein, sie sind gar nicht in der Gilde, in der Incorporation. Sie sind in einer Geheimgesellschaft, in einer Loge und dort gab es etwas, das den Hofadel, den Landadel und die wohlhabenden Bürger außerordentlich interessierte.

Bleiben wir bei der so gut dokumentierten Loge in Edinburgh. Im Juli 1635 wird Archibald Steward of Hesselsyd, im August 1637 David Ramsay, im Dezember Alexander Allardyce of that Ilk aufgenommen. John Steward, Earl of Traquair beschwert sich brieflich beim Earl of Rothes, dass die Partei des Königs Charles I. gegen ihn intrigiere und behaupte „he had the Masone Word, among the nobilitie."

Im Februar 1638 wird Henry Alexander aufgenommen. Keiner von ihnen ist Steinmetz oder Mauerer. Alle Alexander sind Brüder und ihr Vater Sir William Alexander, Earl of Stirling, ist der Sekretär des Königs.

Wir haben es mit einer Gruppe von Höflingen zu tun. Trotz Bürgerkrieg und Aufständen, die bei den Schotten in dieser Zeit ein offenbar pathologisches Verhalten waren, kommen 1640 Sir Robert

Moray und Alexander Hamilton in die Loge, der Generalquartiermeister und der General der Artillerie. Im Juli 1647 wird dann der erste Arzt Dr. William Maxwell in die Loge aufgenommen. Trotzdem ist das noch immer kein Zeichen einer demokratischen Gesinnung, wie wir bereits angemerkt haben, er ist nämlich der Arzt des Königs.

Am 17. August 1649 sehen wir dann endlich einen Mr. Hercules Jenking, Kaufmann in den Protokollen. 1654 kommt James Neilson, ein Handwerker, der aber kein Maurer ist. Damit zeichnet sich in Edinburgh eine Entwicklung ab, die auch in anderen Logen, wenn auch nicht in dieser Klarheit, erkennbar ist. Die kleinen Logen auf dem Lande nehmen auch Nichtoperative auf, die häufig aus ganz einfachen Verhältnissen stammen. Es hängt der Zulauf der Gentlemen also von der geographischen Lage ebenfalls ab.

Sicherlich können wir nur von den zufällig erhaltenen Unterlagen ausgehen, die sich aber hüten auf Geheimnisse einzugehen, und wir müssen damit rechnen, dass es Logen gegeben hat, von denen wir keine Nachricht mehr haben.

Auch der alles beherrschen wollende Einfluss der protestantischen Kirk hat 1640 z. B. nicht mehr die Kraft Sir Robert Moray Schwierigkeiten zu machen. Dieser hatte in seiner Karriere dem katholischen französischen König, den Covenantern, und den episkopalkirchlichen Königen Charles I. und Charles II. gedient. Von Charles II. ist das Zitat überliefert, Moray wäre das Oberhaupt einer nur ihm eigenen Religion.

Organisierte Religion, ihr Zwang und ihre Kontrollen, verschwinden mit der Zeit auch in Schottland. An ihre Stelle treten soziale Institutionen wie die Logen in denen das Ideal und der Kult der Freundschaft praktiziert werden kann (Stevenson).

Die zweite Hälfte des 17. Jahrhunderts bringt für die Loge in Edinburgh sogar die Aufnahme von einigen Regimegegnern aus dem Kreis von Parlamentsmitgliedern und Anwälten. Man sieht an dieser Entwicklung, nach 20 bis 30 Jahren muss man keine Angehörigen der Templertradition mehr verstecken, oder wenn man doch noch

der Kirk oder den Roundheads Cromwells entgehen will, versteckt man am Besten „eine Erbse in einem Sack voll Erbsen."
Es sind in der zweiten Hälfte des 17. Jahrhunderts in den Logen, aus der etwas chaotischen politischen Entwicklung heraus, fast alle politischen Lager der Zeit vertreten. Trotzdem erscheint die Loge als ein neutraler Boden. Bis 1700 dürfte zumeist nur eine Gruppe bei der Aufnahme in die Loge übersehen worden sein. Die Mitglieder der Incorporation, die im gleichen Haus untergebracht sind.

In Canongate in Edinburgh wird im Dezember 1677 eine Loge gegründet, die sich – richtig, es gibt noch keine Großloge, – nicht an St. Mary's Chapel in Edinburgh wendet, sondern ihre Autorisierung von Kilwinning, der Motherlodge, erbittet und auch erhält. Wir zeigen ein Bild des Dichters Robert Burns in dieser Loge.
Wenn man nach authentischen schriftlichen Unterlagen geht, dann ist die Loge von Aitchisons Haven mit einem Protokollbuch vom 9. Jänner 1599 die Älteste, leider aber besteht sie nicht mehr und ihre Unterlagen werden von der Großloge von Schottland verwahrt.
1672 und 1677 werden dort zwei interessante Gentlemen Masons aufgenommen. Etwa 90 Jahre zuvor, im 16. Jahrhundert, sind die Familien der Beiden Kontrahenten im Templerorden.
1672 ist es ein Alexander Seton, 1677 ein William Sandilands. Sie werden entsprechend den damaligen Gepflogenheiten in beiden Graden am gleichen Tag aufgenommen.

York

Friedrich Nicolai[37], der wahrlich kein Freund des Templerordens, aber ein Freund Lessings ist, schreibt auch in seinem 1782 erschienenen Buch über den Tempelherrenorden, dass Baron Anton von Geusau, den Erzieher Andrew Michael Ramsay kennen gelernt hatte und in einem Gespräch, das er 1764 in seinen Erinnerungen wiedergibt, erfuhr, dass Königin Elisabeth I. von England misstrauisch gegenüber den Freimaurern geworden war, daher habe sie am 27. 12. 1561 die Große Loge von York aufgelöst.

Nicolai misstraute seiner Quelle, es waren die Tagebücher des Baron Geusau, hat sie aber in anderen Nachrichten bestätigt gefunden. Es hatte sich um ein militärisches Kommando gehandelt, welches die Königin nach York sandte, um die dort versammelte so genannte Große Loge von York aufheben zu lassen.

Diese Nachricht aus den Weihnachtstagen 1561 berichtet, dass an diesem Jahrestag die Loge von York unter dem Vorsitz von Sir Thomas Sackville zusammentrat. Das Misstrauen der Königin Elisabeth I., sie hatte den Verdacht, es handle sich um eine katholische Verschwörung, wurde bald überwunden und sie bestätigte schließlich sogar Sackvilles Wahl zum Meister der Loge von York.

Sir Thomas Sackville

In einigen seiner Biographien wird Sir Thomas Sackville auch ausdrücklich als Freimaurer bezeichnet. Er war Politiker, Diplomat und Dichter, Barrister-at-Law

37 Friedrich Nicolai, Einige Bemerkungen über den Ursprung und die Geschichte der Rosenkreuzer und Freymaurer; (Berlin u. Stettin 1806),Versuch über die Beschuldigungen welche dem Tempelherrenorden gemacht worden und über dessen Geheimniß; Nebst einem Anhange über das entstehen der Freimaurergesellschaft. 2. Aufl. Berlin und Stettin, 1782

und Parlamentsmitglied und brachte es zum ersten Earl of Dorset. Er war der Cousin der Anna Boleyn und er war es, der Maria Stuart das Todesurteil überbrachte.
Im 18. Jahrhundert waren zumindest drei weitere Familienmitglieder der Sackvilles Freimaurer.
Nicolai teilt auch noch mit, dass die Loge von York nach 1717 behauptete, älter als die neu gegründete Großloge von England zu sein, womit sie auch offensichtlich Recht hatte. Wenn 1561 die Große Loge von York verdächtig werden konnte gegen die Königin zu konspirieren, so wird das nicht als eine reine Handwerkerverschwörung, die belanglos und ungefährlich wäre, gesehen worden sein und Sir Thomas war ganz offensichtlich kein Architekt oder Baumeister.
Der Buchhändler und Historiker Friedrich Nicolai hatte überhaupt noch recht interessante Quellen an der Hand. Er ist es, der beispielsweise die Nachricht bringt, dass die Tempelritter bei der Aufnahme in Hemd und Hosen durch einen langen Gang geführt wurden, was an das englische und französische Aufnahmeritual in der Freimaurerei erinnert, wie uns Freunde aus dem Kreis der Freimaurer versichert haben. Es erinnert aber auch an die Steinplastiken in Rosslyn Chapel, wo sich an Kapitellen Engel finden, mit dem Strick um den Hals und einem entblößten Bein.
In unseren Tagen gibt es in Schottland nicht nur einen maurerischen Orden der Tempelritter, sondern auch im Alten und angenommenen Schottischen Ritus und im York Ritus templerische Rittergrade. Noch immer sollen sogar im Grand Orient de France, einer Großloge in Frankreich, mehr Schwerter als Maurerkellen im rituellen Gebrauch sein.
Mögen jetzt auch alle schottischen Historiker diese Tatsache bezweifeln, die Loge von York hat bereits in der Mitte des 16. Jahrhunderts ein ausgeprägtes Organisationsmuster, das an die spätere Reform von William Schaw in Schottland 1599 erinnern. Auch John Hamill berichtet aus dem Archiv der Vereinigten Großloge von England, dass 1725 die Loge von York, die damals schon eine Non-operative Lodge war, sich als „Grand Lodge of All England“ konstituierte. In

einem Brief des Großsekretärs der Yorker Loge an den Sekretär der Londoner Loge „Antiquity“ werden Namen von Mitgliedern und Beamten genannt. Geht man diesen nach, ergeben sich zwei Peers, drei Baronets, acht Esquires, und fünfzehn Gentlemen.
Mackey und Singelton[38] schreiben:
„Es ist überzeugend dargelegt worden, dass die 25 Grade von Heredom in York im Jahr 1784 praktiziert wurden, und zwar bei einem Kolleg von „Heredom Templers“ welche die Nummer 1 unter der Konstitution der alten Loge von York südlich vom River Trent, mit dem Sitz in York waren. Die Autoren beziehen sich dabei auf historische Landmarks.“
Die Logen in York in unserer Zeit berichten in ihren Vorträgen von einer Verbindung der Templer mit den York Guilt Masons. Tatsächlich war zur Zeit der Aufhebung und Verfolgung des Ordens der Erzbischof von York ein Freund des Templerordens und überließ er ihnen das Kloster St. Mary's Abbey. Erzbischof Greenfield, gestorben 6. 12. 1315, war von 1302 bis 1305 Kanzler von England gewesen. 1312 war er ein Teilnehmer des Konzils von Vienne wo der Papst den Templerorden aufhob. Verständlich, dass er die Templer nicht verfolgte, sondern eher versteckte.

Hochgrade im 18. Jahrhundert

Wie die Großloge der Antients hatte auch die Große Loge von York ihre Chapter für den Royal Arch und eine führende Körperschaft für die Tempelrittergruppen. Es ist noch unklar ob die Grand Lodge der Antients ein Grand Chapter hatte, sicher aber ist, dass der Herzog von Kent ab 1805 nicht nur Großmeister der Großloge der Antients, sondern auch Großmeister des Ordens der Tempelritter in England war.

---

38 Mackey und Singleton, History of Freemasonry (1906) Teil 5, Seite 1342

In den Logen der Antients gab es um 1790 zwischen Craft und Royal Arch Zwischengrade, Past Master, Mark Master, Excellent, High Excellent. Nach Royal Arch konnte der Tempelrittergrad folgen. Die beiden frühesten Rituale des Royal Arch, circa 1784, erheben die Kandidaten als "Knight Companions of the Holy Order of St. John of Jerusalem".

Der freimaurerische Orden der Tempelritter lässt sich aber schon früher in England etwa 1777 lokalisieren, sodass wir einerseits im Rahmen der Hochgrade von einer eigenen Obödienz, dem Orden, und andererseits von Tempelrittergraden in anderen Obödienzen auszugehen haben. Diese Hochgrade sind im 18. Jahrhundert in Schottland und Irland voll freimaurerisch integriert, sodass sie in Charters z. B. für die Loge St. Andrew's in Boston weitergegeben werden.

1791 formiert sich ein Grand Conclave mit Thomas Dunkerley als Großmeister. Ihm folgen 1796 Lord Rancliffe und 1804 der Herzog von Kent.*(J. Hamill a.a.O.)*

Zusammenzufassend erscheinen damit für das ganze 17. Jahrhundert Beweise für die Existenz einer voll ausgebildeten spekulativen Freimaurerei, die ihren Ausgang in Schottland nimmt und die ganz selbstverständlich aus ihrer Entstehungsgeschichte heraus, ebenso wie später die Antients und die große Loge von York auch in Hochgraden arbeitet, so dass die spätere Großloge von Schottland diesbezüglich sogar Verbote erlassen muss.

Es ist aber bekannt, dass diese Verbote der Großloge nicht wirklich sofort durchsetzbar waren und die Großloge selbst, bei Erteilung von Charters, sich nicht immer daran gehalten hat.

Manuskripte

Die erste Konstitution Andersons kam unter anderem dadurch zustande, dass die damals wenige Jahre bestehende Großloge von England bei ihm anfragte: "to digest the old Gothic Constitutions in a new and better method."

Welche alten früheren „gotischen“ Konstitutionen, und wie alt waren sie am 29. 9. 1721 im Zeitpunkt der Anfrage?
Regius-, Cooke- oder Buchanan-Manuskript? Möglich, denn im Regius-Manuskript aus dem 14. Jahrhundert findet sich eine Passage über die Aufnahme von Lehrlingen. Dort steht im Artikel 4 die Formulierungen “a prentice of higher degree” und “And so sometime, great lord’s blood took this geometrie”.
Bezieht sich das auf Nichthandwerker, die Flüchtlinge der Templer, wie John Robinson sie beschreibt?

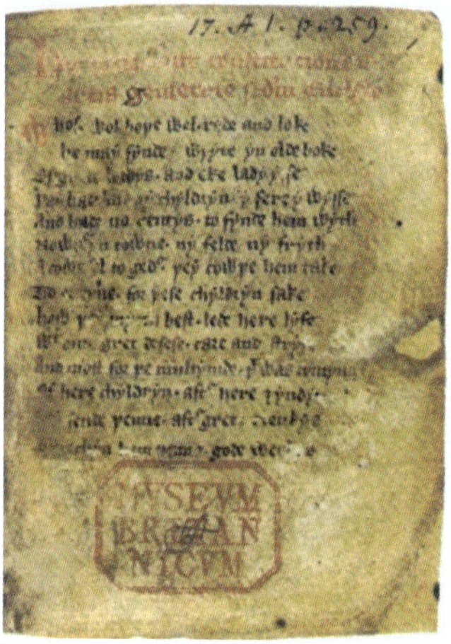

Regius-Manuskript

Bereits in Artikel 1, Artikel 2 und 3 des Regius-Manuskripts erscheint der Mastermason, der Fellow und der Prentis.
Durch zahllose Bücher geistert die Behauptung, dass erst im 18. Jahrhundert der Meistergrad zu finden sei, dass Schaw ihn eingeführt habe, und ähnliche Vermutungen mehr. Dabei wird die Bezeichnung Meister, der Grad und das Ritual gnadenlos durchgemischt und damit eine unangebrachte Verwirrung gestiftet.

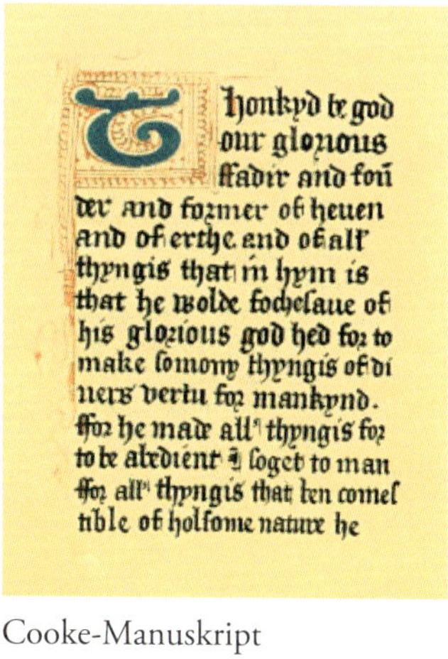
Thonkyd be god our glorious fadir and foun der and former of heuen and of erthe and of all thyngis that in hym is that he wolde fochesaue of his glorious god hed for to make so mony thyngis of di uers vertu for mankynd. ffor he made all thyngis for to be abedient & soget to man ffor all thyngis that ben comes tible of holsome nature he

Cooke-Manuskript

Auch das Cooke-Manuskript, datiert etwa 1410, bezieht sich in seinem historischen, mythischen Teil auf eine Einteilung der Mitglieder in Meister und Fellows. Es erzählt auf den Folien 27 bis 31, dass die großen Lords nicht genug Besitz hatten, um alle ihre Kinder zu unterstützen. Sie fassten daher den Entschluss, sie von Englet unterrichten zu lassen. Da sie nicht alle die Kunst der Geometrie gleicherweise erlernten, wurden sie geteilt in Meister und die weniger „Schlauen“. Diese aber sollten wegen des Adels ihres Blutes nicht Diener oder Untertanen genannt werden sondern Fellows.

Wieder also, wie im Regius-Manuskript der Hinweis auf eine Vermischung der Handwerkerzunft mit Angehörigen des Adels. Ein Mythos, der wie die meisten Mythen einen harten Kern hat. Der außerdem nicht lange nach der Flucht der Templer nach Schottland entstand, als sich noch die nachfolgende Generation an diese Ereignisse erinnern konnte.

Etwa 1389 und 1410 wird als Entstehungszeit dieser Dokumente angegeben! Allerdings wird versichert, dass das Cooke-Manuskript eine Transkription älterer Überlieferungen ist.

Sicher verwendete Anderson für seine Alten Pflichten das Regius-Manuskript und jene Statuten, die noch heute in Verwahrung der Großloge sind. Da der Großmeister George Payne das Cooke-Manuskript in Händen hatte, dürfte es Anderson ebenfalls zur Verfügung gestanden haben.

Grand Lodge-Manuskript Nr.1 aus 1583, Lansdowne-Manuskript etwa gleich Zeit, Sloane-Manuskripte 1646 und 1649, William Watson Version 1687, vier Manuskripte der alten Loge von Dumfries 1675–1710, und das Melrose-Manuskript 1674, alle heute im Archiv der Vereinigten Großloge von England, dürften ebenfalls zu seiner Kenntnis gelangt sein;

Das früheste Manuskript einer zweiten Gruppe ist das Register House-Manuskript aufbewahrt im Schottischen Record Office. Es wird auf 1696 datiert, aber die Forschung ist überzeugt, dass es gut hundert Jahre älter sein kann. Es beginnt wie die meisten Manuskripte mit einem Katechismus, ein Frage und Antwortspiel, in dem es um die Identifizierung als Bruder geht. In unserem Fall ist eine Passage bemerkenswert:

> Where shall I find the key of your lodge?
> Three foot and a half from the lodge door under a perpend eslar and a green divot
> Where lies the key?
> In the bone box.

Der Schlüssel, unter dem das Geheimnis verstanden wird, liegt also dreieinhalb Fuß weit in der Loge und ist unter einem Grünen Rasen mit einem Stein, also in einem Grab zu finden. Auf die weitere Frage, wo dort der Schlüssel liegt, erfolgt die Antwort in der Schädelkapsel, also in einem Totenkopf im Grab.

Das Dumfries-Manuskript Nr. 4 führt dazu ausdrücklich an, die Schlüssel oder Geheimnisse liegen in den Herzen und den Zungen der Maurer, letztere befinden sich in der „Knochenschachtel" des Schädels. Es geht also um einen Körper unter dem grünen Rasen in dessen Kopf sich die Schlüssel oder Geheimnisse befinden, und die Maurer sollen sie herausfinden.

Jeder der schon einmal über das Ritual des dritten Grades gelesen hat und mit der Hiramlegende annähernd vertraut ist, wird sich wundern, dieses ausgearbeitete Ritual zwischen 1598 und 1696 anzutreffen, wo es doch um diese Zeit angeblich keine Hiramlegende und keinen dritten Grad gegeben haben soll. Wir haben aber schon gezeigt, dass der Maler Il Guercino die Hiramlegende in einer Zeichnung vor 1666 dargestellt hat.

Auch was den angeblich noch nicht existierenden dritten Grad anlangt, hat uns das Register House-Manuskript noch etwas zu bieten. Der Katechismus setzt nach den Stellen über den „Schlüssel" fort„ "after the Masons have examined you [...] they will acknowledge you, but not a master mason or fellow croft but only as an apprentice, soe they will say [...]"

Ohne in die Frage ernstlich eingreifen zu wollen, sieht das nicht bereits wie eine Entwicklung in Richtung eines drei Gradsystems aus?

In den meisten der genannten Manuskripte ab 1583 finden wir die Hiramlegende zumindest angedeutet vor. Damit wäre die Behauptung mancher masonischer Schriftsteller, dass diese im 18. Jahrhundert zuerst in Frankreich auftritt oder zwischen 1723 und 1738 erst in England entsteht, wie schon im Kapitel „Das Grab de Molays" ausgeführt, ins Wanken gekommen.

Dabei fällt auch auf, alle Manuskripte die in Verwahrung der Großloge sind, datieren aus der Zeit William Schaws oder sehr viel später,

also aus einer Zeit, in der schon spekulative Maurer angenommen werden können.
Wir hören sogar, dass Anderson in der Konstitution von 1738 beklagt, dass etwa 1720 „in einigen bestimmten Logen mehrere Manuskripte von großem Wert von einigen eifrigen Brüdern voreilig verbrannt worden waren, um, wie sie vorgaben, diese Papiere nicht in falsche Hände fallen zu lassen. Die Manuskripte enthielten Aufzeichnungen über die Brüderschaft sowie über die Logen, ihre Satzungen, ihre Pflichten und ihre Geheimnisse und Gebräuche."
Eine dieser Verbrennungen soll sogar vom Großmeister der Großloge von England, J. T. Desaguliers selbst veranlasst worden sein. Für die Richtigkeit dieses Gerüchts spricht der Umstand, dass ein genaues Datum genannt wird, der 24. Juni 1719.
Man fragt sich, was die soeben neu entstandene Großloge zu verbergen hatte.
Damals schreibt Anderson auch, wenn auch mit 120 Jahren Abstand, dass König James I. ein Mason King gewesen sei.
Anderson war Schotte und durch die Loge seines Vaters eng mit schottischen Überlieferungen verbunden und in unserem Kontext liegt er gar nicht so falsch mit seiner Darstellung.

Spuren templerischer Hochgrade

Es müsste eigentlich auffallen, dass alle Hochgrade, auch die noch existierenden, auf einem Zusammenhang mit dem Templerorden insistieren oder zumindest in ihren Ritualen auf ihn verweisen. Der Royal Arch hat Rittergrade, ebenso der Alte und Angenommene schottische Ritus. Beim maurerischen Orden der Templer ist die Bezugnahme unmissverständlich. Im Schwedischen System und in der früheren Strikten Observanz, aber auch in der Großen Nationalen Mutterloge zu den drei Weltkugeln in Deutschland wird die Abkunft von den Templern reklamiert. Beim Royal Order of Scotland wird sogar die Reiseroute der Templer im Ritual behandelt.

Sowohl Strikte Observanz als auch die Drei Weltkugeln beziehen sich auf Pierre d'Aumont.

Im alten Grad des schottischen Meisters sind alchemistische Artefakte wie Salz, Schwefel und Merkur in den zentralen Ritus eingebunden und wird ausgeführt, dass die Kunst der schottischen Meister die Wissenschaft sei. Aber auch hier wird eingeräumt, dass die ersten Tempelherren die Wissenschaft besessen haben. Es handelt sich immer um Gedankengut der Spätrenaissance in Verbindung mit Schottland und einem Hochgrad, wir kennen das von Schaw aus dem Jahr 1598.

Sogar das Kapitel von Clermont, das erst 1754 gegründet wurde, weiß zu erzählen, dass Hiram nur ein Symbol ist und dass darunter Jacques de Molay zu verstehen sei.

In England beim Streit der Antients mit den Moderns ging es auch um den Holy Royal Arch, praktisch ein vierter Grad, aber seit 1813 nicht als solcher bezeichnet. Dieser Grad wurde spätestens 1785 durch von Graefe nach Deutschland gebracht und wurden Konstitutionspapiere in Hannover hinterlegt.

Dort heisst es: „Wir müssen die Maurerei gleichsam aus zwei Teilen zusammengesetzt betrachten, als die Operative (die eigentlichen drei Grade) und die Spekulative (Royal Arch) [...] Die Absicht der spekulativen Maurerei (RA) ist es, alle Kunst und Wissenschaft zu kultivieren, soweit der menschliche Verstand in diesem unvollkommenen Leben dazu fähig ist; allein welche wir insbesondere auf die Branchen der Kunst anwenden, welche uns so billig durch unser unvergleichliches Motto – erkenne dich selbst – empfohlen wird."

Heinrich Lachmann teilt noch mit, dass in England und Irland auf den Royal Arch Grad noch der Grad eines Tempelritters und Rosenkreuzers folgen kann.

Wenn wir diese Mitteilungen auswerten, so gehen sie von operativen Maurern für drei Grade aus. Erst im Hochgrad setzt die spekulative Beschäftigung mit Kunst und Wissenschaft ein. Ein Zustand, von dem wir glauben, dass er schon einige Zeit in Schottland durch die Schawreform 1598/1599 oder bald danach bestand. Eine spätere

allgemeine Änderung dieser Aufteilung war insbesondere in England notwendig geworden, weil es dort in den Logen des 17. Jahrhunderts bereits praktisch keine Operativen mehr gab und die spekulativen Gentlemen auch die ersten drei Grade bearbeiten mussten.
Die Logen in Schottland waren, wie wir glauben, bis ins 18. Jahrhundert nicht auf drei Grade beschränkt, oder sollten wir innere Zirkel oder angeschlossene Körperschaften wie die Templer nicht Grade, Hochgrade nennen? Zumindest offiziell war eine derartige Restriktion erst mit dem Verbot durch die Großloge von Schottland an die ihr unterstellten Logen, in Hochgraden zu arbeiten, gegeben.
Mit der Reformation entfallen die Johanniter als Tarnung im 16. Jahrhundert, weil sie selbst aufgehoben und verboten werden. Daher bleibt nur in der freimaurerischen Organisationsform eine Möglichkeit als Templerlaie, wenn auch angepasst an die veränderte Zeit, zu überleben. Ein eindrucksvolles Beispiel dafür ist die Loge von Stirling. Eine Tradition wird im neuen Rahmen einer veränderten sozialen Wirklichkeit gepflegt, und vorerst vor der unduldsamen protestantischen Kirche Schottlands und dem Parlament versteckt.
Dabei hat auch die enge Zusammenarbeit der mittelalterlichen Tempelritter mit ihren Baukorporationen einen Anteil an der neuen Entwicklung am Ende des 16. Jahrhunderts. Wie eng diese Zusammenarbeit war und wie wach die Erinnerung daran blieb, illustriert eine Begebenheit aus Frankreich.
In Paris ist die Templerkirche in der zweiten Hälfte des 18. Jahrhunderts noch immer unabhängig von der Jurisdiktion des Erzbischofs von Paris.
1787, zwei Jahre vor Ausbruch der französischen Revolution haben die französischen Freimaurer Schwierigkeiten mit diesem Erzbischof, Monsignore Leclerc de Juigné, weil sie für ihre verstorbenen Brüder ein Hochamt mit großem Chor haben wollen. Also gehen sie in die Templerkirche und feiern dort unabhängig vom Erzbischof ihre Totenmesse. Eines der Rechte der Templer, die im 14. Jahrhundert auf die Johanniter übertragen wurden, bezog sich auch auf ihre Handwerker, die schon immer im Schutz des Tempels gearbeitet hatten. Diese Rechte wurden

von der französischen Krone bis 1718 bestätigt. Das bedeutet, dass auch in Frankreich die Handwerker der Templer und ihre Rechtsnachfolger nicht mit dem Orden verschwanden und aufgelöst wurden.[39]
Umso mehr dürfen wir derartige Erinnerungen und Gepflogenheiten in Schottland annehmen.

Wie schon erwähnt weist auch Robert Ferguson darauf hin, dass es eine spezielle Regel, Artikel 325, im Templerorden gab, die den Steinmetzen erlaubte Handschuhe zu tragen, während das allen anderen Brüdern mit Ausnahme der Kapläne nicht gestattet war. Wenn so etwas in der Regel Aufnahme findet, ist die Verbindung der Ritter mit den templerischen Bauleuten weder locker gewesen, noch nur zeitweilig. Hier bestand von alters her ein Zusammenhang.

Gebühren sind etwas Banales, Glaubwürdiges, wenn wir Spuren von Hochgraden suchen, da wird nicht gefälscht oder gar deren Aufzeichnung unterlassen. Wo es ums Geld geht, ist man genau.

Nach den Aufzeichnungen der Lodge Ancient Stirling von 1745 über die zu zahlenden Gebühren: "Excelent and Super-excelent, five shillings, and knights of Malta, five shillings".

Stirling Brasses

Im Besitz der gleichen Loge sind die „Stirling Brasses" Artefakte deren Alter unbekannt ist, jedoch können sie kaum nach 1650 angesetzt werden. 1845 werden sie vom Autor der „General Regulations of the Supreme Grand Chapter of Scotland", genau beschrieben, dann nach Edinburgh gesandt, wo sie einige Zeit als verschwunden gelten. Edinburgh behauptet sie nach Stirling zurückgeschickt zu haben. Ein Mitglied der Lodge Ancient Stirling No. 30 erklärt in unseren Tagen die Brasses wären Besitz seiner Loge, wobei nicht klar wird, ob damit nur ein Anspruch aufrecht erhalten wird oder Bezug auf lediglich Fotos dieser Gegenstände genommen wird.

Jedenfalls erklären die "General Regulations of the Supreme Grand Chapter of Scotland" 1845, dass die Loge in Stirling die Grade Royal

39 Paul Naudon, The secret History of Freemasonry (Rochester 1991)

Arch, Red Cross, Sepulcher, Maltaritter und Tempelritter jedenfalls seit Beginn des 18. Jahrhunderts bearbeitet und zwei alte grob gravierte Metallplatten aufbewahrt.

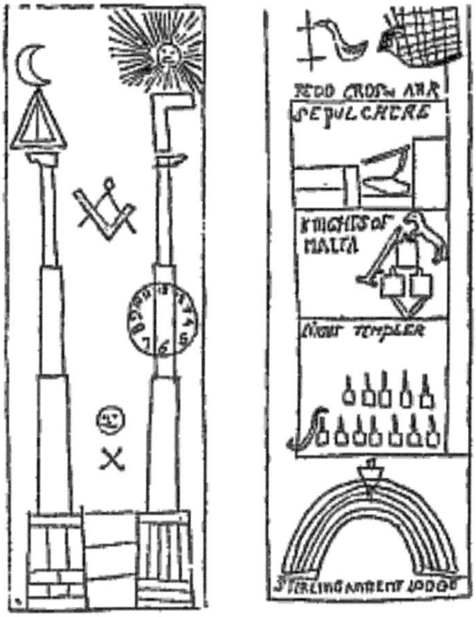

Stirling Plates

Es handelt sich um zwei Metallplatten (brass plates) mit Gravierungen. Deren Beschreibung in der Literatur ist außerordentlich selten. Mackay beschreibt sie als Platten in denen auf der Ersten Symbole des ersten und zweiten maurerischen Grades dargestellt werden. Wichtiger ist die zweite Platte für einen Nachweis der Existenz ausgearbeiteter Hochgrade vor 1650.

„Auf der Vorderseite finden sich bestimmte Embleme, die zur Meisterloge gehören, aber auf der Rückseite sind fünf Figuren. Oben das Rote Kreuz oder Arche genannt, ganz unten eine Serie konzentrischer Bögen, die man mit einem Regenbogen verwechseln könnte, wenn da nicht ein Schlußstein am Gipfel der Bogen wäre, der ein Gewölbe anzeigt. Die anderen drei Figuren sind mit einem Rand umschlossen. Die Obere wird Sepulchere genannt, die zweite Knights of Malta und die Dritte Knights Templer. Das Alter dieser Platten ist unbekannt, aber sie können wohl kaum moderner sein als der Beginn oder die Mitte des siebzehnten Jahrhunderts“.

Turnbull[40] und Denslow in bringt nur von der Vorder- und der Rückseite der zweiten Platte je eine grobe Zeichnung. Sie verweisen aber

40 Everett R. Turnbull, Ray Vaughn Denslow, A History of Royal Arch Masonry 2 Bände (Trenton 1956)

darauf, dass bei der Interpretation der Platten viele Historiker dazu tendieren anzunehmen, dass Craft (Handwerkerzunft), Royal Arch und Templergrad ursprünglich unter der gleichen Autorität (gemeint ist, in einer Loge) arbeiteten.

Wenn versucht wurde die einfachen Zeichnungen zu den Beschriftungen von Red Cross bis zu Stirling Antient Lodge auf der Rückseite der zweiten Tafel zu erklären, ist nicht immer ein befriedigender Sinn herausgekommen. Yarker interpretiert, dass bei RED CROSS ein Kreuz, eine Taube und eine Arche zu sehen sind. Bei der Arche handelt es sich mehr um ein Gerüst, denn um einen Schiffsrumpf mit Spanten. Bei SEPULCHERE soll es eine Krummaxt, ein Stein und ein Sarkophag sein.

Bei KNIGHTS OF MALTA ein Lamm, drei verbundene Kerzen und ein unbekanntes Objekt,

Bei NIGHT TEMPLER um etwas wie eine Schlange und 12 Kerzen.

Faktum ist, dass diese beiden Tafeln auf die oben genannten maurerischen Hochgrade hinweisen, vielleicht sogar den Beweis liefern, dass in der ersten Hälfte des 17. Jahrhunderts zumindest diese Loge in diesen Graden gearbeitet hat und die Tafeln in der Arbeit des jeweiligen Grades oder Ordens vielleicht als Tracing-Boards, als Arbeitstafeln verwendet wurden. Damit werden die mündlichen und schriftlichen Überlieferungen bestätigt.

Zusammen mit dem, was wir über die Tempelritter in Stirling und ihr Überleben bis zur Reformation in Schottland wissen und mit der Überlieferung der „Maurer mit den gekreuzten Beinen" ist die Rückseite der zweiten Tafel ein auffallendes Argument für den Zusammenschluss der aufgehobenen und verfolgten Orden mit den Neuen Logen William Schaws.

Man muss, interpretiert man die zweite Tafel, das Wort Orden in der Mehrzahl verwenden. Nicht nur von Templern und Johannitern ist die Rede sondern auch das Wort „Sepulchere" und die dazu gehörigen Zeichnungen sind zusammen mit Malta und Templern auf der Platte mit einem eigenen Rahmen umgeben, so als gehören diese Drei irgendwie zusammen. Sepulchre bedeutet Grab oder Grabmal. Das kann sich wieder nur auf die Ritter des Ordens vom Heiligen Grab beziehen, die es im Rahmen der katholischen Kirche ja ebenfalls gab. Aus dem erwähnten Rahmen, der die drei Orden zusammenfasst, können wir schließen, dass eben nicht nur die Templer, sondern zumindest teilweise auch Angehörige der Johanniter und der Grabesritter bei dieser neuen Baukorporation untergetaucht sind.

Fifield Dassigny und W. J. Hughan geben nach dem Wiederauftauchen der Tafeln in „Enquiry and Introductory Sketch on Royal Arch Masonry" erstmals eine Angabe zur Größe der Tafeln. Sie sind rechteckig, etwa 7,6 cm breit und 22,8 cm hoch. Sie wiegen zusammen etwa 2 Kilogramm.

Im Jahr 2011 ist am Kontinent, eine dritte Metallplatte 20 mal 22 cm, aufgetaucht, in deren Gravuren freimaurerische Symbole wie Zirkel Winkelmaß und Maßstab, sich mit den verschiedensten hermetischen Symbolen, insbesondere alchemistischen Symbolen wie Ouroburos, zwei einander durchdringende Dreiecke (wie oben so unten), der siebenblätterigen Rose und Planetensymbolen verbinden. Dieses kleine Kunstwerk, mit großer Wahrscheinlichkeit ebenfalls aus dem 17. Jahrhundert, beweist ebenso wie die Stirling brasses, dass die früheste Freimaurerei bereits von den esoterischen Wissenschaften ihrer Zeit durchdrungen war, in Hochgraden arbeitete und die Behauptung, in den Schawstatuten fänden sich zu wenig Hinweise darauf um eine solche Verbindung zur damaligen Wissenschaft anzunehmen, den Artefakten widerspricht.

Erinnern wir uns, dass die Alchemie sich als die „Königliche Kunst" bezeichnete. Die Freimaurerei verwendet diesen Ausdruck noch heute. Auf einer anderen Ouroborosdarstellung der Alchemisten, findet sich sogar die Umschrift für „Vitriol".

Nebenbei, aufgrund der Herkunft dieser dritten Metallplatte dürfte der Schluss zulässig sein, dass auch sie, wie die Stirling Brasses, in Schottland gefertigt wurde.

Am Kontinent gab es nach herrschender Ansicht keine Freimaurerei im frühen 17. Jahrhundert. Schottische Emigranten die Logen gründen, könnten frühestens nach der Ermordung König Charles I. ange-

nommen werden. Aber auch darüber fehlen alle zuverlässigen Nachrichten. Eine derartige Legenden hat sich zwar gebildet gebildet, es gibt aber keine wirklich greifbaren Indizien.
Die Herkunft der Tafel aus dem Schottland der ersten Hälfte des 17. Jahrhunderts, etwa 1615 bis 1650, hat also etwas für sich. Ihre Verbindung mit esoterischen Emblemen, die Bezüge zur Hermetik, Astrologie und vor allem mit der Alchemie aufweisen, verbunden mit ausgereiften maurerischen Symbolen spricht für die Programme der neuen Logen des William Schaw beziehungsweise der „Maurer mit den gekreuzten Beinen" in Stirling.
Die siebenblätterige Rose als Allegorie der sieben Planeten, der sieben Verwandlungsstufen, der Metalle usw. findet sich auch im Zentrum dieser dritten Platte und repräsentiert die Rose dort auch gleich die Sonne, die Solarqualität und das Gold, das durch einen Punkt in einem Kreis in der Alchemie des 17. Jahrhunderts dargestellt wird.[41]
Wir kennen den genauen Verwendungszweck dieser Metallplatten in den Logen oder Orden nicht, da sich zu wenige Stücke erhalten haben. Durch ihren Bezug zur Hermetik und die Benennung der Rittergrade und Orden können wir schließen, dass bereits sofort oder wenige Jahre nach der Gründung der Logen durch William Schaw, benannte Hochgrade bestehen. Weiters, dass in

41 Robert FLUDD, Summum bonum (1629); Carl G. JUNG, Psychologie und Alchemie (1979)

den Logen, zumindest in den Hochgraden, eine Fülle von esoterischen Wissenschaften betrieben wurden und die Verbindung zur Freimaurerei in allegorischen Artefakten, wie diesen drei Platten, ausgedrückt wurde. Möglich ist, dass diese Embleme an hervorragender Stelle in den Zusammenkünften aufgestellt wurden, sobald sich die Ordensmitglieder versammelt hatten.

Weitere schriftliche Überlieferungen, die Hochgrade betreffend, finden sich im Dezember des Jahres 1778. Es beratschlagt die Loge von Scoon and Perth die "six sundry steps of Masonry" für die Beamten der St. Stephens Lodge in Edinburgh, viz. "Past the Chair, Excellent and Super Excellent Mason, Arch and Royal Arch Mason und letztlich, Knights of Malta."

Die nächste wichtige Nachricht für die Aktivität von templerischen Hochgraden ist ein Bericht über den 24. September 1745, dass Bonnie Prince Charlie in Holyrood House im Audienzsaal als Großmeister der Templer installiert worden wäre. Naturgemäß wurde dieser Bericht angezweifelt. Tatsächlich halten wir jedoch diese Nachricht für verbürgt.

In einem Brief vom 30. September 1745, geschrieben vom Herzog von Perth, dem späteren Kommandanten des linken Flügels in der Schlacht von Culloden, an David Lord Ogilvy, dem Sohn des 4. Earl von Airlie, wird von einem feierlichen Kapitel der alten Ritterschaft des Tempels von Jerusalem berichtet, an dem nur zehn Ritter teilnahmen, weil außer in „unserem eigenen" nördlichen Konvent kein Generalkapitel seit dem Tod von Earl Mar abgehalten worden war. Lord Athol trat zurück und der Prinz wurde zum Großmeister gewählt. Die Existenz eines Konvents der Tempelritter in Perth erscheint durch diesen Brief bestätigt.

"The prince looked most gallantly in the white robe of the order" setzt er fort und "He took his profession like a worthy knight" schreibt der Herzog von Perth.

Gleichfalls erwähnt wird dieses Ereignis in den Memoiren von Andrew Lumisden, dem Privatsekretär des Prinzen in Rom.

Um letzte Bedenken zu zerstreuen. Der Prinz erlässt am 15. April 1747 in Arras in Frankreich die so genannte Arras Charter mit

welcher das masonische "Scottish Jacobit Chapter" in dieser Stadt eingesetzt wird.
Am Beginn der Charta heißt es:

> *"We, Charles Edward, King of England, France, Scotland, and Ireland,and as such Substitute Grand Master of the Chapter of H.[...]."*

Diese Charter wurde erst 1853 in Frankreich wieder aufgefunden.
H. wird als Lodge at Heredon angesehen, Substitut, weil seinem damals noch lebender Vater die erbliche Führungsposition zustand.
Als Nächstes, behauptet Chevalier Andrew Ramsay (c.1687–1743) u.a. in einer Rede vor einem illustren französischen und zweifellos auch schottischen Publikum, dass James, Lord Steward of Scotland 1309 Großmeister einer Loge von Kilwinning war. Ein Mythos, aber möglicherweise mit einem wahren Kern.
Ist auch er schlecht unterrichtet, aber von niemandem öffentlich korrigiert? Ganz im Gegenteil hat diese Rede in der Öffentlichkeit großen Erfolg, politisch ist sie eine Katastrophe.
1756 wurde der St. Andrew's Loge in Boston eine Charter erteilt und zwar von der Großloge von Schottland, die damit auch Hochgrade installierte. Die St. Andrew's Loge ist berühmt durch ihre Beteiligung an der so genannten Bostoner Tea Party, bei der als Indianer verkleidete Logenbrüder die Teeballen ins Meer warfen.
Am 28.8.1769 verlieh diese St. Andrew's Loge die Grade eines Royal Arch und eines Tempelritters.
Mackey schreibt, wie schon erwähnt, es sei überzeugend dargelegt worden, dass die 25. Grade von Heredom in York im Jahr 1784 praktiziert wurden und zwar bei einem Kolleg von Heredom-Templers, welche die Nr.1 unter der Konstitution der alten Loge von York südlich vom River Trent, mit dem Sitz in York, waren.
Behauptet wurde später auch, dass von Boston aus dieser Tempelrittergrad nach Schottland und England „zurückgelangte".

Man fragt sich, wie sollte ein Hochgrad zurück gelangen. Dazu hätte er erst in Schottland in der zweiten Hälfte des 18. Jahrhunderts aussterben müssen, um von Amerika aus neu belebt zu werden. Es handelt sich vielmehr um eine literarische Verwechslung mit einem Hochgrad, der einen Tempelrittergrad beinhaltet und spät aus Amerika auf den Kontinent kam, zum Unterschied von einer eigenen Obödienz, die zumindest in Schottland nie aufgehört hat zu existieren, wie unsere Großmeisterliste beweist.
Die freimaurerische Obödienz des Ordens der Templer und der Grad des Tempelritters in anderen Obödienzen erscheinen in Schottland damals fest installiert und nicht neu.
Ein abschließender Blick über das 18. Jahrhundert hinaus zeigt das eindrucksvollste Artefakt aus dem 19. Jahrhundert. Man kann es in der Großloge von Schottland im Museum bewundern. Ein großformatiges Ölgemälde, das die Einsetzung eines Großmeisters der Templer, des Herzogs von Atholl, Lord Glenlyon zeigt.

Edinburgh Encampment Nr. 31

Archibald Montgomery

Am 8. Oktober 1779, erließ Archibald Montgomery, Earl of Eglintone, der Großmeister der Loge Mother Kilwinning, eine Charter für eine Loge in Dublin mit dem Namen "High Knight Templars of Ireland Kilwinning". Wieder erscheint damit die Loge von Kilwinning und ein Großmeister. Und wieder ist es ein Seton bzw. Montgomery. Diese dubliner Loge feiert 1779 gleich den St. Johannistag und kündigt diese Feier in der "Dublin Evening Post" groß an. Nebenbei, noch einmal zur Erinnerung, der Familienname der Eglintones ist Montgomery bzw. Seton und dieser Name taucht durch die Jahrhunderte immer wieder bei Nachrichten über die Templer, die Freimaurer und besonders bei der Loge von Kilwinning auf. Einen der Vorfahren Eglintones finden wir bereits 1674 in Kilwinning Loge als Beamten. Die Setons, die

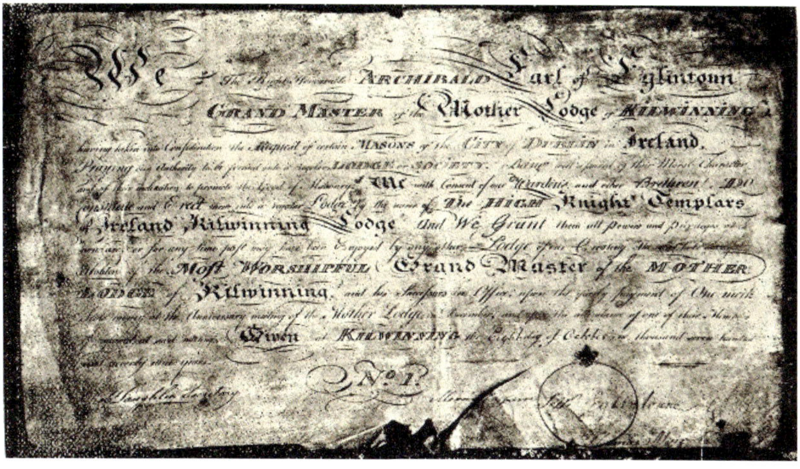

We ARCHIBALD Earl of Eglintoun
GRAND MASTER of the Mother Lodge of KILWINNING
MASONS of the CITY of DUBLIN in Ireland.
LODGE or SOCIETY
We with Consent of our Wardens and other Brethren
The HIGH Knight Templars
of Ireland Kilwinning Lodge And We Grant
Most WORSHIPFUL Grand Master of the MOTHER
LODGE of Kilwinning
Given at KILWINNING
No 1.

8. Oktober 1779, Charter für Loge in Dublin

die höchsten Hofämter innehatten, waren durch viele Generationen erklärte Katholiken und Jakobiten.
Baigent und Leigh berichten 1989 von einem Gespräch mit dem derzeitigen Familienoberhaupt der Montgomerys. Dabei bestätigt dieser einen existierenden Templerorden, der mit den führenden Familien in Schottland verbunden ist.
Wir befinden uns bei der Charta nach Dublin in der Zeit, in der sich die Loge Kilwinning im Streit mit der 1736 gegründeten Großloge von Schottland befand. Eine Auseinandersetzung, die erst 1807 beigelegt wurde. Die Loge von Kilwinning nimmt in dieser Zeit ihre alten Rechte wahr, sie agiert wie eine souveräne Großloge. Rechte die sie auch vor der Gründung der Großloge von Schottland ausgeübt hat, nimmt sie wieder in Anspruch. Dazu gehört das Recht eine Charta zu erteilen, und die offenbar auch für den maurerischen Tempelorden.
Zu bedenken bei dieser Ausübung alter Vorrechte ist, dass damals 1779 sich der Großmeister der Templer Prinz Charles Edward Stuart in Rom befindet, ohne Verbindung nach Schottland. Er ernennt einen schwedischen Prinzen 1783 zum erblichen Nachfolger.
Der schottische Templerhochgrad wäre unter diesen Umständen nicht handlungsfähig. Die Großloge von Schottland wurde in diesen Kreisen, vor allem von Kilwinning, abgelehnt. Es erscheint nur logisch, dass die Erteilung von Chartas und auch andere Aufgaben legitim von dem Mann ausgeübt werden, der als einziger ein unbestrittener Großmeister ist, Eglintoune oder Montgomery. "High Knight Templars of Ireland Kilwinning" war die Körperschaft, welche kurz danach die Early Grand Encampment of Ireland wurde, und jene, welche in den folgenden zwanzig Jahre viele Charters für die Komtureien in Schottland erließ, viele von ihnen gegenwärtig noch existierend unter den Großpriorat von Schottland.
Im Jahre 1805 wurde eine dieser erwähnten Charters des Early Grand Encampment of Irland für eine Tempelrittergruppe in Edinburgh erlassen, die den Namen "Edinburgh Encampment No. 31" führte. Kurze Zeit später wurde diese Gruppe, unter Alexander Deuchar of Morningside, die "Grand Assembly of Knights Templar in Edinburgh". Sie

beschloss, sich um eine Charter von Herzog von Kent, Großmeister des Ordens in England, zu bewerben. 1811 verlieh der Herzog die Charter (gegenwärtig im Besitz des Großpriorats), damit etablierend das "Royal Grand Conclave of Scotland", mit Deuchar als Großmeister.

Deuchar versuchte alle bestehenden Templerlogen, oder besser Präzeptoreien, unter seiner Großmeisterführung zu vereinigen, was aber misslang. Aus dieser Meldung lässt sich zwanglos ableiten, dass es einige Gruppen gegeben haben muss. Auch der ursprüngliche Name des Edinburgh Encampment No. 31, weist darauf hin, dass zumindest noch 30 andere Vereinigungen dieser Art in Schottland bestanden haben können.

Eine Notiz über diesen Gegenstand, mehr Dichtung als Wahrheit, findet sich in Thory's, Chronology of Masonry wo berichtet wird, um 1728 erscheint Sir John Mitchell Ramsay, der bekannte Author von „Cyrus", mit einem System der schottischen Maurerei, das bisher in London unbekannt war und das seine Ursprünge auf die Kreuzzüge zurück führte. Bestehend aus drei Graden, die Schotten, die Novizen und die Tempelritter. Im 18. Jahrhundert soll dieser Orden nur selten aufgetreten sein, aber Deuchar erhielt 1836 die Versicherung von gut informierten Maureren, dass dreißig oder vierzig Jahre früher sie alte Männer gekannt haben, die Mitglieder dieses Ordens durch 60 Jahre lang waren.

Warum sollte man in London elf Jahre nach Gründung der Großloge keine Ahnung von schottischen Obödienzen haben, sieben Jahre nachdem der Großmeister John Theophilus Desagulier in Edinburgh bei seinem Besuch in die Edinburgher Loge aufgenommen wurde.

Im Gegenteil, man wird sich sehr genau informiert haben, wenn man 1717 an ein politisches Gegengewicht gegen die jakobitischen Logen Schottlands denkt. Und warum sollte sich Alexander Deuchar der 1807 schon Großmeister der Templer ist, 1836 von alten Männern erzählen lassen, dass sie 60 Jahre Templer gewesen seinen.

Es sind solche, gar nicht böse gemeinte, aber schlecht überprüfte Äußerungen die der templerischen und maurerischen Geschichtsschreibung ebenso geschadet haben, wie die Anpassung von Daten und Ereignissen an vorgefasste Meinungen.

Alexander Deuchar

Alexander Deuchar

Murry Lyon, ein Historiker des 19. Jahrhunderts berichtet, dass im Jänner 1807 in der St. Mary's Chapel No.1, der prominentesten Loge von Edinburgh, der Abend durch den Besuch einer Abordnung der Grand Assembly der High Knight Templars in Edinburgh Nr. 31, angeführt von ihrem ehrwürdigsten Großmeister Alexander Deuchar, ausgezeichnet wurde.

Mackey[42] schreibt von Alexander Deuchar: „der verstorbene Mr. Deuchar war überzeugt, dass so früh etwa 1590 ein Teil der Brüder mit der Architekturbruderschaft vermischt wurde."
Gegen Ende des 18. Jahrhunderts war Deuchar der führende Experte in Ritual, Geschichte und Heraldik der schottischen Freimaurerei. Sein Beruf wird angegeben mit Siegelschneider und genealogischer Beauftragter seiner Majestät. [43]
Er soll Zugang zu nicht jedermann verfügbarem Material gehabt haben, was schon durch seinen Beruf verständlich wird. Die Originale der St. Clair Charters z. B. kamen nach seinem Tod 1844 aus seinem Nachlass erst in den Besitz der Großloge von Schottland.
In den Jahren 1745,1756,1769 und 1779 werden bereits von Großlogen Charters verliehen und von Logen Templergrade bearbeitet bzw. Gebühren für diesen Grad festgelegt. Schon jetzt können wir daher feststellen, dass Alexander Deuchar 1805 mit seinem Edinburgh Encampment No. 31 nur ein Nachfolger in der Ordensführung zahlreicher bestehender Präzeptoreien war, keinesfalls aber den Orden reaktiviert oder gar wie behauptet wurde, erfunden hat.
Bei seinen Bemühungen alle schottischen Templer ins Royal Grand Konklave zu bringen, war er nicht erfolgreich. Ein großer Teil, hauptsächlich in Ayrshire, dort liegt Kilwinning, verharrte bei ihren

42 Mackey, History of Freemasonry, 1354f
43 National Archives of Scotland, Dok.Nr GD 1/1020.

Irish Charters, und organisierte sich unter Robert Martin 1826 als das „Early Grand Encampment of Scotland“. Womit bewiesen wäre, dass Deuchar die Templerei nicht erfand oder reaktivierte, sondern, dass sie schon vor seinem Auftreten bestand und seine Zentralisierungsabsichten durchaus nicht von allen Komtureien gebilligt wurden.

Man behauptet, er wäre daran interessiert gewesen die schottischen Templer in kontinentale Bewegungen gleicher oder wenigstens ähnlicher Art einzubinden. Das halten wir für unrichtig. In Deutschland und Frankreich war die strikte Templerobservanz am Kongress von Wilhelmsbad 1782 durch Intrigen der Illuminaten und der Lyoner Logen zu Fall gebracht worden.

Sein Interesse scheint viel näher liegender und vorausschauender, die schottischen Templer und die englische Freimaurerei einander nahe zu bringen. Die Charter aus Irland scheint ihm nicht genügt zu haben. Er bemühte sich 1811 erfolgreich um eine Charter des Herzogs von Kent, des Vaters der Königin Victoria, Großmeisters der englischen Templer. Diese Annäherung ist ihm auch gelungen und besteht weiter, wie die mit Regalien bestens ausgestattete Templervitrine im Museum der Mason Hall in London beweist.

Schon zwischen 1812 und 1839 hat eine britische Militärloge des 55. Aberdeenshire Regiments, damals stationiert im Tower von London, als „St. George Aboyne Präzeptorei“ im Templergrad dort gearbeitet.

Deuchar dankt 1836 ab und wird von Admiral Sir David Milne gefolgt.

Bedauerlich ist, dass Deuchars leiblicher Bruder David, ein etwas rigoroser Militär, der bei einem Feldzug in Portugal, in Tomar schon ein Altarkreuz gestohlen hatte, 1831 einen eigenen Templerorden erfand indem er eigenmächtig auch Nichtfreimaurer, offenbar aus finanziellen Gründen, aufnahm bzw. Charters vergab.

Dieser nicht freimaurerische Orden hat sich in Schottland und den USA vielfältig gespalten und verzweigt.

Indizien

Niemand kann sich heute zum Beweis eines Zusammenhanges zwischen Freimaurern und Templern mehr erwarten als Urkunden, Artefakte und Überlieferungen mit einer möglichst soliden Wahrscheinlichkeit. Mehr werden wir niemals haben.
Selbst wenn in Schottland oder irgendwo anders, ein noch so wertvoller materieller Schatz der Templer auftauchen würde, so wie in England in letzter Zeit ein Schatz aus dem 7. Jahrhundert gefunden wurde, bleibt er nur ein Museumsstück bis wir unsere Hypothesen daran geknüpft haben.
Letzten Endes läuft die Frühgeschichte der Freimaurerei auf eine traditionelle Zusammenarbeit zwischen schottischen und vielleicht auch einer englischen Baukorporation, der Loge von York, und den Templern, seien es die Flüchtlinge im 14. Jahrhundert oder die Templertraditionalisten im 16. Jahrhundert, hinaus.
Das scheint die verborgene Seite zu sein, die zwei Mal 1312 und 1598/1599 Schutz und Überleben geboten hat.
Es handelt sich bei historischen Zusammenhängen immer um die Frage, ob das Puzzle zusammenpasst, mehr noch um eine Frage der Ideengeschichte, ob gleiches Denken verfolgt werden kann!
Auch werden Ordensangehörige deren Orden vom Papst 1312 oder vom schottischen Parlament in den 1560ern aufgehoben wurde und die gezwungen sind in den Untergrund zu gehen, bemüht sein ihre Spuren zu verwischen. Nur wenn ihnen das durch einen längeren Zeitraum gelingt und eine andere Organisationsform gefunden werden kann, kann ein gemeinschaftliches Überleben gesichert werden.
Die richtige Frage lautet also, beruht die Idee der geistigen Freiheit und Toleranz, „des Geistes, der weht wo er will", im Kreis der Freimaurer, – so lauten jedenfalls die idealistische Angaben von Insidern – auf einer historischen Kontinuität aus dem Umfeld der Tempelritter oder nicht?
Um diese Frage aufzugreifen, müssen wir bei den Templern, zumindest bei einem inneren Kreis politische, humanitäre, allenfalls esoteri-

sche Tendenzen finden. Und tatsächlich finden sich solche Ansätze in der Übernahme der Lehren des Joachim de Fiore.[44].

Das historische Selbstverständnis der Freimaurerei, und ihr Zusammenhang mit den Tempelrittern und deren Integration, bleibt also – wie in der Geschichtswissenschaft meistens – eine Kette von Indizien, es bedarf aber, wenn man unsere Indizien aneinanderreiht, bereits eines erheblichen inneren Widerstandes um die Zusammenhänge nicht zu deuten.

Der römische Dichter Lukrez hat das 55 vor Christus viel schöner ausgedrückt:

> *„Vieles vermöcht' ich dir noch zusammenzuscharren, um hiedurch*
> *Unserer Lehre Beweis durch weitere Gründe zu stärken,*
> *Aber dem spürsamen Geiste genügen auch diese geringen*
> *Spuren der Fährte bereits, um das übrige selber zu finden."*

Bibliographie

Cooke-Manuskript = The Matthew Cooke Manuscript. British Museum: Additional MS Nr. 23, 198 fol. [ca 1450]

The Regius Manscript = Halliwell Ms, MS Nr. 17, A1. British Museum, [ca 1390]

Edinburgh Register House Manuscript 1696. Scottish Record Office

Aelteste Urkunde der Freimaurer in England. Herausgegeben von J. O. Halliwell; uebersetzt von C. W. Asher – The Early History of Freemasonry in England, etc. Germ. & Eng (Hamburg und London 1840)

Charles G. Addison, The History of the Knight Templars (London 1842)

44 Ferdinand Neundlinger Manfred Müksch, Die Templer in Österreich (Innsbruck ²2005) 83ff.

Allgemeines Handbuch der Freimaurerei. Full text Internet archive: http://www.archive.org/stream/allgemeineshand03unkngoog/allgemeineshand03unkngoog_djvu.txt [2011, Oktober]

Ronald G. Asch, Jakob I. (1566–1625) König von England und Schottland. Herrscher des Friedens im Zeitalter der Religionskriege (Stuttgart 2005)

Michael Baigent u. Richard Leigh, Der Tempel und die Loge (Bergisch Gladbach 1990)

Etienne Baluze, Vitae paparum Avenionensium [...] 4 Bände (Paris 1914–1927);

Wilhelm Begemann, Vorgeschichte und Anfänge der Freimaurerei in England (Berlin 1909-1910)

Wilhelm Begemann, Vorgeschichte und Anfänge der Freimaurerei in Schottland (Berlin 1914)

Elena Bellomo, The Templar Order in north-west Italy (1142-c 1320) (Padua 2003)

Ian B. Cowan, P.H.R Mackay, Alan Macquarie, The Knights of St. John of Jerusalem in Scotland (Edinburgh 1983)

Fifield D'Assigny; William J. Hughan, Dr. Dassigny`s „Enquiry" and Intrductory Sketch on Royal Arch Masonry 1743 to 1893 (Leeds 1903);

Pierre Dupuy, Histoire du différend d'entre le pape Boniface VIII et Philippe le Bel (Paris 1653)

Pierre Dupuy, Traités concernant l'histoire de France, savoir la condamnation des Templiers (Paris 1654)

Robert Ferguson, The Knights Templars and Scotland (2010)

Robert Fludd, Summum bonum (Frankfurt1629)

René Le Forestier, Die templerische und okkultistische Freimaurerei im 18. und 19. Jahrhundert. 4 Bände (Heidelberg-Leimen 1987)

René Le Forestier, La franc-maçonnerie occultiste au XVIIIe siècle et l'Ordre des élus coëns. Fac- similé de la 3e éd. (Paris 1928, Paris 2010)

Gould's history of freemasonry. Embracing an investigation of the records of the organizations of the fraternity in England, Scotland, Ireland, British colonies and dominions, and the United

States of America. Von Robert Freke GOULD; Dudley WRIGHT; Melvin Maynard JOHNSON; John Edward ALLEN. (London 1951)
John HAMILL, The Craft. A history of English Freemasonry (Leighton Buzzard, Bedfordshire 1986)
Richard Augustin HAY, Genealogie of the Saintclairs of Rosslyn Edited by James Maidment (Edinburgh 1835)
W. J. HUGHAN, Origins of the English Rite. In: Ars Quatuor Coronatorum [=AQC] (1884)
W. J. HUGHAN, Ancient Stirling Lodge. In: AQC (1893)
W. J. HUGHAN, Old Charges (A classified list). In: AQC (1893)
W. J. HUGHAN, Origin of Masonic Knight Templary in the United Kingdom. In: AQC 18 (1905)
Margaret C. JACOB, The Radical Enlightenment, Pantheisten, Freemasons und Republicans (Lafayette, Luisianna 1981 und 2006)
G. Y. JOHNSON, Subordinate Lodges of the York Grand Lodge. In: AQC 52 (1939) und 53 (1940)
Carl Gustav JUNG, Psychologie und Alchemie. Traumsymbole des Individuationsprozesses. Die Erlösungsvorstellungen in der Alchemoe. u.a. (Meilen 1975)
Douglas KNOOP, The Genesis of Freemasonry. An Account of the Rise and Development of Freemasonry in its Operative, Accepted, and early Speculative Phases (Manchester 1948, Nachdruck London 1978)
Heinrich LACHMANN, Geschichte und Gebräuche der maurerischen Hochgrade, (Braunschweig 1866, Nachdruck Graz 1974)
Jacob van LENNEP, Historical Notes relativ to the Order of the Temple. In: Dutch Freemasons Almanack, A.L. 5844;
Anthony LUTTRELL und Helen J. Nicholson (Hrsg.) Hospitaller women in the middle Ages. (Ashgate 2006)
David MURRAY LYON, History of the Lodge of Edinburgh, Mary's Chapel n°1 (London1900)
Albert G. MACKEY und Harry L. HAYWOOD, Encyclopedia of Freemasonry Vol I (1873) & Vol II (1878) oder (Chicago [4]1956)
Albert Gallatin MACKEY, The History of Freemasonry: It's Legends and Traditions (1906)

Albert Gallatin MACKEY, The history of Freemasonry in South Carolina: from its origin in the year 1736 to the present time (Columbia S.C. 1861 reprint Washington 1997)

Archie MCKERRACHER, The Round Table was at Stenhousemuir. In: The Scots Magazine Vol. 131 (Aug. 1989) 505-513.

James MAIDMENT, Templaria. Papers relative to the history, privileges, and possessions of the Scotish Knights Templar, and their successors the Knights of Saint John of Jerusalem (Edinburgh 1828-1830)

Thomas HAY MARSHALL, The History of Perth, from the earliest period to the present time. With a Supplement, containing the "Inventory of the Gabions" and the "Muses Threnodie," by H. ADAMSON (Perth 1849)

Alec MELLOR, Logen, Rituale, Hochgrade (Graz 1985)

Alec MELLOR, Unsere getrennten Brüder – die Freimaurerei (Graz 1964)

Alec MELLOR, Nos frères separés, les francs-maçons (Tours1961)

Paul NAUDON, The secret History of Freemasonry (Rochester 1991)

Ferdinand NEUNDLINGER und Manfred MÜKSCH, Die Templer in Österreich (Innsbruck [2]2005)

Christian C. F. W. NETTELBLADT Geschichte freimaurerischer Systeme in England, Frankreich und Deutschland, vornehml. auf Grund der Archivalien der Großen Landesloge der Freimaurer von Deutschland (Berlin 1879, Reprint 1972)

Helen J. NICHOLSON, The Knights Templar on Trial: the trial of the Templars in the British Isles, 1308-1311 (London 2009)

Friedrich NICOLAI, Versuch über die Beschuldigungen welche dem Tempelherrenorden gemacht worden, und über dessen Geheimnnis, nebst einem Anhange über das Entstehen der Freimaurergesellschaft (Berlin 1782)

Whitworth PORTER, A History of the Knights of Malta, A history of the Knights of Malta or the Order of the Hospital of St. John of Jerusalem (s.l.1858)

Mario RONCETTI, Piedro SCARPELLINI, Francesco TOMMASI, Templari e Ospitalieri in Italia. La chiesa di San Bevignate a Perugia (Mailand 1987).

Carl Gottfried RÖSSLER, Die Freimaurerei in ihrem Zusammenhang mit den Religionen der alten Ägypter, der Juden und der Christen für denkende Geschichtsfreunde frei bearbeitet und mit Anmerkungen begleitet von R. S. ACERRELLOS (Leipzig ²1836)

James SCOUGAL, Lodge Ancient Stirling, No. 30. The operative and speculative Masons of Stirling. An Historical sketch. http://www.grandlodgescotland.com/index2.php?option=com_content&do_pdf=1&id=178 [2011, Oktober]

David STEVENSON, The first Freemason (Cambridge 1988)

David STEVENSON, The Origins of Freemasonry (New York, Cambridge 1988 mehrere Auflagen bis 2004)

The Scottish Historical Review Vol. 12-14 (1915-1917)

Gustav Adolf SCHIFFMANN Die Entstehung der Rittergrade in der Freimaurerei um die Mitte des 18. Jahrhunderts (Leipzig 1882, Reprint Graz 1974)

Henry L. STILLSON, History of the Ancient and honorable fraternity of free and accepted masons, and concordant orders (Boston, New York 1890);

Claude-Antoine THORY, Enzyklopädie der Freimaurerei. = Acta latomorum, (Paris 1815)

Francesco TOMMASI (Ed.) Acri 1291. La fine della presenza degli ordini militari in Terra Sancta e i nuovi orientamenti nel XIV secolo (Perugia 1996)

J. E. S. TUCKETT, Origin of Additional Degrees. In: AQC 23 (1919)

Everett R. TURNBULL, Ray Vaughn DENSLOW, A History of Royal Arch Masonry 2 Bände (Trenton 1956)

Arthur Edward WAITE, A New Encyclopaedia of Freemasonry (Ars Magna Latomorum) And of Cognate Instituted Mysteries: Their Rites, Literature and History. 2 Vol. (London 1921)

Alexander WALKER, The Knight Templars in and around Aberdeen. In: The Aberdeen Journal (1887) p. 14;

Ferdinand WILCKE, Geschichte des Ordens der Tempelherren. 2 Bde (Halle 21860)

Herbert WOOD, The Templars in Ireland (s.l. 1907)

John YARKE, The Old Swalwell Lodge and The Harodim. In: AQC (1902)

Kapitel 3

Recht und Unrecht

Über das Unrecht, das den Templern zugefügt wurde, ist viel geschrieben worden, doch möchten wir in diesem Kapitel nur auf die innere Rechtsprechung im Orden und die Statuten der Templer eingehen.
Zu diesem Thema wurde schon so einiges geschrieben, wobei meistens nur wenige spektakulär erscheinende Fälle interpretiert wurden, denn es gibt nicht viele Originaltexte.
So sind die schriftlichen Überlieferungen der Statuten nur in fünf voneinander teilweise abweichenden Handschriften, aus Paris und Rom (die aber im Wesentlichen identische Texte liefern), sowie aus Dijon, Baltimore und Barcelona erhalten, die mit Ausnahme jener aus Dijon, auch Sammlungen von Strafurteilen konkret geschilderter Einzelfälle enthalten und die Hauptquelle für das Verfassungs- und Verwaltungsrecht sowie des Strafrechtes der Templer darstellen, ohne dass sie bisher in ihrer Gesamtheit ausreichend Gegenstand der Forschung gewesen wären.
Nicht verifizieren konnten wir eine Aufstellung, die wir im Internet fanden, die aber jedenfalls unser Interesse weckte:

1. Nîmes – lat. – vor 1135
2. Brugge – lat. – vor 1135
3. Paris – lat. – vor 1135
4. London – lat. – 12. Jh.
5. München – lat. – 12. Jh.
6. Dijon – franz. – 2. Hälfte 13. Jh.
7. Baltimore – franz. – 2. Hälfte 13. Jh.

8. Barcelona – catalanisch – Ende 13. Jh.
9. Paris – franz. – Ende 13. Jhdt
10. Rom – franz. – Ende 13. Jhdt
11. Bologna (Privat-Kollektion) lat. – 13. Jh.
12. Palermo (Privat-Kollektion) lat. – 13. Jh.
13. Spanien (Privat-Kollektion) lat. – 13. Jh.
14. Madrid– lat./castillianisch
15. Prag – 12. Jh.

Vermuten könnte man, dass es sich hier um eine Aufstellung von Fragmenten templerischer Rechtsvorschriften handelt, möglicherweise sind sie zusammen mit den oben angeführten Statuten verzeichnet. Die geläufigsten Übersetzungen und Kommentare, die wir in unsere Untersuchung einbeziehen möchten, sind:

– Maillard de Chambure – Dijoner Handschrift (die fehlenden Teile wurden mit den Texten der Pariser Handschrift ergänzt)
– Henri de Curzon 1861–1942 – La regle du Temple 1886 (Pariser Manuskript + Zitate aus Dijon und Rom)
– Hermann Granert – Die ursprüngliche Templerregel 1903
– Friedrich Münter – Statutenbuch des Ordens der Tempelherren (röm. Handschrift) 1794
– Laurent Dailliez – berichtet noch von Regeln aus Palermo, Bologna und Madrid, (die aber laut Christian Vogel nicht nachzuvollziehen sind) 1978
– Judith M. Upton-Ward – The Catalan Rule 2003

Als ein profunder Kenner der Materie kann Christian Vogel[1] angesehen werden, der seine Dissertation über „Das Recht der Templer“ 2006 verfasste, wobei er hauptsächlich auf die Werke von Henri de Curzon (französische Regeln) und von Judith M. Upton-Ward (kata-

1 Gedruckt: Christian Vogel, Das Recht der Templer. Ausgewählte Aspekte des Templerrechts unter besonderer Berücksichtigung der Statutenhandschriften aus Paris, Rom, Baltimore und Barcelona = Vita Regularis, Abhandlungen 33 (Berlin, Münster 2007)

lanische Regeln) 2003 eingeht. Wir werden ihn auf den folgenden Seiten häufig ausführlich zitieren.
Die Templer erlangten erst mit der Approbation ihrer von Bernhard von Clairvaux gestalteten Regel auf dem Konzil zu Troyes 1129 die Anerkennung als eigener Orden und damit kirchenrechtlich ihre Rechtspersönlichkeit und zehn Jahre später die Exemtion von der ortsbischöflichen Jurisdiktion und die direkte Unterstellung unter den Papst durch Innozenz II. mit der Bulle „Omne datum optimum" am 29. März 1139.
Als regulierte Gemeinschaft von Klerikern und Mönchen war der Tagesablauf der Templer, außer in Kriegszeiten, genau geregelt und durch gemeinsame Mahlzeiten und gemeinsame Gebete strukturiert. Hinzu kamen die alltäglichen Arbeiten, die umso vielfältiger wurden je mehr der Orden wirtschaftliche Aufgaben übernahm.

279. Jeder Tempelbruder muss wissen, dass seine höchste Pflicht darin besteht, Gott zu dienen. Hierauf soll jeder seinen ganzen Fleiß und sein Streben richten; vor allem soll er auch den Gottesdienst eifrig hören; denn hierin darf er nicht fehlen noch wanken, solange wie seine Gesundheit es zulässt. Denn, wir sollen, wie unsere Regel sagt, wenn wir Gott lieben, gern seine heiligen Worte hören oder vernehmen.

280. Kein Bruder darf ohne sein Ordenskleid sein, wenn die Horen gesungen werden. Ebenso wenig darf ein Bruder beim Trinken oder Essen ohne sein Kleid sein; hierbei soll er sein Kleid so halten, dass er die Schüre seines Mantels an dem Halse hat. Wenn er beim Beten der Horen seine Kappe umhat, soll er zugleich seinen Kittel anhaben, wenn er etwa keinen Mantel hat. Auch könnte ein Bruder in dieser Weise wohl essen, wenn er etwa keinen Mantel hat.

281. Wenn die Glocke zur Frühmette läutet, soll jeder Bruder alsbald aufstehen, seine Schuhe anziehen, seinen Mantel umtun und in die Kapelle gehen, um den Gottesdienst zu hören. Keiner darf nämlich zurückbleiben, außer wenn er vom Tage vorher noch überanstrengt ist oder wenn er etwas unwohl ist; aus diesen beiden Gründen kann er im Bette bleiben. Doch auch hierfür muss er die Erlaubnis des Meisters oder seines Stellvertreters einholen. Jeder Bruder soll, wenn er zur Frühmette kommt, bekleidet sein mit Beinkleid, Hemd, einem kleinen Gürtel und seine Kapuze aufhaben; an den Füßen aber soll er Hosen und Schuhe haben, auch soll er sein Ordenskleid anhaben, wie oben gesagt ist. Beim Anhören aller andern Horen sollen die Brüder vollständig

bekleidet und beschuht sein, je nachdem die Umstände und die Jahreszeit es erfordern.

282. Wenn die Brüder in der Kapelle sind und die Frühmette gesungen wird, soll jeder Stillschweigen beobachten und hübsch ruhig den Gottesdienst anhören. Auch soll er 13 Paternoster beten zur Frühmette unsrer Frauen und ebenso nach Belieben 13 zu den Tagesmessen. Doch kann er, wenn er will, darauf verzichten, sie zu sagen, da er sie ja hört; schöner ist es allerdings, wenn er sie sagt als dass er hierauf verzichtet.

283. Wenn die Brüder aus der Frühmette gehen, soll jeder nach seinen Pferden und seinem Geschirr sehen, wenn dies mit Rücksicht auf den Ort für ihn ausführbar und nötig ist. Wenn dann etwas auszubessern ist, soll er es ausbessern oder ausbessern lassen. Und wenn er seinen Knappen etwas sagen muss, soll er höflich mit ihm sprechen. Hierauf kann er fortgehen und sich wieder schlafen legen. Doch soll er, wenn er zu Bett gegangen ist, ein Paternoster beten, damit, wenn er in etwas gefehlt, z. B. das Stillschweigen gebrochen oder sonst etwas versehen hat, unser Herr ihm verzeihe.

284. Wenn die Glocke zur Prime läutet, soll jeder Bruder sofort aufstehen, alle Kleider, sowie die Schuhe anziehen, wie oben gesagt ist, und in die Kapelle gehen, um den Gottesdienst bis zu Ende anzuhören. Dann soll er zu aller erst die Prime hören oder beten, und hernach die Messe hören, wenn er kann. Nach der Messe soll er die Terze und Mittag hören oder beten; so ist es nämlich im Orden Brauch. Auch kann jeder Bruder Terze und Mittag ruhig vor der Messe hören oder beten. Nach dem Gesange der ersten Messe kann jeder Bruder, falls man mehr Messen in der Kapelle singt, dieselben wohl anhören: lieber soll er sie anhören als dies unterlassen, wenn er nichts anderes zu tun hat. Wenn jedoch die erste Messe gebetet ist und der Bruder die Terze und Mittag gehört hat, kann er ruhig weggehen. Jeder Bruder soll aber, bevor er anderswohin geht, nach seinem Geschirr sehen, wie oben gesagt ist.

285. Wenn die Brüder aus der Kapelle gegangen sind und nicht ausreiten oder seinen andern Befehl auszuführen haben, soll jeder an seinen Platz gehen, um seine Ausrüstung und sein Geschirr herzurichten im Falle, dass es etwas auszubessern gibt, oder soll es ausbessern lassen. Oder er soll Pfähle und Pflöcke schnitzen oder sonst etwas zum Dienste Gehöriges arbeiten. Überhaupt muss sich jeder Bruder bemühen, dass der Böse sie nicht müßig findet, denn der Böse reizt einen müßigen Menschen dreister und lieber zu schlimmen Begierden, unnützen Gedanken und hässlichen Reden als denjenigen, den er mit einer guten Arbeit beschäftigt findet.

Das Besondere und auch Neue, mit dem sich die Templer aus dem Kreis der Klöster und Stifte abhoben, war natürlich der kriegerische

Auftrag, den sie mit Waffengewalt erfüllten, der bis dahin einen Gegensatz zum geistlichen Leben als Mönch bzw. Kanoniker bildete. Sogar intern im Orden gab es zuweilen über diese Frage Diskussionen und Zweifel bis Bernhard von Clairvaux sein „Lob der neuen Ritterschaft" schrieb und veröffentlichte.

Einiger Augenmerk sei hier auch auf die Beziehung zu den anderen Ritterorden gerichtet. Trotz der oft unterstellen Zerstrittenheit der Ritterorden untereinander waren Templer, Johanniter, Lazarusritter und Deutsche Orden in erster Linie Kampfgefährten, worüber die Statuten ein klares Zeugnis abgeben, was bislang wenig Beachtung gefunden hat.

Zwischen den Orden gab es Absprachen nicht nur für den Kampf, in welchem sich die Brüder dem jeweils anderen Banner anschließen sollten, falls das eigene gefallen war, sondern auch in Bezug auf den Umgang mit ehemaligen Mitgliedern des jeweils anderen Ordens, die aber nicht aufgenommen werden durften.

Die Angelegenheiten der Gemeinschaft wurden auf allen Ebenen in den Kapitelversammlungen besprochen und entschieden. Das Kapitel diente also wie in anderen regulierten Gemeinschaften der Einbindung der Ordensmitglieder in die Entscheidungsfindung. Über Vergehen gegen Regel und Statuten richteten die Schuldkapitel, die in jeder Kommende und überall, wo mindestens vier Templer zusammenkamen, abgehalten werden mussten. Sogar in Gefangenschaft, in welche Angehörige eines Krieg führenden Ordens geraten konnten, hatten die Templer ihre Schuldkapitel abzuhalten.

Beim Bußkapitel war jeder Bruder angehalten seine Sünden und Verfehlungen vor dem Kapitel selbst auszusprechen und sich anzuklagen. Tat er dies nicht, so konnte ein Mitbruder ihn dazu auffordern. Erst wenn er dieser Aufforderung nicht nachkam, musste der andere Bruder Anklage erheben. Rigoros? Auch der noch existierende Orden vom Goldenen Vlies schreibt seinen Mitgliedern eine korrekte Lebensführung vor.

389. Wenn derjenige, welcher das Kapitel abhält, seinen Vortrag beendet hat, soll jeder Bruder, welcher glaubt gefehlt zu haben, aufstehen und seinen Hut samt Kappe, wie oben angegeben, abnehmen. Sodann soll er vor den, der das Kapitel abhält, kommen, ein-, zwei- oder mehr mal die Knie beugen, sich demütigen wie einer, der beichtet, und also sprechen: „Edler Herr, ich bitte Gott, unsre liebe Frau, euch und die Brüder flehentlich um Verzeihung, dass ich so gefehlt habe." Hierauf soll er das Vergehen ausführlich und der Wahrheit gemäß, so wie es gewesen ist, erzählen; denn lügen darf er nicht, weder aus Schamhaftigkeit noch aus Furcht vor dem Richterspruche des Ordens. Wenn er nämlich löge, so würde dies keine Beichte sein; hierbei soll bemerkt werden, dass unsre Kapitel eingesetzt worden sind, damit die Brüder ihre Sünden beichten und sie wieder gut machen.

397. Wenn ein Bruder weiß, dass sein Mitbruder etwas getan oder gesagt hat, was er nicht darf, soll er ihn im ersten Kapitel, wo sie alle beide zusammen sind, zur Buße ermahnen; er darf ihn nicht aus dem Kapitel herausgehen lassen, ohne ihn büßen zu lassen. Es ist jedoch löblich, dass der Bruder, welcher weiß, dass sein Mitbruder dies getan hat, den Bruder, welcher sich vergangen hat, ehe sie ins Kapitel gehen, beiseite nimmt und ihn daran erinnert und ihn vor einem oder zwei Brüdern etwa mit diesen Worten ermahnt: „Lieber Bruder, erinnert Euch der und der Sache." Hierbei soll er ihm das Vergehen vorhalten und sodann zu ihm sagen: „Büßet im ersten Kapitel, in welches Ihr kommt." Die Ältesten sagen, dass ein Bruder zu einem andern genug gesagt hat, wenn er zu ihm spricht: „Erinnert Euch an die und die Sache." Derjenige, zu dem man dieses Wort sagt, soll fühlen, dass ihm ein Vorwurf gemacht worden ist und soll im ersten Kapitel, in welchem er ist, Buße tun, wie oben angegeben ist.

In den Statutensammlungen (außer in jener aus Barcelona) findet sich die Regel als Grundstock sowie die Retrais. Anders als die Regel wurden die Retrais nicht von einem Konzil verabschiedet und vom Papst bestätigt, sondern ausschließlich von den dazu berufenen Ordensautoritäten (Meister und Konvent) erlassen. Sie regeln die Zuständigkeiten der verschiedenen Amtsträger sowie ihre Rechte und Pflichten untereinander bzw. gegenüber dem Orden und seinen Mitgliedern im Allgemeinen. Also etwa das was wir heute eine Geschäftsordnung nennen würden.

Diese Bestandteile der Statutenmanuskripte haben daher einen jeweils anderen rechtlichen Charakter als die Regel.

In vier der bekannten Handschriften sind Auflistungen der verschiedenen Strafen und der Straftatbestände enthalten, die ebenfalls den Charakter offizieller, d. h. von Meister und Konvent erlassener und damit verbindlicher Statuten bzw. so genannter establissemens haben, deren Überlieferungen in den verschiedenen Handschriften allerdings im Detail voneinander abweichen.
In zwei Manuskripten französischer Provenienz, die sich heute in Paris und Rom befinden, sind ausführliche Erläuterungen mit persönlichen Kommentaren des Schreibers enthalten. Wie überhaupt in den Handschriften des Mittelalters oft sehr persönliche Randglossen zu finden sind. Wie „ich bin so müde", „es ist kalt" etc.
Ausführungen zur Abhaltung der Kapitel und zum Leben im Konvent sind ebenfalls nicht in allen vier Handschriften gleichermaßen (teils nicht vorhanden, teils in gekürzter Form) überliefert.
Sowohl die Kommentare als auch die Alltagsbestimmungen sind von den Retrais nach Funktion, Verbindlichkeit und Entstehung abzugrenzen.
Kommentare sind keine Gesetze bzw. vom Konvent erlassene und damit verbindliche Statuten, sondern Erläuterungen und Belehrungen des Schreibers, der seinen Lesern den Geist der Statuten näher bringen will. Eine weitere Kategorie stellen die Beispielsfälle dar, die in einer französischen (Paris, Rom, Baltimore) und einer späteren katalanischen Fassung vorliegen. Es handelt sich um konkrete Einzelfälle von strafbaren Normabweichungen und deren Ahndung.
Eine derart zusammengestellte Sammlung unterscheidet sich deutlich von dem, was von Johannitern und Deutschem Orden überliefert ist. Gleichwohl lassen sich gewisse Parallelen aus der rechtlichen Praxis der damaligen Zeit auffinden.
Für die Beispielsammlung darf auf die Statuten der Zisterzienser verwiesen werden, die seit den 1190er Jahren verstärkt Einzelfallentscheidungen enthalten, auch wenn diese auf eine ausführliche Sachverhaltsschilderung verzichten und damit der eigentlichen Beispielfunktion wie im Templerorden entbehren.

Die Zusammenstellung und Entstehung der Statutensammlungen insgesamt aber findet ihre Parallele von der Gesetzgebungstechnik und von der Entstehungsgeschichte im allgemeinen Kirchenrecht. Auch kirchenrechtliche Sammlungen, allen voran das Decretum Gratiani, enthalten verschiedene Bestimmungen (dicta magistri ebenso wie canones) unterschiedlichster Verbindlichkeit, die ihren Rechtscharakter auch nach ihrer Aufnahme in die Sammlungen natürlich beibehielten. Solche Werke bleiben daher Sammlungen und nicht verbindliche Kodifikationen.
Demzufolge kann die Frage nach der Rolle, welche die Statutensammlungen in der ordensinternen Rechtsanwendung gespielt haben, nicht für alle Bestandteile der Statuten gleichermaßen beantwortet werden. Verbindliche Bestimmungen, Gebote und Verbote waren von den Ordensmitgliedern zu beachten, Verstöße waren zu bestrafen. Kommentare und Erläuterungen hingegen gaben Hilfestellung bei der Auslegung der Statuten und erfüllten darüber hinaus eher einen erzieherischen Zweck. Der Schreiber wollte belehren und überzeugen, nicht nur Gebote und Verbote weitergeben.
In gewissem Sinn gilt dies auch für die Einzelbeispiele von Strafverfahren, die konkretes Anschauungsmaterial bieten, und bis heute einen Einblick in das Innenleben des Templerordens erlauben, wie dies bei anderen Ritterorden nicht möglich ist. Allerdings handelt es sich hier um Urteile der ordensinternen Gerichtsinstanzen, so dass ihnen ein anderer Stellenwert, mithin ein größeres Maß an Verbindlichkeit als einem einfachen Kommentar zukam. Darüber hinaus stellten diese Beispiele einen Leitfaden für diejenigen Ordensmitglieder dar, die in der Rolle der Richter agieren mussten.
Die normativen Texte der Templer bieten jedoch genügend Material, um den Orden von einer völlig anderen Seite zu beleuchten. Aus den Beispielen lässt sich ebenso wie aus den Statuten insgesamt die Werteordnung herauslesen, die im Templerorden den Maßstab für Rechtsetzung und Rechtsprechung bildete.
Das Bild, das eine Zusammenstellung der unter Strafe gestellten Tatbestände bietet, ähnelt in vielem, dem eines monastischen Ordens.

Gleiches gilt für die Strafen, die vom Ausschluss und Habitverlust als den schwersten Strafen über Fastenstrafen bis zu körperlicher Züchtigung („Disziplin“) und Bußübungen reichen, welche der Kaplan im Rahmen der Beichte auferlegte. Bestraft wurden Kapitaldelikte (Totschlag), schwere kirchliche bzw. religiöse Vergehen (Simonie, Häresie), Eigentumsdelikte (Diebstahl), worunter auch Verstöße gegen das Armutsgelübde fielen, und überhaupt solche Vergehen, welche als Verstöße gegen die Gelübde für eine regulierte Gemeinschaft kennzeichnend sind (Ungehorsam, Unzucht).

So sind es gleich 9 Regeln deren Missachtung mit dem Ausschluss aus dem Orden geahndet wurde (nach Körner):

224. Erstens geht ein Tempelbruder der Zugehörigkeit zum Orden verlustig durch Symonie. Ein Bruder nämlich, welcher durch Symonie in den Orden kommt, soll deshalb aus dem Orden ausgestoßen werden; denn er kann sein Seelenheil nicht erwerben. Der Symonie macht man sich schuldig durch ein Geschenk oder Versprechen an einen Tempelbruder oder an eine andre Person, die dem Betreffenden zum Eintritt in den Tempelorden behilflich sein kann.

225. Wenn ein Bruder die Verhandlungen seines Kapitels irgendeinem Tempelbruder, welcher nicht zugegen gewesen ist, oder einem andern Menschen verrät.

226. Wer einen Christen oder eine Christin tötet oder töten lässt.

So heißt es genauer unter 554:

So geschah es in Antiochia, dass ein Bruder, welcher den Namen Paris führte, und zwei andre Brüder seiner Gesellschaft christliche Kaufleute töten ließ. Die Sache wurde durch andre bekannt. Man fragte sie, weshalb sie so etwas getan hätten, worauf sie erwiderten, die sündige Begier habe sie dazu verführt. Der Komtur forderte sie nun auf, um Verzeihung zu bitten, worauf die Entscheidung über ihre Angelegenheit vertagt wurde. So kam die Strafsache vor den Konvent. Das Urteil, welches da gefällt wurde, lautete gegen jene auf Ausstoßung aus dem Orden und Peitschung durch die Straßen von Antiochia, Tripolis, Tyrus und Accon. So wurden sie gegeißelt, wobei man ausrief: „Seht, das ist die Strafe, die der Orden an diesen bösen Menschen vollzieht.“ Hernach wurden sie im Pilgerschloss lebenslänglich in den Kerker gesteckt und starben auch schließlich darin. Später wiederholte sich der Fall bei einem andern Bruder, der sich eine ganz ähnliche Tat hatte zu Schulden kommen lassen.

227. Wegen Diebstahles in mehrfacher Bedeutung.

So heißt es genauer unter 556+557:

Im Weißen Schloss (Safit/Tripolis) kam nämlich der Fall vor, dass ein Bruder, welcher über die Schäferei gesetzt war, von seinem Komtur aufgefordert wurde, er solle ihm alle Dinge zeigen, welche er unter seiner Aufsicht habe. Jener gab ihm alles an, einen Topf Butter ausgenommen, indem er behauptete, er habe nicht mehr. Sein Komtur wusste aber, dass der Topf da war und machte dem Bruder Vorhaltungen. Der Bruder konnte es nicht in Abrede stellen, musste es vielmehr zugeben. Infolgedessen wurde jener aus dem Orden gestoßen.

Wenn ein Bruder im Zorn oder Grimm das Ordenshaus verlässt und die Sachen mit daraus fortnimmt, die er nicht forttragen darf, wird er aus dem Orden gestoßen, denn das ist Diebstahl. – Alle Brüder des Tempels, welche das Haus verlassen, mögen wissen, dass sie nichts doppelt mitnehmen dürfen, Auch darf man weder Gold noch Silber mitnehmen, auch kein Pferd fortführen, noch Waffenstücke: nämlich weder Eisenhaube, noch Halsberg, noch Eisenhosen, noch Armbrust, noch Schwert, noch Dolchmesser, noch Waffenrock, noch Rüstwams, noch eine Keule, noch Lanze, noch türkische Waffen. Kurz, wer etwas von dem mitnimmt, was zur Bewaffnung gehört und es etwa fort trägt, wird aus dem Orden gestoßen.

Oder 560:

Es geschah, dass einer, namens Hugo, das Ordenshaus in Accon verließ und alle Sachen, welche er zurückzugeben verpflichtet war, zurückgab, den Mantel ausgenommen, den er zwei Nächte behielt und am Tage danach zurückschickte. Kurze Zeit darauf bereute er es, kam an das Tor und bat um Verzeihung, so wie es die Ordensbestimmung vorschreibt. Die Brüder aber verurteilten ihn zur Ausstoßung aus dem Orden. Einige Brüder widersprachen dem und sagten, es sei nicht recht, ihn des Mantels wegen aus dem Orden zu stoßen, wenn er ihn nicht länger behalten hätte, als er ihn wirklich behalten hatte; doch konnten sie nicht bestimmt angeben, wie lange er ihn behalten durfte. So war man in Verlegenheit, weil man nicht genau wusste, zu welcher Hore er ihn zurückgegeben hatte. Deshalb ging der Beschluss der Mehrheit des Konvents dahin, dass seine Wiederaufnahme in den Orden unmöglich sei, weil er den Mantel, länger als er durfte, behalten habe und die beiden Nächte vorüber seien, sie außerdem nicht wussten, zu welcher Hore er ihn zurückgegeben hatte. Es sei aber bemerkt, dass diejenigen, welche diesen Bescheid abgaben und für denselben eintraten, so manches Mal ihn wieder bereut haben. Wenn eine Neuerung vorgenommen wird, ist dies deshalb noch keine Bestimmung, welche man halten muss; auch darf man so etwas nicht unterstützen. Wenn aber der Meister und der Konvent etwas festsetzen, an dem muss man festhalten.

228. Wer eine Burg oder ein verschlossenes Ordenshaus an einer andern Stelle als durch das Haupttor verlässt.

229. Wegen gemeinschaftlicher Vergehen. Dieselben werden nämlich von zwei oder mehr Brüdern ausgeführt.

230. Wer den Orden verlässt und sich zu den Sarazenen begibt.

genauer unter 569 + 570:

Es geschah, dass Bruder Roger l'Allemand in Gaza in Gefangenschaft geriet. Die Sarazenen forderten ihn auf, seinen Glauben zu verleugnen und befahlen ihm, den Finger aufzuheben und das Glaubensbekenntnis laut nachzusprechen. Er wurde mit den andern Brüdern in das Gefängnis geworfen und bat vor den Brüdern um Verzeihung, indem er außerdem sagte, er wisse nicht, was jene ihn hätten sprechen lassen. Seine Angelegenheit wurde hierauf bis zur Verhandlung vor dem Meister und dem Konvent verschoben. Als er dann aus der Gefangenschaft befreit war, bat er im Generalkapitel um Verzeihung, wurde aber wegen dieses Vergehens aus dem Orden gestoßen.

In Saphet entfernte sich ein Bruder, der in der großen Schmiede war, in voller Ausrüstung von der Burg in der Absicht, den Orden zu verlassen. Er ging in jener Nacht zu einer Feste der Deutschritter, welche eine sarazenische Besatzung hatte. Am folgenden Tage bereute er es jedoch und begab sich nach Accon, am nächsten Tage nach der Prime. Dort kam er direkt in unser Ordenshaus und im ersten Kapitel, an welchem er teilnahm, bat er wegen dieses Vergehens um Verzeihung. Die Brüder verurteilten ihn zum Verlust des Kleides, bei welcher Gelegenheit einige ältere Ordensmitglieder darauf hinwiesen, dass er doch bei den Sarazenen übernachtet habe. Wenn die Feste nun nicht unter dem Befehle der Christen stände und der Bailli kein Christ wäre, so würde jener aus dem Orden gestoßen worden sein.

231. Wegen Ketzerei, oder wer gegen das Gesetz unsres Herrn verstößt.

So unter 573:

Im Pilgerschloss gab es Brüder, welche ein höchst sündhaftes Leben führten und nachts auf den Zimmern aßen, so dass diejenigen, welche in der Nähe des Tatortes waren, sowie andere, welche zu sehr darunter gelitten hatten, dem Meister und einem Teil der Ältesten des Ordens davon Mitteilung machten. Im Meisterrate wurde nun der Beschluss gefasst, diese Angelegenheit nicht vor das Kapitel zu bringen, weil das Vergehen gar zu anstößig sei, vielmehr die Brüder nach Accon kommen zu lassen. Als sie nun dahin gekommen waren, ließ der Meister einen Ältesten in dem Zimmer zurück, während er einen andern mit sich in das Zimmer nahm, wo jene waren. Hierauf ließ er ihnen das Ordenskleid abnehmen und sie in starke Ketten legen. Und einer der Brüder, welcher Bruder Lucas hieß, entkam bei Nacht und floh zu den Sarazenen. Die beiden andern aber wurden nach dem Pilgerschloss geschickt; hier kam der eine bei einem Fluchtversuch ums Leben, während der andre eine lange Zeit in der Gefangenschaft schmachten musste.

232. Wenn ein Bruder sein Banner verlässt und aus Furcht vor den Sarazenen flieht.

Genaueres unter 574ff

Auch wenn Brüder im Dienste ausgesandt werden und derjenige, welcher sie aussendet, ihnen einen Ritterkomtur mitgibt und sie kein Banner bei sich führen, würde nach der Ansicht unserer Ältesten ein Bruder, der sich von seinem Komtur trennt und aus Furcht vor den Sarazenen davon flieht, aus dem Orden gestoßen werden müssen. Verschiedene andre Brüder glauben, dass dabei das Vorhandensein des Banners nicht ausschlaggebend ist und dass einer, welcher seinen Komtur in der Schlacht verlässt, auch wohl sein Banner verlassen würde. Deshalb leuchtet es wohl ein, dass man einen solchen mit Recht zur Ausstoßung aus dem Orden verurteilen kann.

Wenn Brüder im Dienste des Ordens ohne Komtur ausziehen und sehen, dass ihnen von Sarazenen Gefahr droht, können sie wohl einen aus ihrer Mitte zum Komtur erwählen. Diesem müssen sie dann gehorchen und sich im Gefecht zu ihm halten, gerad so, als ob man ihnen denselben als Komtur mitgegeben hätte.

Als Tartaren in diesem Lande waren, schickte der Meister auf den Rat der Ältesten zwölf Brüder nach Jerusalem. Die vier nun, von denen jetzt die Rede sein wird, zogen aus der Stadt, weil sie nicht dort bleiben wollten. Als der Meister von der Gefahr, in welcher sich die Brüder befanden, hörte, schickte er einen Brief an den Komtur der Ritter und an die andern Brüder mit der Aufforderung, sich nach Jaffa zurückzuziehen, damit sie nicht von den Tartaren angegriffen würden. Der Komtur der Ritter wollte es nicht tun. Hierauf begaben sich die vier Brüder zum Komtur und forderten ihn auf, dem schriftlichen Befehle des Meisters nachzukommen. Er aber antwortete, er wolle nicht ohne die Brüder vom Hospital, die mit ihnen gekommen waren, fortgehen. Die vier Brüder baten nun den Komtur, ihnen als ihr Vorgesetzter den Befehl zu geben, bei ihnen zu bleiben. Auch das, sagte der Komtur, würde er nicht tun. Da erklärte ihnen ein Bruder, welcher der älteste Ordensangehörige von ihnen allen war, dass sie ruhig fortgehen könnten, da der Befehl des Meisters also lautete, und dass sie sich nicht vor dem Ordensgerichte fürchten sollten; dann man könne ihnen darum keine Schuld beimessen. So zogen diese vier fort, und als sie vor dem Meister waren, baten sie deswegen aus eigenem Antriebe um Verzeihung.

Einige waren nun der Ansicht, dass jene aus dem Orden gestoßen werden müssten, weil sie ihren Komtur und ihr Banner, als Gefahr von Seiten der Sarazenen im Anzug war, verließen. Die Mehrzahl von ihnen hingegen wies darauf hin, dass vom Meister an den Komtur und an alle Brüder schriftlich die Aufforderung ergangen war, wegzuziehen, dass andrerseits der Komtur ihnen nicht den Befehl zum Bleiben geben wollte, infolgedessen der älteste Mann von ihnen allen sie belehrt habe, dass sie, ohne Nachteil seitens des Ordens davonzutragen, würden weiterziehen können. Wenn freilich kein solcher Brief geschickt und der Aufschluss nicht erteilt worden wäre, könne man sie aus dem Orden stoßen. Einer von diesen vier Brüdern gab nun an, er habe Erlaubnis, zu kommen, wann er wolle; was der Meister bezeugen konnte. Den andern wurde als Strafe für ihr Vergehen das Kleid aberkannt, weil sie nicht auf ihren Komtur gewartet hatten. Derjenige schließlich, welcher die Auskunft gegeben hatte, wurde zu einer Buße von einem Tage verurteilt.

Der Verstoß gegen eine von weiteren 31 Regeln führte zum Verlust des Ordenskleides: u. a.

233. Wenn ein Bruder sich weigert, den Befehl des Ordens auszuführen, und in seiner Thorheit beharrt, sodass er dem Befehle, welchen man an ihn hat ergehen lassen, nicht nachkommen will, soll man ihm das Kleid ausziehen, auch kann man ihn in Ketten legen. Wenn er aber Reue zeigt, ehe man ihm das Kleid genommen hat, und dem Orden noch kein Schaden daraus erwachsen ist, soll es im Belieben der Brüder stehen, ihm das Kleid zu nehmen oder zu lassen. Denn in unserm Orden gilt die Vorschrift, dass, wenn man einem Bruder befiehlt, eine Aufgabe für den Orden zu erledigen, er sagen soll: "In Gottes Namen"; wenn er aber sagen sollte: "Ich werde es nicht tun," soll der betreffende Komtur sofort die Brüder zusammenrufen und Kapitel abhalten. Die älteren Ordensmitglieder sind nämlich der Meinung, dass man ihm wegen der Gehorsamsverweigerung das Kleid nehmen kann; denn das erste Gelübde, welches wir ablegen, ist das des Gehorsams.

Auch hier erläuternde Worte unter 588:

In Tortosa ist es vorgekommen, dass der Komtur an einen Bruder einen Befehl richtete und der Bruder sagte: „Nur Geduld, ich werde es schon tun.“ Da ließ der Komtur die Brüder versammeln und veranlasste jenen, wegen dieser Sache um Entschuldigung zu bitten. Der Bruder sagte nunmehr, er werde den Befehl ausführen. Die Brüder waren aber sämtlich nicht in der Lage, ihm das Kleid zu lassen, weil er dem Befehl nicht auf das erste Wort nachgekommen war.

235. Wenn ein Bruder einen Christen oder eine Christin mit scharfen Waffen oder mit einem Steine, einem Stocke oder mit etwas, womit er ihn sofort töten oder verstümmeln könnte, verletzt, steht es im Belieben der Brüder, ihm sein Kleid zu nehmen oder zu lassen.

236. Wenn ein Bruder mit einem Weibe betroffen wurde. Dieser Fall liegt nämlich nach unsrer Meinung vor, wenn ein Bruder an einen verrufenen Ort oder in ein schlechtes Haus gegangen ist, wenn er mit einem schlechten Weibe unter vier Augen zusammen oder in schlechter Gesellschaft gewesen ist. Ihm kann das Kleid nicht bleiben, auch kann man ihn in Fesseln schlagen. Ferner darf er weder das zweifarbige Banner und das silberne Siegel tragen, noch bei der Meisterwahl zugegen sein. Und diese Strafe hat bereits mehrere getroffen. Von einem Bruder, der einen andern Bruder so schwer verleumdet, dass jener daraufhin aus dem Orden gestoßen werden müsste.

244. Wenn ein Bruder einem andern besuchenden Bruder das Brot und das Wasser des Ordens verweigert, sodass er ihm nicht erlaubt, mit den andern Brüdern zu essen, so kann aus diesem Grunde das Kleid ihm nicht bleiben: denn wenn man jemand zum Bruder ernennt, verspricht man ihm damit das Brot und das Wasser des Ordens, und keiner kann ihm was jener auch tun möge, dasselbe nehmen, außer in Gemäßheit der Statuten des Ordens. Dasselbe gilt von einem, der einen Bruder von der Tür weist und ihm nicht gestatten will, in die Tür zu treten.

(Freunde kann man sich aussuchen, Verwandte nicht)

251. Wenn ein Bruder sein Pferd etwa an einen andern Bruder verleiht, um nach einem Orte zu reiten, wohin dieser ohne Erlaubnis nicht reiten darf, und das Tier geht verloren, es kommt um oder wird verstümmelt, so steht es im Belieben der Brüder, ihm das Kleid zu nehmen oder zu lassen. Doch kann er es ruhig verleihen, um zum Vergnügen in die Stadt, wo er sich aufhält, zu reiten.

252. Wer einem andern gehörige Sachen mit denen des Ordens befördern lässt, sodass die Provinzherrschaften des Ordens um ihre Zölle kommen, dem können die Brüder nach Gutdünken das Kleid nehmen oder lassen.

254. Wenn ein Bruder einen Sklaven tötet, verstümmelt oder durch seine Schuld verliert, so steht es in der Gewalt der Brüder, ihm das Kleid zu nehmen oder zu lassen.

262. Wenn ein Bruder das Haus verlässt und fortgeht und zwei Nächte außerhalb des Ordenshauses verbringt, verliert, er dadurch sein Kleid, das er vor einem Jahre und einem Tage nicht wiederbekommen darf. Auch wenn einer die Dinge, welche verboten sind, mehr als zwei Nächte behält, so geht er dadurch seiner Zugehörigkeit zum Orden verlustig.

Es gab auch eine Menge an differenzierten Strafen und verfahrensrechtlichen Vorschriften in der Rechtsprechung des Templerordens: Diese sind in feinste Stufen gegliedert, so dass in vielen Fällen auch wiederum nicht ganz so streng geurteilt werden kann.

- Ausstoßung aus dem Orden. Dabei gibt es Fälle, wo man einen zu Fesseln und lebenslänglicher Kerkerhaft verurteilen kann.
- Verlust des Kleides. In einigen Fällen kann man den Betreffenden in Fesseln legen.
- Man lässt einem Bruder das Kleid um Gottes willen, derselbe wird jedoch zu drei Tagen Pönitenz (Buße) verurteilt, bis Gott und die Brüder ihn loslassen. Diese Pönitenz soll dem Betreffenden sofort ohne Aufschub auferlegt werden.
- Zwei Tage Pönitenz und den dritten in der darauffolgenden Woche.
- Nicht mehr als zwei Tage.
- Nicht mehr als einen Tag.
- Pönitenz und Disziplin am Freitag.
- Wenn man die Angelegenheit des betreffenden Bruders bis zur Verhandlung vor den Meister und einigen angesehenen Ordensmitgliedern aufschiebt, um sich von ihnen über gewisse Punkte, worüber die Brüder nicht sicher sind, Aufschluss geben zu lassen.
- Wenn man einen Bruder dem Bruder Kaplan übergibt.
- Wenn man jemanden freispricht.

Wobei hier erläuternd ab Nr. 643 in 13 Punkten genauer eingegangen wird.

Als kleiner Ausschnitt:

643. Die erste Strafe ist Ausstoßung aus dem Orden, wovor Gott jeden bewahren möge.

> Die zweite: Verlust des Ordenskleides, wovor Gott jeden bewahren möge.
> Die dritte: wenn man einem Bruder das Kleid um Gottes willen lässt, falls er zu drei vollen Tagen verurteilt wird, bis Gott und die Brüder ihn freigeben und ihm einen der Tage erlassen. Der Betreffende soll sofort seine Buße antreten, d. h. ohne Aufschub. Wenn er aber unpässlich ist, kann ihn der Almosenpfleger Krankenstubensuppe geben. Und wenn er krank ist, so dass seine Überführung ins Krankenzimmer angebracht erscheint, soll er seine Krankheit dem Almosenpfleger anzeigen und dieser soll es dem Meister oder demjenigen, der dieses Amt innehat, melden...

Spezifisch für einen Ritterorden waren jedoch Tatbestände aus dem militärischen Bereich (Bannerflucht, Flucht zu den Sarazenen, Regelungen des Umgangs mit der Ausrüstung).

240. Wenn ein Bruder sagen sollte, er werde zu den Sarazenen übergehen, so soll es, wenn er es auch nicht im Zorn oder Groll sagt, im Belieben der Brüder stehen, ihm das Kleid zu nehmen oder zu lassen.

241. Wenn ein Tempelbruder welcher bei einem kriegerischen Anlass das Banner trägt, dasselbe senkt, um damit zuzustoßen, und es erwächst hieraus kein Schaden, so steht es im Belieben der Brüder, ihm das Kleid zu nehmen oder zu lassen. Wenn er jedoch damit zustößt, und es entsteht ein Schaden daraus, so kann ihm das Kleid nicht bleiben. Man kann ihn auch zu Fesseln verurteilen; niemals soll er das Banner wieder tragen, noch Befehlshaber im Kampfe sein.

erläuternd unter 611:

> „denn es ist im Orden streng verboten wegen der großen Gefahr, die damit verbunden ist. Wenn nämlich das Banner gesenkt wird, wissen diejenigen, welche weiter weg sind, nicht, warum es gesenkt ist, ob freiwillig oder unfreiwillig. Wenn es nämlich gesenkt ist, könnte man annehmen, ein Türke habe dasselbe erobert oder weggenommen, während man das nicht so leicht annehmen kann, wenn es hoch ist. Außerdem werden die Leute, welche ihr Banner verlieren, sehr erschreckt; so könnte eine recht große Niederlage daraus entstehen. Damit dies nun nicht geschieht, ist es streng verboten."

242. Wenn ein Bruder welcher das Banner trägt, ohne Erlaubnis seines Vorgesetzten angreift, – er müsste denn in jenem Augenblicke sich in einem Engpasse oder an einem Orte befinden, wo er die in den Bestimmungen vorgeschrie-

bene Erlaubnis nicht einholen könnte, – soll es im Belieben der Brüder stehen, ihm das Kleid zu nehmen oder zu lassen. Wenn aber großer Schaden daraus entstehen sollte, kann man ihn zu fesseln verurteilen; nie wieder soll er das Banner tragen, noch Befehlshaber im Kampfe sein.

243. Wenn ein Bruder bei einem kriegerischen Anlass ohne Erlaubnis angreift und hieraus Schaden erwächst, so steht es im Belieben der Brüder, ihm das Kleid zu nehmen oder zu lassen. Doch wenn er einen Christen in Todesgefahr sieht, und sein Gewissen jagt ihm, dass er ihm helfen könne, so darf er es den Bestimmungen gemäß tun. Auf andere Weise darf kein Tempelbruder ohne Erlaubnis angreifen.

Genauer unter 614+615:

Als der Konvent bei Jaffa lagerte, unternahmen die Türken einen Angriff. Bei Fontaine Barbe hatten sie zu beiden Seiten des Wegs einen Hinterhalt gelegt. Der Turkopole war der erste, welcher gegen sie vorging. Man gab ihm den Bruder Margot und insgesamt zehn Brüder mit, welche ihn beschützen sollten. Der Turkopole drang nun zwischen den zu beiden Seiten im Hinterhalt Liegenden vor. Da schien es den ihm als Bedeckung beigegebenen Brüdern, als ob jene auf den Turkopolen einen Angriff machen wollten. Sogleich trennten sich vier Brüder von den zehn Brüdern, welche seine Bedeckung bildeten, ohne Erlaubnis des Anführers – und zwar hatte der eine nicht einmal eine Eisenhaube auf dem Kopfe – und gingen gegen den Hinterhalt vor. Dabei verloren zwei von diesen Brüdern zwei Pferde. Sodann griffen die andern an, welche zurückgeblieben waren, und zwar mit Erlaubnis des Anführers und trieben die zu beiden Seiten im Hinterhalte liegenden auseinander; der Turkopole hieb auch mit ein und machte den Sieg zu einem vollständigen.

Als man später ein Kapitel abhielt, gab sich Bruder Margot betreffs derer, welche ohne Erlaubnis angegriffen hatten, nicht zufrieden, sondern teilte es dem Marschall vor allen Brüdern mit. Die Brüder standen auf und baten um Verzeihung. Das Urteil für jene beiden Brüder, welche nichts verloren hatten, lautete nun dahin, dass man ihnen an das Kleid würde gehen können; Für jene zwei aber, welche ihre Pferde verloren hatten, lautete der Bescheid, dass das Kleid ihnen nicht bleiben könne. Weil jedoch die Sache gut ablief und der Turkopole sich in Gefahr befunden haben würde, wenn jener Vorstoß nicht stattgefunden hätte, ließ man denen, welche ihre Pferde verloren hatten, ihr Kleid um Gottes willen; die anderen beiden aber wurden zu zwei Tagen Buße verurteilt. Der Bruder Hugo von Monlo meinte, dass das Vergehen eine gebührende Bestrafung gefunden habe.

Mit der zunehmenden wirtschaftlichen Tätigkeit auf dem Sektor des Bank- und Steuerwesens, kam es oft zu recht drastischen Urteilen um

das öffentliche Vertrauen in den Orden und damit dessen politischen Einfluss wieder herzustellen. Die Templer verwalteten immerhin zeitweise den Staatsschatz von England, Frankreich und Aragon. Sie berieten in finanziellen Dingen den Papst und waren in England eine Zeit lang die Steuerpächter.
So wurde etwa der Großpräzeptor von Irland wegen Veruntreuungen in die Bußzelle des Tempels in London eingesperrt, und dort ist er auch nach Wochen gestorben.
Auch war der englische Großpräzeptor die wichtigste Triebfeder für die Unterzeichnung der Magna Charta durch König Johann.

Als weiteres Beispiel aus den Statuten:

250. Wenn ein Bruder ohne die Erlaubnis dessen, welcher sie zu geben berechtigt ist, Eigentum des Ordens an eine Stelle, wo der Orden es verlieren könnte, verleiht, kann das Kleid ihm nicht bleiben. Das Darlehen kann aber so groß sein und an eine so unsichere Stelle gehen, dass man den Betreffenden in Ketten legen muss.

Jeder Templer sollte zwar den Vorteil des Ordens im Auge behalten, aber nur solange er dies ohne Schaden für sein Seelenheil tun konnte. Die Hauptaufgabe einer jeden regulierten Gemeinschaft, so auch der Templer, war auf das Jenseits ausgerichtet. Diese Sorge für die Seele machte sich auch bei der Anwendung des Strafrechts bemerkbar. Nicht Vergeltung war primär geboten, vielmehr sollte jeder, der sich gegen seine Mitbrüder oder den Orden vergangen hatte, zur Einsicht gebracht werden und seine Taten bereuen, damit er sich künftig angemessen zu verhalten wusste und seine innere Einstellung ihn befähigte, seine Seele zu retten.
Aber auch in Bezug auf die Handhabung der jeweiligen Regeln und Gebräuche ergaben sich selbstverständlich Gemeinsamkeiten zum allgemeinen Kirchenrecht. So berichtet ein Beispiel der Statutensammlung von einer konkludenten Aufnahme, die ohne Ablegung der Profess erfolgte und als vollzogen galt, wenn jemand ein Jahr und einen Tag wie ein vollwertiges Mitglied im Orden gelebt hatte. Eine derartige Bestimmung findet sich weder in der Templerregel noch in den Statuten, wohl

aber im allgemeinen Kirchenrecht, wo sie Anfang des 13. Jahrhundert durch päpstliche Anordnung festgeschrieben wurde, nachdem dies bereits seit längerem in vielen Orden Praxis geworden war.

Auch hinsichtlich der Sanktionsmechanismen bieten die Templerstatuten ein dem monastischen Bereich ähnliches Bild. Waren Verstöße gegen Regel und Statuten vorgekommen, saßen die Brüder im Schuldkapitel über den Täter zu Gericht. Da aber der Delinquent zu Einsicht und zu ehrlicher Reue finden sollte, oblag ihm selbst die Rolle des Anklägers. Wollte er sich nicht selbst anklagen, so hatte ein Mitbruder, der von dem Verstoß wusste, den uneinsichtigen Täter unter vier Augen zurechtzuweisen und erst bei fortdauernder Uneinsichtigkeit durfte Anklage vor dem Kapitel erhoben werden. Die Strafen, die dann zu verhängen waren, richteten sich nicht nur nach der Schwere des Vergehens, sondern auch nach dem Lebenswandel des Verurteilten und seinem Verhalten während der Bußzeit, die dementsprechend länger oder kürzer ausfallen konnte.

Die Frauen im Templerorden hatten keine eigene Regel. Mit Ausnahme der Bestimmungen für den Kampf galt für sie die allgemeine Templerregel. Erklärlich dadurch, dass die Regel ja Frauen überhaupt ausschloss. Man konnte für sie dadurch keine eigene Regel veröffentlichen.

Interessant zum Abschluss dieses Kapitels ist ein Verweis in Punkt 325, in dem die französische Regel den Maurern das Tragen von Handschuhen gestattet.

325. Kein Bruder darf jemals fluchen, weder im Zorn noch bei ruhiger Gemütsverfassung, auch darf er niemals ein unflätiges oder gemeines Wort reden, noch viel weniger etwas derartiges tun. Jeder Bruder ist gehalten, sich stets anständig zu zeigen sowohl in Worten als in Werken. Kein Bruder soll lederne Handschuhe tragen außer der Bruder Kaplan, den man sie zu tragen erlaubt zu Ehren des Leibes unseres Herrn, welchen er oft in den Händen hält. Auch tragen sie die Brüder Maurer manchmal. Ihnen gestattet man sie, damit sie bei der harten Arbeit, die sie zu leisten haben, sich nicht so leicht die Hände verletzen. Wenn sie jedoch nicht arbeiten, sollen sie keine tragen. Jeder Bruder soll Waffenhandschuhe tragen, wenn er sich mit seiner Rüstung bewappnet hat; im übrigen soll er keine ohne Erlaubnis tragen.

Warum hier nicht auch auf andere Handwerker eingegangen wird, die ebenfalls im Schutz und mit den Privilegien der Templerkomtureien lebten scheint interessant. Die Begründung allein, dass die harte Arbeit die Hände verletzen könnte, trifft nicht nur auf das Handwerk der Maurer zu. Es scheint vielmehr eine besondere Verbundenheit zu den Steinmetzen und Maurern zu bestehen. Erklärlich vielleicht durch die Errichtung vieler repräsentativer Großbauten durch den Orden.

Bibliographie:

Christian VOGEL, Das Recht der Templer. Ausgewählte Aspekte des Templerrechts unter besonderer Berücksichtigung der Statutenhandschriften aus Paris, Rom, Baltimore und Barcelona = Vita Regularis, Abhandlungen 33 (Berlin, Münster 2007)

Karl KÖRNER, Die Templerregel aus dem Altfranzösischen übersetzt und mit erläuternden Anmerkungen versehen (Jena 1902)

Karl KÖRNER, Ist die lateinische oder die altfranzösische Fassung der Templerregel als die Ürsprüngliche anzusehen? In: Wissenschaftliche Beilage zum Jahresbericht des Realgymnasiums zu Neunkirchen Bez. Trier (1901)

Karl KÖRNER, Die Varianten der Barceloner Handschrift der Templerregel aus dem Altfranzösisch-Provenzalischen übersetzt und mit Anmerkungen versehen. In: Wissenschaftliche Beilage zum Jahresbericht des Realgymnasiums zu Neunkirchen Bez. Trier (1904)

Die ursprüngliche Templerregel. Kritisch untersucht und hrsg. von Gustav SCHNÜRER (Freiburg im Breisgau 1903)

Statutenbuch des Ordens der Tempelherren (Berlin 1794) aus einer altfranzösischen Handschrift. Hrsg. und erl. von Friedrich MÜNTER (Sinzheim 2002)

The Rule of the Templars the French text of the Rule of the Order of the Knights Templar. Translated and introduced by Judith Mary UPTON-WARD (Woodbridge 2005)

La Règle du Temple [Texte imprimé], publiée pour la Société de l'histoire de France, par Henri de CURZON (Paris 1886)

Kapitel 4

Templer-Damen

Oxford, Bodleian Library

Helen J. Nicholson und Anthony Luttrell betonen, dass Frauen in Ritterorden wie den Templern oder den Johannitern keinen eigenen Ordenszweig darstellten, sondern in gleicher Weise wie Priester, Ritter und Sergeants als eigene Abteilungen angesehen werden können. Natürlich gab es auch Gemeinschaften von Nonnen bei den Templern, aber sie hatten keine eigene Regel!

Sowohl im Templerorden als auch bei den Johannitern lebten auch die Schwestern nach der Templerregel bzw. Regel für die Johanniter, die für beide Geschlechter galt.

Selbstverständlich kämpften sie ebenso wenig wie die Priesterbrüder. Aber sie hatten bis auf diese Ausnahme dieselben Gelübde und wurden in gleicher angepasster Weise aufgenommen.

Das überrascht im ersten Moment, so wie es auch nicht allgemein bekannt zu sein scheint, dass es überhaupt Frauen im Templerorden gab.

Noch mehr verwundert, dass sie noch dazu nach der allgemeinen Ordensregel lebten, wird doch in der Literatur immer nur der kämpferische Ritter als Vorbild für die Beschreibung eines Templers verwendet.

Viel weniger wird hervorgehoben, dass der Templer ein Ordensmann ist, mit der Verpflichtung zum gemeinsamen Leben und Gebet, dass die Templer von ihrer Versorgung mit Nahrungsmitteln einen Teil für die Versorgung von Armen und Kranken aufhoben, dass sie ihre Spitäler betrieben.

Wenig wird darüber erzählt, dass Handwerker mit ihren Betrieben den Templern räumlich und auch rechtlich angeschlossen waren.

Über die Schwestern mit vollen Gelübden aber und die Laienschwestern gibt es fast keine Literatur, die dem normalen Leser leicht zugänglich wäre.

Baigent und Leigh meinen noch 1989 in ihrem Buch „Der Tempel und die Loge", dass in einem englischen Bericht des 12. Jahrhunderts zwar von einer Frau die Rede ist, die als Schwester in den Tempel aufgenommen worden sei. Dies ließe auf einen beigeordneten Frauenorden schließen, aber man hat nirgends – nicht einmal in den offiziellen Inquisitionsaufzeichnungen – weitere Erläuterungen zu diesem Sachverhalt gefunden.

Tatsächlich liegen aber in der Zwischenzeit neue Forschungsergebnisse und Studien zu diesem Thema vor, vor allem von Helen J. Nicholson, Universität Cardiff, von Francesco Tommasi, Universität Perugia und von Alan J. Forey, ehemals University of Durham.

Bisher waren diese Studien nur wenigen Spezialisten und akademischen Insidern bekannt und fanden manchmal ohne Zitierung aber phantasievoll angereichert in der Trivialliteratur, wo sie der Leser berechtigterweise nicht ernst nimmt, Verwendung,

In Frankreich lieferte schon der Marquis d' Albon seriöse Quellen, die sich heute im Archiv der Bibliothek National befinden. Die Collection d' Albon, besteht aus 71 Bänden, Cahiers, in denen Regeln, Statuten und Retraits noch der Aufarbeitung harren.

Jedenfalls wird darin eine Präzeptorin erwähnt, also die hochrangige Leiterin einer Präzeptorei oder Komturei.

Es war also durchaus nicht so, dass Frauen im Templerorden nur in untergeordneten Stellungen verblieben. Auch war die erwähnte

Präzeptorin keineswegs die Leiterin eines Frauenkonvents. Sie verfügte in einer Komturei über die Befehlsgewalt, auch über Ritter!
Das geschah nicht in einer Spätzeit, wo man diese Erscheinung als Symptom eines Verfalles interpretiert hätte, sondern gegen Ende des (12.) Jahrhunderts in dem der Orden gegründet wurde.
Wir finden in den Ritterorden nicht nur Schwestern mit vollen Gelübden, naturgemäß gibt es auch Novizinnen, aber auch Laienschwestern. Das Mittelalter kennt aber auch die Erscheinungen der Familiaren und Donaten in verschiedenen Ausformungen.
Menschen, die sich dem Orden mit dessen Zustimmung anschlossen und zugeordnet entweder im Haus des Ordens oder weiter in der Welt lebten. Selbstverständlich war die Unterbringung von Männern und Frauen streng getrennt, ob es sich nun um den seltenen Fall eines echten Doppelklosters handelte oder wie in der Regel im gleichen Haus und Konvent.
In den Templerprozessen in Frankreich ab 1307 wurde ganz zu Anfang von den Anklägern auch die Beschuldigung erwogen, dass die Templer mit ihren Mitschwestern im Orden sexuellen Umgang hätten. Ein haltlose Unterstellung, die aber aus begreiflichen Gründen nicht weiter verfolgt wurde. Die Ankläger versprachen sich mehr Popularität von der Anklage der Sodomie, bzw. der Homosexualität.
Im Zuge dieses Prozesses stand am 27. November 1309 in Paris der Komtur von Payns, Ponsard de Gizy vor einer päpstlichen Untersuchungskommission und bestritt alle Anschuldigungen, die gegen den Orden und die Brüder erhoben wurden. Er erwähnt auch einen Brief, den er an die Kommission gesandt hatte. Aus diesem Schreiben ist zu erkennen, dass auch Frauen Aufnahme in den Orden fanden.
Das ist im ganzen Verlauf des Templerprozesses die einzige Erwähnung der Templerinnen.
Viele der Familiaren und Donaten legten großen Wert darauf, im Ordenshabit begraben zu werden und in die Gebete des Ordens für seine Verstorbenen mit aufgenommen zu werden.
Manche leisteten einen finanziellen Beitrag um im Alter ihren Lebensabend im Ordenshaus verbringen zu können.

Der Komtur der Templer von Zaragossa in Aragonien sicherte 1248 der Domenica von Sieste den Unterhalt und den Aufenthalt in einem Haus um die Templerkirche zu.
In relativ vielen Quellen finden sich Frauen die in den Templerorden in verschiedener Form eintreten, sich damit jedenfalls einem religiösen Leben zuwenden. Das geschah auch, trotzdem die Regel aus dem Jahr 1129 keine Frauen im Orden dulden wollte.
1133 findet sich eine Acalaidis, die ihren ganzen Besitz im Roussillon beim Eintritt in den Templerorden diesem übergibt.
Wir haben im zweiten Kapitel Tempelritter und Freimaurer schon berichtet, dass der Prior der Johanniter von England, Philip de Thame seinem Großmeister in Rhodos, Hellion de Villeneuve, einen Finanzbericht geschickt hat, des Inhaltes, es seien nur wenige Templergüter vorhanden, diese zerstört und heruntergekommen. Wir haben diesen Bericht dort mit Recht bezweifelt.
Wo er trotzdem der Wahrheit nahe kommt, das ist die Komturei Buckland. Die Dotation für die Templerinnen war dort für neun Schwestern ausgelegt. Als Philip de Thame 1338 auch den Nonnenkovent übernahm, waren es 50 Schwestern. Kein Wunder wenn ökonomische Schwierigkeiten auftraten.
Darüber hinaus gab es selbstverständlich in allen Häusern Frauen, die einfache Dienste verrichteten. Auch von ihnen finden sich urkundliche Nachrichten in Latein, so werden sie manchmal als *Factrix* bezeichnet und sie sind natürlich Schwestern.
Wirklich überraschend ist es zu hören, dass Templerkonvente auch Sklaven besaßen. 1289 weist ein Verzeichnis in Aragonien solche Nachrichten auf. Allerdings waren es mit einer Ausnahme nur männliche Sklaven. Die Ausnahme war der Konvent von Monzón der eine weibliche Sklavin hatte.[1]
Wir sehen auch daraus wie schwer es ist, sich die Denkweise und den Alltag im Mittelalter wirklich vorzustellen. Was für uns befremd-

1 Joaquin Miret y Sans, Inventaris de les Cases del Temple de la Corona Arago' en1289, in Boletin de la Real Academia de Buenas Letras de Barcelona 6 (1911)

lich ist, war normal und üblich, aus der Situation und dem Umfeld gewachsen und wurde nicht weiter hinterfragt.
Auch im Johanniter– oder Hospitaliter-Orden finden wir Frauen an exponierten Stellen. In der Burg von Grisén welche König Alfons II. von Aragonien den Hospitalitern 1177 gegeben hatte, finden wir eine Domina Major, die Priorin mit drei Schwestern, die hier neben den männlichen Johannitern agiert.
In Mynchin, Buckland, Somerset, England hielt sich ein Konvent von 13 Johanniternonnen bis zur Auflösung durch die Protestanten 1539.
1227 lebten einige Schwestern in der Männerkomturei von Hampton in Middlesex.
In Katalonien lebte 1192 eine Schwester in Cervera im Konvent der Brüder, wir kennen ihren Namen Ermessendis di Biosca.
1262 war die Marquesa de la Guardia Comendatrix, also weiblicher Komtur von Cervera und Alguaire. Es handelt sich nicht um rein mit Schwestern besetzte Häuser und die Damen nennen sich in Urkunden *fratrisse,* was man nur mit „weiblicher Bruder" übersetzen kann.
Im Haus von San Salvador d'Isot lebten von 1236 an Brüder und Schwestern und auch Konversen. 1259 hatten sie einen weiblichen Komtur.
In Kastilien, in Burgos hatte eine Männerkomturei der Johanniter einen weiblichen Komtur. Sie starb 1323.
In San Juan de Acre in der Nähe von Vitoria erklärten einige Schwester im Jahr 1537, das Haus hätte vor 1307 den Templern gehört. Gut möglich also, dass Urraca Ruiz Cuesta, die 1323 verstorbene Praeceptrix bis 1312 eine Templerin war.
Paolo Pirillo und Giuseppe Richa berichten in Italien vom Templerhaus San Jiacomo am Campo Corbolino in Florenz. Dort gab es einige Schwestern bei den Templern um 1300. Als das Haus 1309 an die Johanniter übergegangen war, wurden auch sie übernommen.
Wenn uns das alles im ersten Moment seltsam vorkommt, muss daran erinnert werden, dass genau so wie bei den Templern, im Johanniterorden und im Deutschen Orden mit Frauen an exponierter Stelle

einfach gerechnet werden muss. Der Zwiespalt zwischen der Regula und dem faktischem Leben hat offenbar bisher diese Nachrichten weitgehend unberücksichtigt gelassen.
Der Templerorden hätte getreu der Regel keine Frauen aufnehmen dürfen. Das hinderte den Orden nicht, Frauen unter Ablegung der Gelübde an den Orden zu binden.
Die Aufnahme von Frauen war zwar verboten, dennoch lassen sich Frauen bis zum Ende des Templerordens als voll gültige Ordensmitglieder nachweisen. Schlimmer noch: in Katalonien ist sogar eine *preceptrix,* eine Frau als Vorsteherin einer Kommende belegt.[2]
In der lateinischen Regel etwa vor 1140 lassen Artikel 53 und 54 Familiares und Schwestern zu. Das wiederum entsprach sicher nicht der Regel, die das Konzil von Troyes 1129 angenommen hatte. Es müssen spätere Zusätze sein.
Tatsächlich steht in einer offenbar noch späteren überlieferten lateinischen Regel, Artikel 54, dass es hinfort nicht gestattet ist, Schwestern zu haben! Der einzig mögliche Schluss, den diese Wendung zulässt, dass es bis dahin Schwestern gab und ihre Aufnahme und Anwesenheit zumindest faktisch gestattet war.
Der Artikel 53 sah sogar eine Art Kleiderordnung für die Familiares vor, sie durften nicht den weißen Mantel tragen. Aus den wenigen Überlieferungen, die auch vom Deutschen Orden und den Hospitalitern aus dieser Zeit vorliegen kann man schließen, es wird ihre Tracht schwarz oder grau gewesen sein. Das Kreuz am Kleid nicht voll in Farbe oder ein halbes Kreuz. Die Nonnen mit vollem Gelübde allerdings tragen, wie wir auf unserem Bild zeigen können, den weißen Mantel mit vollem roten Kreuz.
Auch in der französischen Regel, Artikel 70, etwa datierbar um 1140, findet sich der Passus über die Schwestern und wird dort übersetzt „Es ist von nun an nicht gestattet[...].“

2 Christian VOGEL, Das Recht der Templer (Berlin 2007)

Wir können jetzt schon feststellen, dass der Templerorden trotz aller Verbote in den Regeln, die sich sehr rigoros gaben, Frauen trotzdem auch in gleichberechtigter Stellung als Mitglieder hatte.
Ein Templer sollte der Regel entsprechend mit einer Frau nicht reden, wenn er doch redete, sie nicht ansehen, sogar seine Mutter und Schwester sollte er nicht küssen.
Die Anweisungen dieser Regeln wurden vielfältig vom Orden, aber auch von Einzelnen durchbrochen. Wir kennen interne Strafverfahren des Ordens gegen Ritter, die eine oder mehrere Nächte ohne Erlaubnis außer dem Ordenshaus verbracht hatten und wir wissen, dass bis zur Aufhebung des Ordens Frauenkonvente der Templer bestanden. In einem Fall noch viele Jahre darüber hinaus.
Für den italienischen Norden stellt Elena Bellomo fest, dass Frauen Familiaren des Ordens sein konnten.[3] Familiaren sind einfach Laienmitglieder einer Ordensgemeinschaft. Das erscheint auch im ersten Moment noch gut vorstellbar.
In einer Fußnote[4] erwähnt Bellomo eine weibliche Conversa, die im Haus von Piacenza als anwesend festgestellt wird.
Darunter verstand man ein vollwertiges Mitglied, das nicht durch die Professio, also durch die Gelübte einer Nonne sondern nur durch das Konversengelübde an den Orden gebunden war. Also eine Laienschwester.
In Italien fand sich in einer Urkunde aus dem Jahre 1306, anlässlich eines Verkaufes eines Grundstücks in Cereto di Marmivolo (Templerhaus Mantua), die Wendung „iura feminarum de templo". Man kann daraus nicht nur die Existenz von Templerinnen feststellen, sondern auch, dass es einen Katalog von ihnen zustehenden Rechten gab, der bekannt war und bei Rechtsgeschäften beachtet wurde.
Nicht nur die Dotationen, welche die Frauen einbrachten und ihre persönliche Tätigkeit für den Orden mag ihnen auch gegen die Regel einen Platz im Orden gesichert haben. Durch ihre geistliche Tätigkei-

3 Elena BELLOMO, The Templar Order in north-west Italy (1142-c 1320) (Padua 2003) S. 127

4 BELLOMO, Templar Order 128 (FN 300, Carte I/2,doc 332,p.532)

ten, das Gebet und die klösterliche Lebensweise wurde ihnen Wertschätzung entgegengebracht.
Das Schweigegebot wurde auch von den weiblichen Ordensmitgliedern eingehalten, der Tag richtete sich nach den Gebetsstunden und das Stundengebet wurde gesungen.[5]
Wer solches je erleben durfte, zum Beispiel im Benediktinenkloster am Nonnberg in Salzburg weiß, dass das und vielleicht besonders für einen aus den Kämpfen um Jerusalem heimgekehrten Tempelritter ein besonderes geistliches und geistiges Vergnügen sein konnte.
Bekannter als andere Templerniederlassungen in Italien ist San Bevignate in Perugia vor allem mit seinen alten Fresken. Dieses Kloster war ebenfalls ein Konvent von Templerinnen. Er wurden nach der Aufhebung des Ordens 1312 zusammen mit San Girolamo an die Johanniter übergeben und dabei mussten die Schwestern Regel und Habit der Johanniter annehmen.

San Bevignate

In Frankreich findet sich nur eine schwache Spur der Templerinnen. Das Siegel einer Isabelle de Wasiers, die als Soeur du Temple, also als Templerschwester bezeichnet wird, aus dem Jahr 1287, findet sich im Nationalarchiv Paris Nummer 5.982.
In Spanien, im Königreich Aragon, existierten zumindest in einem Fall nachweisbar Templerschwestern in leitender Funktion.
Ermengard von Oluja wird 1198 als Preceptrix des aragonesischen Templerhauses Rourell bezeichnet und leitete den dortigen Konvent.[6]

Siegelabguss Isabelle de Wasiers

5 Myra Struckmeyer, The Sisters of the Order of St. John. In: Hospitaller women in the middle Ages. Hrsg. Anthony Luttrell und Helen J. Nicholson (Ashgate 2006) aao.
6 Collecció diplomàtica de la Casa del Temple de Barberà 945–1212. Hrsg. Josep Maria Sans i Travé (Barcelona 1997) Nr. 193, 286–287.

Castillo el Rourell

Auch Malcolm Barber, der Geschichte an der Universität Reading lehrte, erwähnt in seinem Buch Der Templerprozess die Existenz dieser interessanten Frau.

Wer war Ermengard von Oluja? Findet sich über sie mehr als nur die Tatsache ihrer Funktion im Templerorden? Tatsächlich gibt es eine Überlieferung wonach Ermengard mit Gombau de Oluja, Herrn von Vallfogona (bei Tarragona) verheiratet war. Beide sind dem Orden beigetreten. Bei ihrem Eintritt wurde ein Vertrag aufgesetzt, der sie als *soror* und *frare* bezeichnet. Gombau muss vor ihr gestorben sein, sonst hätte sie nicht die vollen feierlichen Gelübde ablegen und Präzeptor werden können. Solche Vorgänge waren legitim. Man konnte als Unverheirateter, als Witwer oder in aufrechter Ehe dem Orden beitreten, wenn die Ehefrau oder der Ehemann ebenfalls diesem oder einem anderen Orden gleichzeitig beitrat.

Die Komturei Rourell in Katalanien gehörte zum Templerhaus Barberà del Vallés.

Ermengard di Oluja nimmt dort als Praeceptrix am 11. August 1198 zusammen mit den Brüdern Raimund de Solsann, Johannes, Guillelmo de Escansett, Titbors und anderen anwesenden Brüdern und Schwestern von Berengario Duran eine Zuwendung an das Haus an. Nicht nur, dass wir durch diese Urkunde von dieser sensationellen Frau erfahren, ergibt sich auch daraus, dass noch weitere Schwestern dem Haus angehören und sie damit die Vorsteherin des Männer- und des Frauenkonvents war.

Publiziert wurde diese Urkunde von Francesco Tommasi[7] von der Universität Perugia. In seinem Artikel über die Hospitaler, die Temp-

7 Francesco TOMMASI, Men and Women of the Hospitaller, Templer and Teutonic Orders. In: Hospitaller women in the middle Ages. Hrsg. Anthony LUTTRELL und Helen J. NICHOLSON (Ashgate 2006)

ler und den Deutschen Orden fasst er zusammen, „Es zeigt sich, dass der Templerorden für Frauen ein religiöses Leben anbot [...] und dass diese mit dem Gelübde der Armut, Keuschheit und des Gehorsams, vollgültige Templer wurden. Auch gibt es verschiedene Beispiele verheirateter Frauen die in den Orden eintraten und einen Lebensraum in dieser religiösen Gemeinschaft fanden".

In der Fußnote 79 bringt er die Beispiele:

Johanna, Ehefrau des Ritters Richard von Chaldefelde, 1189–1193

Berengaria de Llorac, Schwester im Männerkonvent von Barbarà (Mitte 13. Jht.)

Titborga, Tochter des Berenguer de Santa Columba, 1197

Imberta de Cremena, Schwester in Albono, Frankreich, 1297–1304

Fast ebenso ungewöhnlich erscheint die Geschichte um Raimond Bergeron, der nach der Investitur als Sergant (eine Art dienender Bruder, unter den Rittern gereiht) erklärte, seine Frau nicht verlassen zu wollen. Die Aufzeichnungen einer päpstlichen Kommission ergeben, dass ihm versichert wurde, er könne seine Frau behalten, man werde eine Lösung finden.

In Bayern war Adelheid von Wellnheim Templerschwester in der Komturei Moosbrunn, sie war vor ihrer Investitur mit dem Templerbruder Rudiger von Wellnheim verheiratet gewesen.

Nichts wissen wir freilich über die Situation wenn die Auflösung des Ordens 1312 ein solches ehemaliges Ehepaar betraf. Aus der Bulle Papst Johannes XXII. müsste man schließen, dass die Kirche darauf bestand, beide Partner sollten ihren Gelübden treu bleiben. Wie handeln Menschen, die durch die unerhörte Verfolgung des Ordens betroffen und von ihrer Kirche zumindest schwer enttäuscht sind?

In einem Familienarchiv findet sich der Fall des Templers Hartlieb von Boskowitz und Czernahora in Mähren. Er hat bei seinem Eintritt in den Orden diesem das Gut Czernahora nördlich von Brünn übergeben. Hartlieb ist noch 1320 urkundlich nachweisbar, als er das durch Feuer zerstörte Kloster der Minoriten in Brünn auf seine Kosten wiederherstellen und ausstatten lässt. Ob er vor oder nach seinem Eintritt in den Orden verheiratet war, wissen wir leider nicht.

Schloss Cernahora blieb seiner Familie bis zu deren Aussterben.
Hartlieb hatte sich offenbar 1312 selbst laisiert und besaß genug Macht, um unangefochten sein Leben weiter zu führen.
Im Zisterzienserinnenkloster von Mühlen (Diözese Worms), existierte eine Gemeinschaft von Frauen, die als die letzten Templerinnen am Kontinent bezeichnet werden könnten. Es war ursprünglich eine kleine Gruppe von Zisterziensernonnen, die 1272 aus dem Zisterzienserorden ausschied, und den Templern unterstellt wurde.[8]
Das Kloster der Templerinnen in Mühlen ist heute nur schwer zu lokalisieren, da es leider nicht erhalten ist. Mühlen ist das heutige Mühlheim ein Stadtteil von Osthofen im Bundesland Rheinland-Pfalz. Die hochmittelalterliche Schreibweise war etwa Mulen.
Von einer Niederlassung der Templer hören wir in einer Urkunde in der Mechtildis Gräfin von Sayn sowie einer Gräfin Ada von Lors auf alle ihre Rechte an den Gütern des Ritters Konrad von Molendino verzichten und zwar zu Gunsten der Templer. Komtur Gebhart nimmt diese Schenkung an.
Diese Templerniederlassung war ein Frauenkloster, das ursprünglich dem Zisterzienserorden gehörte, angegliedert. Die Angliederung erfolgte rechtlich dadurch, dass am 28. September 1272 die Grafen Emich IV. und Friedrich III. von Leiningen als Lehensherren und Eberhart von Ehrenberg als Lehensträger auf die Vogtei für das Zisterzienserinnenkloster zu Mühlen verzichteten.
Dadurch konnte Bischof Eberhart von Worms Eigentum und Verwaltung der Klostergüter sowie das Besetzungsrecht beschränkt auf 20 Insassinnen des Klosters auf den Templerorden übertragen.
Weitere Urkunden finden sich für den 28. Februar 1269, in denen Eberhart von Ehrenberg mit Zustimmung des Kapitels von Worms, dem Meister der Templer zu Mühlen und dem Frauenkloster zu Mühlen zwei Höfe zu Worms und einen Zehent, mit dem er belehnt

8 Simonetta CERRINI, Une expériance neuve au sein de la spiritualité médiévale, l'ordre du Temple (1120–1314), étude et édition des règles latine et française (Paris 1999) S 507; Microfiche einsehbar Bibliothek der Sorbonne.

wurde, verpfändet. Die Verpfändung erfolgt als Sicherheit für ein Darlehen von 400 Pfund Heller.
Die Vertragsbestimmungen scheinen dem Pfandbesteller nicht besonders erfreut zu haben, denn in rasch aufeinander folgenden Urkunden vom 1. März 1269 und vom 7. März 1269 verspricht er den genannten Institutionen zukünftig nicht mehr zu schaden, sie nicht zu erpressen und schließlich Teile der Grundstücke zurückzugeben, die er sich widerrechtlich angeeignet hatte. Wie die Quellen berichten, hat er sich auch später nicht recht an diese Verpflichtungen gehalten.
In einer Urkunde vom 20. Juli 1302 verkauft der Komtur Otto von Alzey und die Brüder von Mühlen mehrere Besitzungen an den Komtur und die Brüder des Deutschen Ordens. Der Verkauf wird von Friedrich dem Wildgrafen, Provinzmeister des Templerordens in Deutschland bestätigt.
Nach 1312 gingen auch die Besitzungen der Komturei Mühlen an den Ritterorden der Johanniter über. 1317 verkauften die Johanniter diesen Besitz wieder. Sie scheinen am Widerstand der Templerinnen im Frauenkonvent gescheitert zu sein oder jedenfalls dadurch die Lust an diesem Besitz verloren zu haben.
Die Nonnen weigerten sich den Habit der Johanniter und deren Regel anzunehmen. Die Ordensschwestern haben sich zwölf Jahre nach der Übergabe an die Johanniter immer noch geweigert, sich aufzulösen oder den Johannitern beizutreten. Schließlich drohte ihnen der Papst ihre Güter einzuziehen und sie aufzulösen. Wir wissen nicht welche Entscheidung sie getroffen haben.
Dieser Widerstand ist auch deshalb interessant, weil wir nie, in keinen Prozessakten, wirkliche gewaltsame Maßnahmen gegen Templerinnen vorfinden.
Es gab manchmal Streit mit den Bischöfen, und Oberinnen, die auch eine bewaffnete Mannschaft zum Schutz ihres Klosters kommandieren. Übergriffe und Verfolgungen, wie wir sie gegen den männlichen Teil des Ordens seit 1307 zur Genüge kennen, finden sich bisher in den Urkunden über die Templerinnen nicht.

Bei archäologischen Ausgrabungen im 19. Jahrhundert waren in Mühlen noch teilweise Reste der Grundmauern des Klosters zum Vorschein gekommen. Heute sind keine Reste mehr vorhanden.[9]
Es war ein Österreicher aus dem Land ob der Enns, Weichard von Polhaim (1280–1307) der schrieb, die Tempelbrüder nehmen niemanden in die Profess auf, wenn er nicht vorher allen Frauen abschwört.
Wir glauben gezeigt zu haben, dass er nicht so ganz Recht hatte.

Bibliographie

Anthony LUTTRELL u Helen J. NICHOLSON (Ed.), Hospitaller Women in the Middle Ages (Aldershot 2006)

Helen J. NICHOLSON, The Knights Templar, A New History (Strout 2001)

Helen J. NICHOLSON, Women in Templar and Hospitaller Commanderies. In: Revue Mabillon 60 (1984)

Paolo PIRILLO. In Acri 1291: la fine della presenza degli ordini militari in Terra Santa e i nuovi orientamenti nel 14. secolo/a cura di Francesco Tommasi (Perugia 1996)

Garcia-Guijarro RAMOS, The Aragonese Hospitaller Monastery. In Hospitaller. Women in the Middle Ages. Ed. Anthony LUTTRELL u Helen J. NICHOLSON (Aldershot 2006)115f.

Giuseppe RICHA, Noticiae Istoriche delle Chiese Fiorentine, vol iii, part 1 (Florenz 1755) p. 295.

Francesco TOMMASI, Doppelklöster und andere Formen der Symbiose männlicher und weiblicher Religiosen im Mittelalter. Hrsg Kaspar Elm (Berlin 1992)

Francesco TOMMASI, L'Ordine dei Templari da Perugia. In: Bollettino della Deputazione di storia patria per l'Umbria 78 (1981)

Christian VOGEL, Das Recht der Templer (Berlin 2007)

9 http://www.templerlexikon.uni-hamburg.de/

Kapitel 5

Freimaurerinnen

Unter den zahlreichen Überlieferungen betreffend Frauen in englischen Logen scheint vor allem eine durchaus glaubwürdig.

Elisabeth Aldworth

Jene über Hon. Mrs. Elisabeth Aldworth, die Tochter des Right Honorable Arthur St. Leger, Vicount Doncrail. Sie wurde 1693 in Irland geboren.
Bei der Einsetzung ihres Bruders 1710 zum Meister vom Stuhl der Lodge No. 44, nach anderer Quelle Lodge No. 95, wurde sie kurzerhand rezipiert, nachdem die Siebzehnjährige dem Ritual versteckt beigewohnt hatte und entdeckt wurde. Sie arbeitete in der Loge bis zu ihrem Tod, der sie mit 95 Jahren ereilte. Elisabeth Aldworth scheint die erste Freimaurerin der Geschichte, lange vor der Gründung der Großloge von Irland, zu sein.
Ähnliche Vorgänge werden 1770 von einer Miss Havard aus Hereford, von Isabella Scoon im schottischen Newstead und schließlich von einer Mrs. Bell in Newgate erzählt.
Die gleiche Geschichte von der angeblichen Neugier einer Frau erzählen amerikanische Freimaurer über Catherine Sweet aus Virginia im Jahr 1862.

Helene Hadik-Barkozcy

In der Österreichisch-Ungarischen Monarchie wird 1875 von einem ähnlichen Vorgang aber mit ganz anderer Motivation bei der Gräfin Helene Hadik-Barkozcy. berichtet.
Ihr Gatte, Generaladjutant Erzherzog Maximilians, des späteren Kaisers von Mexiko, war durchaus nicht erfreut, dass sie in die Loge Egyenlöseg aufgenommen worden war. Die Begründung, sie sei die letzte ihres Hauses und habe daher Männerrechte wollte nicht recht Anerkennung finden.
Der Großorient von Ungarn entfesselte darob einen Wirbel und strich die beteiligten Mitglieder der Loge aus den Listen. Die Aufnahme wurde für nichtig erklärt. Aus dem maurerischen Selbstverständnis ist es jedoch fraglich ob man, einmal aufgenommen, plötzlich wieder profaniert werden kann.

Bijous der Damenlogen

Joseph Berteloot, ein französischer Schriftsteller, schreibt glaubwürdig, dass die englischen und schottischen Stuartanhänger (Jakobiten) bereits nach der Enthauptung König Karl I. 1649 in Frankreich Logen eingerichtet und gegen Oliver Cromwell konspirierten. Greifbare Indizien fehlen aber.
Daran knüpft sich die Überlieferung, die Damenlogen seien von Königin Henrietta Maria von England, der Witwe des von Cromwell ermordeten Königs Charles I. nach ihrer Heimkehr nach Frankreich gegründet worden.

In diesem Fall würde diese Tradition bis knapp nach 1649 zurückreichen.
Urkundliches Material haben wir dazu allerdings nicht finden können. Man muss annehmen, dass Königin Henrietta und ihr Sohn Charles II. das zeitgenössische Vorbild für den Ausdruck „Söhne der Witwe“ geliefert haben und sie daher großen Respekt in schottischen Freimaurerkreisen hatte. Dadurch könnte auch die Überlieferung, sie habe die Damenlogen in Frankreich gegründet, erklärt werden.

Henrietta Maria von England

Jedenfalls werden die Offiziere der besiegten jakobitischen Armee zwischen 1688 und 1691 in ihrer Emigration in Frankreich oder Holland nicht auf ihre freimaurerische Arbeit verzichtet haben, während sie Revanche und Restauration vorbereiteten. Wo sich Freunde aus den Gastländern besonders engagieren wird vermutlich bald die Einladung, der schottischen Loge beizutreten, erfolgen. Die schottischen Emigranten, allen voran König James II. und James III., gründeten in Frankreich schottische Freimaurerlogen beziehungsweise suchten Anschluss an die möglicherweise bereits bestehenden Logen ihrer Landsleute und sie versammelten selbstverständlich ihre Anhänger in diesen Gruppierungen.
Baigent und Leigh berichten in ihren Buch, Der Tempel und die Loge, von der ersten Loge dieser Art, die in Frankreich gegründet wurde. Am 25. März 1688 soll das Regiment Royal Irish diese gegründet haben. Allerdings ist die Quelle aus dem 18. Jahrhundert und basiert lediglich auf einem Antrag den diese Loge beim Grand Orient stellte, als älteste Loge in Frankreich anerkannt zu werden. Wir wissen also nicht, ob frühere Logen übergangen wurden oder nicht mehr bestanden, beziehungsweise in dieser Loge aufgegangen waren. Darüber

hinaus ist der Grand Orient selbst aus diesen jakobitischen Logen, die sich in Frankreich stark verbreiteten, hervorgegangen.
Noch Bonnie Prince Charly (Charles Edward Stuart) hat 1746, nach der Niederlage von Culloden, in Frankreich in Arras ein Chapter (Kapitel von Hochgradmaurern) gegründet und nach Heredom of Kilwinning benannt.
In Paris kennt man noch die Adressen dieser jakobitischen Logen. In St. Germain des Pres, Rue de Buci und Rue de Boucherie. Besetzt waren diese Logen ursprünglich mit hochrangigen Engländern, vor allem aber Schotten als Großmeister.
Erst seit 1737 sind in Frankreich Franzosen aus dem Hochadel Großmeister und blieben es bis zur Revolution.
Trotzdem scheint die Benützung der jakobitischen Logen in Frankreich als Unterstützung der Stuarts in politischen Belangen und später für die zahlreichen Emigranten durchaus geeignet, die Idee der Adoptionslogen zu begründen. Frauen waren zu allen Zeiten die besseren Spione und die besseren Organisatoren der Wohltätigkeit.
In der Literatur werden für den Beginn der Adoptionsmaurerei in Frankreich von Burke 1720 bis 1730, von Hawkins und Clavel um das Jahr 1730 angegeben, ohne den „Erfinder“ benennen zu können. Carl Gottfried Rössler[1] meint der geheimnisvolle Graf von St. Germain hätte zu Ermonville die Adoptionslogen in Frankreich eingeführt.
Zwar ist richtig, dass sich der sich so bezeichnende Graf von St. Germain vielfältig freimaurerisch betätigt hat, aber diese Nachricht bedarf einer Korrektur. Es handelt sich um den Ort Ermenonville dessen Schloss und Güter dem Marquis de Girardin gehörten. Die Quellen über die freimaurerische Tätigkeit St. Germains an diesem Ort sind Lantoine[2], Barruel[3] und Migne[4]. Sie geben aber an, dass

1 Carl Gottfried Rössler, Die Freimaurerei in ihrem Zusammenhang mit den Religionen der alten Ägypter, der Juden und der Christen 3 (Leipzig 1834) 291 ff.
2 Albert Lantoine, La Franc-Maconnerie Ecossaise en France (1930);
3 Augustin Barruel, Historie du Clergé pendant la Revolution Française (1797);
4 Jacques Paul Migne, Patrologia latina (PL); für ihn waren die Freimaurer eine Gegenkirche.

diese freimaurerische Betätigung erst nach dem Tod von Jean-Jacques Rousseau, der seine letzten Lebensjahre auf Schlosss Ermenonville verbrachte, stattfand, also nach 1778.

Die Nachricht St. Germain hätte eine gemischte Loge gegründet, mag stimmen, aber es war keineswegs die erste.

Vergrämt behauptet Beyerlé im Allgemeinen Handbuch der Freimaurerei ein Chevalier de Beauchaine hätte 1744 dieses „Zwitterspiel" eingeführt. Beauchaine hätte sich auch zum unabsetzbaren Meister der früheren Großen Loge von Frankreich erklärt.

Soweit wir dieses Gerücht überprüfen konnten, war der Chevalier ein plumper Geschäftemacher, der erst in seinem Holzfällerorden, den er gründete, auch Frauen aufnahm.

Der frühere Großmeister Lacome, schreibt Beyerle weiter, veranstaltete Frauenlogen für den Großmeister Clermont (Louis, Prinz von Bourbon). Man sieht bereits aus der Diktion, dass Beyerlé kein Freund der Damen ist.

Begue und Clavel[5] in Histoire pittoresque de la Franc Maconnerie: „Alles was sich zu Paris an Notabilitäten befand, strömte im Jahr 1760 in Menge zu den Adoptionslogen, welche der Graf von Bernouville in de Nouvelle France gegründet hatte.

Der Großorient hat jedenfalls die Rituale der Adoptionslogen 1774 genehmigt.[6]

Königin Marie Antoinette schrieb in einem Brief, dass „alle Welt" in der Freimaurerei sei.

Diese Äußerung bezieht sich in besonderem Maß auf diese in Frankreich im 18. Jahrhundert aufgekommenen Adoptionslogen, denen besonders auch die Damen des Hochadels angehörten. Es werden 26 solcher Logen aufgezählt. Diese haben sich bis zum Ende des 19. Jahrhundert und darüber hinaus, gehalten, obwohl der Grand Orient sie später nicht ganz leicht akzeptierte.

---

5 François Clavel, Timoléon Bègue, Histoire pittoresque de la franc-maçonnerie et des sociétés secrètes anciennes et modernes (Paris 1843 Reprint 1987)

6 Claude-Antoine Thory, Histoire de la fondation du Grand Orient de France [Texte imprimé] (Paris 1812, Repro Marseille 1987) 360 ff.

Maria Caroline von Österreich

Auch die Schwester der Königin von Frankreich Maria Caroline von Österreich, Königin von Neapel-Sizilien hat ihre Spuren in der Freimaurerei hinterlassen. Ihr Mann König Ferdinand IV. war eher von einfacher Gemütsart. Ein Liebhaber der Jagd und plumper Späße. Man behauptet von ihm, dass er verkleidet auf den Markt ging um sich mit den Fischweibern zu streiten. 1775 brachten ihn seine Minister dazu, die Freimaurerei im Königreich Neapel-Sizilien zu verbieten.

Die Reaktion der politisch schon sehr einflussreichen Königin war, dass sie die Freimaurerlogen schützte. Das Verbot dürfte daher nur auf dem Papier gestanden haben. Es gibt ein Gerücht, sie hätte auch eine reine Damenloge gegründet. Als Tochter Franz Stephans von Lothringen hatte sie offensichtliche eine Affinität zur Freimaurerei entwickelt. Dankgedichte und lange Lobadressen der neapolitanischen Freimaurer an sie sind überliefert.

In den Adoptionslogen arbeiteten Männer und Frauen gemeinsam nach freimaurerischen Gebräuchen und man darf sie nicht mit anderen Vereinigungen dieser Zeit, wie z. B. dem so genannten Mopsorden, Holzfällerorden etc. vergleichen oder gar, wie vielfach, verwechseln. Derartige Verwechslungen sind häufig ein Instrument um die Adoptionslogen herabzusetzen. Eine fälschliche Gleichsetzung mit derartigen Verbänden setzt meist erst im 19. Jahrhundert in der Literatur über Freimaurerei ein, die einen falsch verstandenen vorauseilenden Gehorsam zu meist katholischen Ressentiments pflegt.

Außerdem ist eine bei vielen Männern geradezu unbewusste Abneigung oft spontan festzustellen, sind doch in England auch die meisten einfachen Clubs reine Männergesellschaften.

1775 gliederte der Marquis de Saisseval der Loge „La Candeur" eine Adoptionsloge an, die vom Grand Orient approbiert wurde. Erste Großmeisterin wurde die Herzogin von Bourbon.
In der „La Candeur" durfte ohne einstimmige Zustimmung der Damen kein Mann aufgenommen werden, obwohl sie mit 31 zu 51 in der Minderheit waren. So viel zur angeblichen Bevormundung durch die männlichen Mitglieder der Logen.
Wir kennen bei Ausbruch der Französischen Revolution eine weitere Großmeisterin einer Schottischen Frauenloge in Frankreich, die Princesse Marie Therese Louise Savoyen-Carignan, spätere de Lamballe. Sie war seit 1780 Großmeisterin in der Loge „Contrat-Social".
Eine weitere berühmte Adoptionsloge bestand in der „Les Neuf Soeurs" der auch Voltaire angehörte. Diese Loge war von dem Philosophen Marquis de Condorcet gegründet worden. Er ist bereits 1778 für das Frauenstimmrecht und Gleichberechtigung eingetreten.
Am Tag der ersten Arbeit 1775 der Candeur führte die Marquise d'Ossat den Hammer und es wurden die Gräfinnen Polignac und Choiseul sowie die Vicomtesse de Faudoas aufgenommen.
1778 bei einem Adoptionsfest waren der Herzog und die Herzogin von Chartres, ebenfalls Freimaurer, anwesend.
Von Anfang an gab es Versuche, den Luxus, die Feste und Bälle einzuschränken und die Wohltätigkeit zu betonen. Außerdem existierten die Befürchtungen, dass es zu „Ausschweifungen" kommen könnte. Zumeist waren es Bedenken von Personen, die für derlei Unternehmungen kaum mehr in Frage kommen konnten.
Das Schicksal der Princesse de Lamballe ist signifikant für viele Freimaurer die ihr Leben in der Französischen Revolution unter dem Fallbeil ließen.
Sie war eine Vertraute der Königin und wurde vor ein Revolutions-

Marie-Thérèse-Louise de Lamballe

tribunal gestellt und verurteilt. Statt sie jedoch wie so viele Brüder und Schwestern der Freimaurer zu enthaupten, überließen sie ihre Richter dem marodierenden Pöbel.
Sie wurde auf offener Strasse vergewaltigt, umgebracht und wurden ihr von einem Fleischergesellen Brüste und der Kopf abgeschnitten. Auf Stangen gesteckt, wurden diese in Paris herumgetragen und vorgezeigt. Harmlose Kaffeehausbesucher wurden damit erschreckt und gezwungen auf das Wohl der Revolution zu trinken.
Das Schicksal der weiteren Entwicklung der französischen Logen ist seit 1799 wechselhaft und unter Napoleon, dessen vier Brüder und 22 seiner Marschälle alle Freimaurer waren, kontrolliert.
Aus der Zeit Napoleons wissen wir, dass Kaiserin Joséphine 1805 eine Arbeit der Loge „Les Franc-Chevaliers" besuchte, bei der eine ihrer Hofdamen unter der Hammerführung einer Baronin Dietrich aufgenommen wurde. Es gibt Meldungen, dass die Kaiserin selbst Freimaurerin war. Immerhin waren je eine Damenloge in Strassburg und Mailand nach ihr benannt worden.
Nach den Revolutionswirren erfolgte unter dem Druck neuer Machtverhältnisse und einer veränderten sozialen Wirklichkeit, gerade in den Adoptionslogen die überlebt hatten, eine Veränderung der Anschauung der Freimaurerinnen. Nicht nur, dass sie sich häufig zu reinen Damenlogen entwickelten, sondern sie suchten bei zunehmenden Aufgaben auf dem Sektor Wohltätigkeit, welche die Zeit und Lebensumstände in Frankreich erforderlich machten, diese Projekte vermehrt allein und ohne Männer durchzuführen.
Auch daraus entwickelt sich, ebenso wie durch die Teilnahme von Frauen, die nicht nur aus den Kreisen des Adels stammten, ein neues und modernes Selbstverständnis.

Keinesfalls aber darf man die Adoptionslogen, wie es manchmal behauptet wird, der nachnapoleonischen Zeit zu Grabe tragen. Die Behauptung mancher Autoren, die Adoptionslogen wären im 19. Jahrhundert eingegangen und hätten keine Lebenszeichen mehr von sich gegeben, dürfte lediglich dem Wunschdenken dieser Schriftsteller entsprungen sein.

Rössler bringt einen Bericht basierend auf dem Protokoll der Loge „La Clemente Amitie“ vom 15. 3. 1828. Es geht dabei um eine Aufnahme, gefolgt von einem Ball.

In der Liste der Teilnehmer befindet sich der Herzog von Choiseul, Großkommandeur des Systems und Admiral Sir Sidney Smith.

Sie begannen mit einem Gebet zum Großen Baumeister der Welt. Nach mehreren Ansprachen erfolgte die Einweihung der Profanen Joséphine Maria Masa. Sie wurde aus einem dunklen, mit Emblemen verzierten Ort geholt und in die Versammlung eingeführt. Nach den Gratulationen, die der Aufnahme folgten, wird die Arbeit suspendiert und der Ball konnte beginnen.

Neben den Festen aber wird auch von diesen Logen die Wohltätigkeit durchaus nicht vergessen. Im fünften Kapitel der Statuten der Loge zum Berge Tabor in Paris steht: „Redlichen Armen, die das Unglück verfolgt, Brot und Arbeit zu geben, ihnen zu helfen, sie zu trösten und sie durch Wohltaten und Hoffnung vor dem Aufgeben edler Grundsätze und vor Verzweiflung zu bewahren.“

Am 8. Juli 1854 wurde Madame Cesar Moreau als Großmeisterin einer Adoptionsloge, die mit der Loge „Jerusalem des Vallees Egyptiennes“ verbunden war, eingeführt. Diese Installation der Großmeisterin wird im Franc-Macon einer periodischen Zeitschrift in Paris beschrieben. Sie wurde von M. J. S. Boubee, dem Meister der Loge La Jerusalem, durchgeführt. Nach der Installation dieser Großmeisterin, – jede Stuhlmeisterin wurde so genannt – wurde eine Rezeption durchgeführt. Bedauerlich, dass Madame Moreau lediglich sechs Monate dieses Amt versah, da sie in jungen Jahren plötzlich am 1. Jänner 1855 starb.

In einer anderen Adoptionsloge in der Faubourg St. Germain „La Belle et Bonne“, im Jahr 1819 wurde Lady Morgan aufgenommen.

Die Loge residierte im Hotel La Villette und Lady Morgan beschreibt ihre Aufnahme ausführlich. Unter den Anwesenden erwähnt sie den Prinzen Paul von Würtemberg, den Grafen de Cazes und den berühmten Schauspieler François-Joseph Talma. Nach den Zeremonien folgte wieder ein Ball.
Diese Meldungen scheinen hinlänglich darzulegen, dass zumindest in Frankreich im 19. Jahrhundert eine ungebrochene Kontinuität bestand. Es besteht kein Grund anzunehmen, dass die Aufnahme von Marie Deraismes im Jahr 1882 in der Les Libres Penceures etwas unerhört Neues war.
In England und Schottland waren Aufnahmen von Frauen, von den oben geschilderten Ausnahmen abgesehen, nicht im System vorgesehen. In der Konstitution 1723 wird nur von Männern gesprochen. Heute allerdings gestehen Amtsträger der Loge von York ohne Weiteres zu, dass im York-Manuskript No. 4 aus dem Jahr 1693 von Eiden die Rede ist, welche „er oder *sie*" ablegen.
Die Konstitution Andersons, die definitiv Frauen ausschließt, wird in England zwar eingehalten, wir vermuten aber zu Recht, dass auf oberster Ebene entsprechende Kontakte und Absprachen zwischen der Großloge von England und dem Obersten Gremium der Damenlogen getroffen werden.
Nicht vergessen werden sollte, dass diese Konstitution 1723 nur für jene Splittergruppe galt, welche die Großloge von England 1717 erfunden hatte und die in diesem Jahr nur vier Logen umfasste. Dass sie später prosperierte, ist dem Umstand zuzuschreiben, dass in der Geschichte immer die Sieger Zulauf erhalten und die Geschichte immer von den Siegern, hier von den militärischen Siegern gegen Schottland, geschrieben wird.
Die jakobitischen Logen hatten in Paris, insbesondere nach dem missglückten Restaurationsversuch James III. ihre große Zeit.
Der Ritus der Adoptionsmaurerei wurde, mit einem Wiederaufleben der ritterlichen Dichtung und Minnesang erklärt. Zumindest behauptet das Beyerlé von den Initiatoren dieser Obödienz. Das ist zwar nett und romantisch, erklärt wird dadurch nichts. Ein einleuch-

tender Grund wäre einfach das Interesse der Damen und dass französische Männer weniger die Abgeschlossenheit lieben als die englischen Männer in ihren Clubs.

Wenn man bedenkt, dass die jakobitische Maurerei der Stuartanhänger in Frankreich auch handfeste politische Gründe mit einer kleinen Beimischung von Intrigen und Spionage hatte, wäre es nur logisch, Damen in die Logen zu bringen, waren doch Frauen seit jeher im Aufspüren von Geheimnissen besser als Männer.

Dass Freimaurerei mit Politik und Spionage in Paris durchaus verbunden sein konnte, zeigt einige Jahre später der Aufenthalt von Benjamin Franklin in dieser Stadt, der dort auch Adoptionslogen besuchte. Franklin hat in Frankreich höchst erfolgreich für die Unabhängigkeitsbewegung seiner amerikanischen Heimat geworben.

Der Erfolg der Adoptionslogen ist jedenfalls sofort gegeben. Alle Welt, Adel, Künstler und Gelehrte, drängen sich in diese Logen, die mit großem Aufwand und Pomp arbeiten.

Die Adoptionslogen in Frankreich arbeiteten auf die in der Abbildung gezeigte Art. Auch wo Männer die Mehrheit bildeten, wie in den Logen „La Candeur“ und „Les Neuf Soeurs“ waren die Ämter

Aufnahme in eine Adoptionsloge

doppelt besetzt und es scheint völlig unproblematisch gearbeitet worden zu sein.
Der Tempel wird in der weißen Freimaurerei Garten Eden genannt. Der Osten ist Asien, Westen Europa, Süden Afrika der Norden Amerika. Die Bezeichnung Weiße Freimaurerei entstand, weil die Damen weiße Kleider in der Loge tragen, manchmal mit blauen Bändern geziert.
In den Niederlanden, in Nimwegen und Loo (Schloss in Gelderland), entstanden Adoptionslogen unter dem Vorsitz des Prinzen von Waldeck und der Prinzessin von Oranien. Hier sollen die Damen zum ersten Mal 1751 allein ihre eigenen Zeremonien in der „Loge de Juste" geleitet haben.
In Prag entstand eine gemischte Loge bei der Loge „Zur Wahrheit und Einigkeit zu den drei gekrönten Sternen". In Warschau gab es die gemischte Maurerei seit 1783; Anna Potocka, geborene Fürstin Sapicha, war dort 1810 Großmeisterin.
Der sich so nennende Alessandro Graf Cagliostro hatte in seinem ägyptischen Ritus ebenfalls die Beteiligung von Damen vorgesehen und praktiziert.
1779 gründete er in Mitau in Kurland (Zentral-Lettland) eine gemischte Loge.
In Spanien sind seit 1892 Adoptionslogen anerkannt, in Mexiko seit1890.
Bei Ausbruch der Revolution 1789 gab es in Frankreich 629 Logen. Ein Jahr später nur mehr sechzehn und nicht einmal die konnten normal arbeiten.
1793 wurden die Archive geplündert und jede Zusammenkunft verboten.
Es scheint also doch so, dass die Freimaurer mehr die Opfer der französischen Revolution waren als ihre treibende Kraft.
Wenn immer wieder behauptet wird, Maximillien Robespierre sei Freimaurer gewesen, so ist das zu berichtigen. Sein gleichnamiger Großvater war Freimaurer, so gelangte der Name in die Akten.

19. Jahrhundert

Aus der Zeit Napoleons wissen wir, dass Kaiserin Joséphine 1805 eine Arbeit der Loge „Les Franc-Chevaliers“ besuchte, bei der eine ihrer Hofdamen unter der Hammerführung einer Baronin Dietrich aufgenommen wurde.

Brazier berichtet in der „Chronique des petits theatres de Paris, 1883“, dass Napoleon und die Kaiserin Joséphine im alten Stadttheater der Rue de la Barillerie einem Adoptionsfest beiwohnten, das Marschall Lannes und der General Poniatowsky, beide Stuhlmeister zweier Pariser Logen, gaben.

Dass in Strassburg und Mailand Logen nach der Kaiserin benannt wurden, muss nicht unbedingt ihre Mitgliedschaft beweisen.

In Paris gab es auch eine Loge Saint Caroline, die vermutlich nach der Königin von Neapel-Sizilien benannt wurde, und auch bei ihr haben wir keine dokumentarische Sicherheit der Mitgliedschaft, nur eine der Sympathie.

In dieser Adoptionsloge „Saint Caroline“ finden sich unter den Dokumenten Protokolle vom 4. März 1807 und vom 7. Februar 1810. Im Anhang zu den Protokollen finden sich Namenslisten.

Stuhlmeisterin war eine Prinzessin de Vaudemont, weiters kommt vor eine Prinzessin Carignan eine Gräfin Coudenhoven und eine Gräfin Winzigerode. Es ist jedenfalls ein sehr gehobenes gesellschaftliches Milieu dem auch der berühmte Schriftsteller Stendhal angehörte. Diese Pariser Loge ist leider mit der napoleonischen Ära zu Ende gegangen.

Der Grand Orient war auch im 2. Kaiserreich unter Napoleon III. fast als politische Partei anzusehen und stellte damit, so wie auch heute, nicht alle Brüder zufrieden.

Die Unzufriedenheit vieler Brüder mit der Entwicklung in Frankreich im 19. Jahrhundert äußerte sich natürlich auch wie schon im 18. Jahrhundert in Neugründungen, in neuen Ritualen und im Rückgriff auf ältere Formen der Freimaurerei, zumindest dem Namen nach.

Deshalb hieß die 1880 gegründete Obödienz, „Grand Loge Symbolique Ecossaise de France". Dieses „Ecossaise" also „Schottisch" ist als eine historische Anspielung auf die Herkunft der Logen anzusehen und auch eine Bezugnahme auf einen Ritus.
Aus dieser Grand Loge trat dann die Loge „Le Libres Penseurs" du Pecq aus, um die Journalistin Marie Deraismes aufzunehmen, die schon vorher mit Leon Richer eine Vereinigung für Frauenrechte gegründet hatte.[7]

Georges Martin

Marie Deraismes

Zwölf Jahre später am 4. April 1893 gründete Marie Deraismes mit Dr. Georges Martin geb.1844, einem französischen Intellektuellen der es bis zum Senator brachte, eine neue Großloge für Frauen und Männer.
Martins Frau Marie Martin war ebenfalls in die Gründung dieses Ordens „Le Droit Humain" einbezogen. Beide waren Freimaurer im 33. Grad. Marie Martin war lange Zeit auch Mitglied im Obersten Rat.
Hier gehen die Überlieferungen in einer charakteristischen Weise auseinander. Einerseits wird in der Literatur behauptet, dass Marie Martin die Ehefrau von Dr. Georges Martin war, andererseits wird das bestritten.
Marie Martin soll nur mit einem Franzosen gleichen Namens verheiratet gewesen sein. Sie war die erste Engländerin in einer französischen Loge, ihr Mädchenname war Arundale.

7 Robert A. Minder, Freimaurer Politiker Lexikon

Ihre Schwester Francesca Arundale war mit Dr. Annie Besant eng befreundet.
Sie wurde 1895 in die Loge aufgenommen und war 1896 Meister.
Wir bringen von Dr. Martin und Marie Deraismes zum Unterschied von den meisten anderen Publikationen, die nur Bilder älterer übergewichtiger Herrschaften veröffentlichten, Fotos etwa aus der Zeit ihrer stärksten Aktivitäten.
Leider wird in der bisherigen maurerischen Geschichtsschreibung diese Großlogengründung, ebenso wie die Aufnahme von Marie Deraismes in die Les Libres Penseures als ein erster Schritt der Beteiligung von Frauen in Freimaurerlogen dargestellt. Neu ist lediglich, dass es eine Großloge für gemischte Logen gibt. Dass Frauen in Logen in Frankreich bereits seit 160 Jahren arbeiten und die so genannten Adoptionslogen im 19. Jahrhundert florierten und sogar im 20. Jahrhundert neue gemischte Logen gegründet wurden, konnten wir bereits zeigen.
Verändert hatte sich nur die Einstellung des Grand Orient de France zur „Frauenfrage“ der die „Les Libres Penseures“ grob maßregelte.
Auch die englischen Damenlogen die aus dem „Droit Humain“ herstammen, haben 2008 in ihrer Festschrift behauptet, dass 1882 der erste Schritt zur Gründung einer freimaurerischen Organisation für Männer und Frauen gesetzt wurde. Diese Art der Darstellung erinnert an die Behauptung der Engländer, dass sie 1717 die Freimaurerei in London erfunden hätten.
Mit Francesca Arundale kam Dr. Annie Besant nach Paris und wurde in den Ordre Maconnique Mixte International aufgenommen. Sie war ab 27. Juli 1902 Mitglied der ersten Loge dieser Institution, der Loge „Marie Deraismes No 1“. Diese Loge bearbeitete zuerst nur die drei „blauen“ Grade. 1899 beschlossen sie aber alle 33 Grade des „Alten und Angenommenen Schottischen Ritus“ zu bearbeiten.

Annie Besant

Dr. Annie Besant und ihre Freunde brachten diese gemischte Freimaurerei nach England. Bereits am 29. Juli 1902 hielten sie in London ein provisorische Arbeit ab, nannten sich „The Scotch Symbolical Worshipful Lodge of England: Droit Humain No 6 Human Duty.
Am 22. September erschien eine Delegation aus Paris, Dr. Georges Martin und Marie Martin, die Großsekretär des Obersten Rates war.
Am 26. September fand die Installation statt. Durch den Bericht einer Augenzeugin kann jetzt festgestellt werden, dass Georges Martin seine „charmante Frau" mitgebracht hatte. Da eine weitere Marie Martin nicht erwähnt wird, können wir davon ausgehen, dass die Gattin Martins und die Großsekretär/In ein und dieselbe Person sind.
Dr. Annie Besant wurde als Stuhlmeister der Human Duty No. 6 eingesetzt.
In der Folge wurden mehrere Logen gegründet, davon eine in Edinburgh.
1908 setzte sich eine Gruppe unter der Führung von Dr. William Cobb ab und gründete eine eigene Großloge: die Grand Lodge of England of the Honourable Order of Antient Masonry. Man versuchte, sich mehr der Vereinigten Großloge von England anzunähern. Konstitution, Ritual und der Glaube an ein höchstes Wesen wurden angepasst. Wenige Jahre danach wurden daraus reine Damenlogen.
Die englischen Damen, heute situiert in Pembridge Gardens, Bayswater, London W. 2 prosperierten und gründeten 1958 bei einem Jubiläum eine Loge, die bereits die Nr. 111 führt.

Gearbeitet wird nicht nur im Royal Arch und Mark Masterdegree sondern seit 1948 auch in Rittergraden insbesonders im Templergrad. Damit schließt sich der Kreis zu den Frauen im mittelalterlichen Templerorden.

Die englischen Brüder, denn die Damen nennen sich immer noch Brüder, sind sich dieser historischen Herkunft wohl bewusst. 1948 haben sie die Grenze zu Schottland überschritten und bearbeiten auch dort, wenn auch getrennt von der so genannten regulären Freimaurerei, alle Hochgrade einschließlich des Royal Order of Scotland. Sogar in den Hochburgen der regulären Freimaurerei in England und Schottland ist die „Frauenfrage" zwar offiziell ungeklärt, aber offenbar unproblematisch. Dies umso mehr, als sämtliche Argumente der regulären Freimaurer gegen Damenlogen unhistorisch oder jedenfalls unrichtig sind.

Aber kehren wir noch einmal ins 20. Jahrhundert nach Frankreich zurück. Die Gründung des Droit Humain hatte natürlich Einfluss auch auf andere Logen ausgeübt. Zumindest überdachten sie ihre Position und ihre Haltung Frauen gegenüber.

In der Grande Loge de France fanden einige Logen zum System der Adoptionslogen zurück, so 1901 Le Libre Examen. Als sich nach dem Zweiten Weltkrieg die Logen wieder zu formieren begannen, gewährte die Grande Loge de France den Adoptionslogen die Autonomie.

Am 21. Oktober 1945 kam es daher zur Gründung der Union maconnique feminine de France, die sich seit 1952 Grand Loge Feminine de France nennt.

Im Jahr 2010 hat der Grand Orient de France die historische Entscheidung getroffen, seinen Logen die Aufnahme von Frauen freizustellen.

Welche Argumente werden gebraucht, um Damenlogen, vorzüglich aber gemischte Logen zu diskreditieren?

Als Erstes wird ins Treffen geführt, dass das Ritual der Initiation auf das „Männliche" ausgelegt sei und für Frauen daher nicht greifbar sei. Gemeint ist wohl bei dieser Gruppe Argumentierender „be-greifbar".

Initiationsrituale, die reinen Männerbünden vorbehalten waren, sind lediglich bei so genannten primitiven Volksstämmen bekannt, aber auch diese verwehren ihren Frauen nicht ähnliche Zusammenschlüsse, denen nur Frauen angehören. Das Argument ist daher unbrauchbar.
Zweitens bedarf es bereits einer gehörigen Portion Blindheit, die wesentlichen Ableitungen der Freimaurerei vom mittelalterlichen Templerorden zu übersehen. Die Templer aber hatten, wie wir dargelegt haben, wenn auch stillschweigend und nicht regelkonform, Frauen in ihrer Mitte oder in eigenen Klöstern angeschlossen. Schon damals siegte die praktische Vernunft über das Vorurteil.
Das dritte Argument, es habe in der operativen Maurerei keine Frauen gegeben, ist beweisbar unrichtig.
Bereits im Jahre 1268 im Pariser „Livre des Mestiers" scheinen Frauen auf.[8]
Ebenso in den Statuten der Zimmermannsgilde zu Norwich 1375 und 1693 in den Statuten der Loge von York. Im York-Manuskript No. 4 steht über die Lehrlinge, „he or shee," – er oder sie, sollen ihren Schwur leisten in dem sie die Hände auf das „Booke" legen.
Für die Zeit kurz nach 1725, schreibt John Hamill unter Berufung auf das Archiv der Vereinigten Großloge von England, dass die Loge von York damals schon zweifellos eine non-operativ Lodge gewesen sei. Bei der Loge von York also können wir gar nicht so sicher sein, dass es sich 1693 noch um operative Maurer/innen handelt, eher das Gegenteil.[9]
1696 finden wir zwei Witwen in einer Bauhütte. 1683 wird ein Lehrling in der Loge St. Mary's Chapel aufgenommen, dessen verstorbener Meister seine Witwe dem Lehrling als Meister hinterlassen hatte. Bei den Witwen wird es sich um die übliche Fortführung des Gewerbes ihrer verstorbenen Männer gehandelt haben.

8 Diese Information danken wir den Forschungen von Herrn Dr. Hans Kummerer, bei dem wir uns bei dieser Gelegenheit bedanken

9 Paul Naudon, Tom Goeller, John Hamill, wie oben.

Vielleicht ist in diesem Sinne der Artikel Zehn des Regius Poems aus dem späten 14. Jahrhundert zu verstehen:

Der zehnte Artikel dient dem Wissen
Für Alle im Handwerk, Hoch und Nieder,
Kein Meister soll den anderen vom Amt verdrängen,
Sie sollen zusammen sein wie Schwester und Bruder
In diesem wunderlichen Handwerk, Alle und jeder
Das gebührt sich für einen Meistermaurer.

Die Argumentationen gegen die Freimaurerei der Damen scheinen daher nicht wirkliche Überlegungen zu sein. Es sind eher spontane Regungen, die nachträglich rationalisiert werden.
So schwer es ist Widerstände die aus dem Unbewussten kommen, bewusst zu machen und erfolgreich ins Bewusstsein zu integrieren, scheint es uns doch so, dass diese Aufgabe ein wesentlicher Auftrag an alle Richtungen der Freimaurerei ist. Wie anders sollte sonst der Auftrag des – Erkenne dich selbst, Veredle dich selbst, Beherrsche dich selbst, – in einer modernen, der Wissenschaft verpflichteten Sprache formuliert werden ?
Dazu sollen, wie wir hören, in den Logen viele tief empfundene Arbeiten, wie die Vorträge dort genannt werden, schon gehalten worden sein.
Erteilen wir aber hier noch einmal einem Profanen das Wort. Dem alten und weisen Psychologen C. G. Jung dessen Werk, ebenso wie das von Ludwig Wittgenstein, vielleicht erst späteren Generationen in seiner Bedeutung ganz erkennbar werden wird.
Er schreibt:

„In Afrika wurde mir die kosmische Bedeutung des Bewusstseins überwältigend klar. Was die Natur unvollständig lässt, vervollständigt die Kunst, heißt es in der Alchemie".

Mit der Alchemie teilt die Freimaurerei den Namen „Königliche Kunst". Er setzt fort:

> *„Der Mensch ist unerlässlich zur Vollendung der Schöpfung, ja er ist der zweite Weltschöpfer selbst, welcher der Welt erst das objektive Sein gibt, ohne das sie ungehört, ungesehen, lautlos fressend, gebärend, sterbend, köpfenickend durch Hunderte von Jahrmillionen in der tiefsten Nacht des Nicht-Seins zu einem unbestimmten Ende hin ablaufen würde. Menschliches Bewusstsein erst hat objektives Sein und den Sinn geschaffen.* [...]
> *Die Sehnsucht nach Licht ist die Sehnsucht nach Bewusstsein.*
> *Je mehr Mythos wir bewusst zu machen vermögen, desto mehr Leben integrieren wir."*
> *Die Mittel dazu, vielleicht die wichtigsten scheinen uns, richtig verstanden, Rituale und Symbole zu sein.*
> *„Die (das Unbewusste einschließende) Ganzheit erscheint mir daher als der eigentliche spiritus rector alles biologischen und psychischen Geschehens. Sie strebt nach totaler Verwirklichung, also totaler Bewusstwerdung im Fall des Menschen. Bewusstwerdung ist Kultur im weitesten Sinne und Selbsterkenntnis daher Essenz und Herz dieses Vorganges* [...] *und nach alter christlicher Anschauung ist Selbsterkenntnis der Weg zur cognitio dei.*
> *Es gibt kein besseres Mittel, das Individuum vor dem Verfliessen (in eine undifferenzierte Kollektivität) mit den anderen zu schützen, als den Besitz eines Geheimnisses, das es hüten will oder hüten muss.*
> *Es kann aber trotzdem sein, dass jemand aus zureichenden Gründen, sich veranlasst sieht, den Weg ins Weite auf eigenen Füssen zu unternehmen."*

Erkenne dich selbst ist also eine einsame Beschäftigung.
Jung setzt fort:

> *„Einsamkeit entsteht nicht dadurch, dass man keine Menschen um sich hat, sondern vielmehr dadurch, dass man ihnen die Dinge,*

die einem wichtig erscheinen, nicht mitteilen kann, oder dass man Gedanken für gültig ansieht, die den anderen als unwahrscheinlich gelten".

In der Freimaurerei sollte es per definitionem anders sein, weniger einsam.
Es scheint also auch eine Frage der genügenden Information in der Zukunft zu werden, um gemischte Logen und reine Damenlogen im Bewusstsein aller Freimaurer als Teil des einen gemeinsamen Weges zu verankern.

Bibliographie

Michael BAIGENT u. Richard LEIGH, Der Tempel und die Loge (Bergisch Gladbach 1990)

Edward CONDER, The Hon. Miss St. Leger and Freemasonry. In: Ars Quatuor Coronatorum 8 (1825)

Neville B. CRYER, Woman and Freemasonry. In: Masonic Times (Mai 1995)

Tom GOELLER, Freimaurer, Aufklärung eines Mythos (Berlin 2006)

John HAMILL u. Robert GILBERT, Freemasonry, a celebration of the craft (St. Albans, Herts. 1992)

Carl Gustav JUNG, Erinnerungen, Träume, Gedanken (Meilen 1984)

Karen KIDD, Haunted Chambers: the Lives of Early Women Freemasons (New Orleans 2009)

Heinrich LACHMANN, Geschichte und Gebräuche der maurerischen Hochgrade (Braunschweig 1866)

Albert G. MACKEY, Origin 1992

Robert A. MINDER, Freimaurer Politikerlexikon (Innsbruck 2004)

Ann PILCHER-DAYTON, The open door: the history of the Order of Women Freemasons 1908–2008 (London 2008)

Gustav Adolf SCHIFFMANN Die Entstehung der Rittergrade in der Freimaurerei um die Mitte des 18. Jahrhunderts (Leipzig 1882, Reprint Graz 1974)

Kapitel 6

Der Schatz der Templer? Oder vielmehr ein Teil davon!

Die jüngere Generation, die mit den Büchern über den Zauberlehrling Harry Potter vertraut ist, kennt die Namen der dort auftretenden Figuren wie Albus Dumbledore, Severus Snape oder den Freund von Professor Dumbledor, Nicolas Flamel. Er ist in der Handlung des ersten Bandes der eigentliche Besitzer des Steins der Weisen. Und Harry, Hermine und Ron verwenden viel Zeit in der Bibliothek um festzustellen wer er ist.

Zum Unterschied von allen anderen Protagonisten in den Büchern über Harry Potter hat Nicolas Flamel aber wirklich gelebt.

Nicolas Flamel war einer der berühmtesten und geheimnisvollsten Alchemisten Europas. Nach der Mehrheit der Nachrichten und Überlieferungen über seine Person lebte er von 1330–1418. Sein Name ist durch die Jahrhunderte auch bei Menschen, die sich nicht für Esoterik interessieren, bekannter geblieben als ein Agrippa von Nettesheim, Gerbert von Aurillac, Michael Mayer oder Johannes Trithemius.

George Bizet plante eine Oper über sein Leben zu schreiben. Leider ist diese Idee nicht zur Ausführung gekommen.

Um Flamel haben sich zahlreiche Legenden bis ins 20. Jahrhundert gebildet, die im Wesentlichen darauf zurückgehen, dass er immens reich wurde und behauptete, diesen Reichtum seinen alchemistischen Experimenten zu verdanken.

Am 17. Jänner 1382 soll er erfolgreich Blei – nach anderen Silber oder Quecksilber – in Gold umgewandelt haben. Wieder andere Autoren nennen den 25. April dieses Jahres als Datum der ersten Golderzeugung. Er selbst behauptete es sei ihm nur drei oder vier Mal gelungen, Gold und Silber zu transmutieren.

Das Vermögen, das er plötzlich erworben hatte, ließ ihn nicht seinen Realitätssinn und sein Mitgefühl verlieren. Es musste ihm klar sein, dass er das Interesse und die Begehrlichkeit seines Königs damit wecken würde. Aber er behielt auch offene Augen für das Elend das ihn in Paris umgab. So hat er unter anderen Werken der Mildtätigkeit vierzehn Spitäler und drei Kapellen erbauen lassen und einen verfallenen Friedhof wieder in Stand setzen lassen.

1407 erbaute er dann auch für sich ein Haus in 51 Rue de Montmorency in Paris, das noch erhalten ist, wo heute eine Auberge zur Besichtigung einlädt.

Nachdem auch er 1418 gestorben war wurden, wie behauptet wird, sein Sarg und der seiner Frau, die schon 1397 verstorben war, geöffnet, weil Gerüchte auftauchten, dass er lebend gesehen worden wäre.

Bei dieser Nachschau wurden in den Särgen angeblich Baumstämme gefunden, keine Leichen. So will es jedenfalls die Legende. Eine ähnliche Legende hat sich mehr als dreihundert Jahre später um den Tod des Grafen von St. Germain gebildet. Was Nicolas Flamel betrifft, wäre es nicht einzusehen, warum er den Tod seiner Frau 21 Jahre lang hätte vortäuschen sollen. Es wäre ein recht unbequemes gemeinsames Leben geworden.

Seiner eigenen Darstellung nach, hatte er in einem Traum ein Buch gesehen, dieses Buch dann tatsächlich gefunden und erworben, aber nicht entschlüsseln können. Auf einer Pilgerreise, Jahre später, nach Santiago de Compostella habe er jemanden kennen gelernt, der ihm den Inhalt diese Buches, eine Abschrift des „Aesch Mezareph“ des Rabbi Abraham Eleazar, entschlüsseln konnte. Flamels Buch gilt als verschollen. Man will nur wissen, dass es nicht mehr als 21 Seiten hatte.

Eine Geschichte die er im wundergläubigen 14. Jahrhundert gut unterbringen konnte.

Im 20. Jahrhundert vermutete man, er habe öffentliche Gelder unterschlagen oder seine Frau sei eine reiche Witwe gewesen. Bei diesen Theorien würde eine Überprüfung leicht möglich sein. Nirgendwo fehlten zu seiner Zeit öffentliche Gelder in diesem gigantischen Ausmaß.

Seine Frau Pernelle müsste eine sehr reiche Frau gewesen sein und das wäre irgendwo erwähnt worden. Warum aber setzt dann das Geldausgeben, insbesondere die enorm hohen Stiftungen erst nach vielen Ehejahren der Flamels ein?

Handschrift „Garten der Templer“

Interessant ist aber, dass es in seinem so genannten Notizbuch in der Bibliothèque nationale in Paris eine alte Abbildung gibt, die ihn im Kreis anderer Männer, die in der Erde nach Gold graben, darstellt. Er allein gräbt nicht, sondern sitzt im Vordergrund und liest.

Diese Notizbuch enthält alchemistische Rezepte und Zeichnungen, die wie alle diese Aufzeichnungen auch für den Eingeweihten kaum zu entschlüsseln sind. Interessant sind die dargestellten Symbole und alchemistischen Geräte, die er aufzeichnet und die erwähnte Zeichnung, die bisher als Allegorie der alchemistischen Suche gedeutet wurde.

Flamel war von Beruf Buchhändler und Illuminator, er hatte Kontakt zur Universität von Paris und soll auch Schreibunterricht gegeben haben. Er selbst bezeichnet sich als Notar, der Verzeichnisse erstellt und die Ausgaben von Lehrern und Schülern zusammenzählt.

Wir wissen das Datum seiner Verehelichung, seine Adressen und kennen sein Testament. Sein Grabstein, von ihm selbst entworfen, ist in Paris erhalten. Ein Besuch im Musée Cluny ist immer lohnenswert und Flamels Grabstein mit selbst entworfenem Text findet sich am Stiegenaufgang in das erste Stockwerk.

Er stiftete zusammen mit seiner Frau Pernelle die schon am 11. November 1397 starb – sie war älter als Nicolas und mit ihm in dritter Ehe verheiratet – Spitäler, Armenhäuser, ließ Kirchen renovieren und zeigte damit öffentlich seinen neuen Reichtum. Seine Zeitgenossen hielten ihn für den reichsten Mann Frankreichs. Eine vom König angeordnete Untersuchung, die der Monarch nicht ohne Hintergedanken betrieb, über die Herkunft des Flamel'schen Vermögens verlief im Sande.

Grabstein des Nicolas Flamel in Musée Cluny

In seinem Testament schreibt Flamel, das Verständnis des Grundes der Natur besteht in Mercu-

rius, Sonne und Mond. Diese Darstellung findet sich auch zu oberst auf seinem Grabstein. Nur ist Mercurius eine Christusfigur, wie häufig in der Alchemie, und flankiert werden diese drei Leuchten von zwei Heiligen, vermutlich Petrus und Paulus mit denen sich das Ehepaar Flamel öfter, ebenso wie mit Jakobus und Johannes, darstellen ließ.
Der Rest des Testamentes sind dunkle alchimistische Anweisungen an seinen Neffen. Tatsächlich ist Flamel der einzige Alchemist, der offenbaren Erfolg hatte und es zu Vermögen gebracht hatte.
Allerdings war auch für ihn, zu seiner Zeit und später, Gold herzustellen eine Unmöglichkeit.
Ein Goldatom besteht aus genau 79 Protonen. Ein Proton weniger und es wäre Platin. Ein Proton mehr und es wäre Quecksilber. Könnte man dem Blei drei Protonen und Acht Neutronen entziehen, hätte man Gold. Und man kann das. Mit der Technik des 20. Jahrhunderts könnte man im CERN in Genf und in anderen großen Teilchenbeschleunigern ganz geringe Mengen Gold erzeugen. Die Kosten dieses Herstellungsprozesses allerdings würden den Gewinn um ein Vielfaches übersteigen.
Bleiben wir realistisch: Ein Mann mit guter Erziehung, ausgezeichneter Ausbildung und überdurchschnittlich gutem Zugang zu Büchern, wird plötzlich reich und hat damit seiner Obrigkeit gegenüber Erklärungsbedarf. Er ist ohnehin Alchemist, also bleibt er in dem Metier, das er besser versteht, als jene die ihn befragen. So insbesondere, wenn er ihnen erklärt, er halte das ihm vorliegende Buch für eine eigenhändige Handschrift des Patriarchen Abraham. Ein Mann seiner Bildung wusste, dass Abraham zu seiner Zeit nicht eine Abhandlung in lateinischer Sprache schreiben hätte können.
Alle Welt aber glaubte an die Möglichkeit der Alchemisten Gold zu machen und suchte fieberhaft nach einer Möglichkeit. Umsichtig hat Flamel große Vorsicht walten und erklärt, er habe den alchemistischen Umwandlungsprozess nur dreimal oder viermal durchgeführt. Eine interessante Bescheidenheit bei einem, angeblich genau durch diesen Vorgang schwer reich gewordenen Mann.

Noch Kardinal Richelieu hat an die Möglichkeit Gold zu machen geglaubt und die Häuser der Nachkommen, des Neffen und Erben Flamels, durchsuchen lassen.
Teile der Geschichte Flamels sind durchaus richtig, ja es muss ihm ein Vergnügen bereitet haben, Andeutungen zur wirklichen Herkunft seines ungeheueren Reichtums zu machen, verpackt in die fabelhafte Geschichte und die Nomenklatur der Alchemie. Die französische Nationalbibliothek bewahrt sein so genanntes eigenhändig gezeichnetes und beschriebenes Notizbuch auf. Auf jeder siebenten Seite eine fast ganzseitige Miniatur. Diese Zeichnungen sind fast durchgängig in der bekannten alchemistischen Ausdrucksform gehalten. Eine davon ist aber, wie schon erwähnt, besonders auffallend.
In einem Garten graben und suchen (nach einigen Erklärungen in der Literatur) blinde Männer nach einem Schatz. Flamel selbst sitzt im Vordergrund und hält sein sagenhaftes Buch in Händen.
Der Sinn scheint klar. Alle die nach dem Schatz gesucht haben, waren blind, er hat ihn durch ein Buch gefunden. Dass dieses Buch nicht unbedingt eine Abschrift des Abraham zugeschriebenen alchemistischen Traktates sein muss, liegt auf der Hand. Im Hintergrund des Gartens ein blühender Rosenstrauch der aus den Wurzeln eines Eichenbaumes wächst, dahinter ist eine Stadt zu sehen.
In einer Ausgabe des Abraham Eleazar, Uraltes chymisches Werk, Leipzig, 1760; findet sich dieses Bild mit einigen Abweichungen und einem interessanten Kommentar.
Dieser Kommentar vergleicht den uralten Eichenbaum mit der Substanz Antimon und schreibt, die Rosen seien das Blut des Alten und *unser geheimes Gold.*
Tatsache ist, dass in Paris in der zweiten Hälfte des 14. Jahrhunderts ein riesiger Schatz, bestehend aus Gold und Silber, unverarbeitetes Metall auftaucht. Genau so einen sagenhaft großen Schatz hatte König Philipp der Schöne in der ersten Hälfte des 14. Jahrhunderts in Paris suchen lassen, als er die Templer verfolgte, – und doch hatte er nichts gefunden.

Eine Verbindung zwischen Tempelrittern und einem Alchimisten scheint zuerst merkwürdig. Machen wir uns aber klar, dass ein zufälliger Entdecker eines Templerschatzes, der vermutlich wegen seines Gewichtes oder weil eine Rückkehr der ursprünglichen Besitzer geplant war, nicht vor dem 13. Oktober 1307 abtransportiert werden konnte oder sollte, jeder sein konnte, ein Glückspilz, der vielleicht nichts mit Alchemie zu tun hatte. Aber hätte dieser einen verschlüsselten Text, der die Fundstelle bezeichnet, entschlüsseln können?

Trotzdem, zur Zeit der Existenz des Templerordens haben wir eine weit stärkere Verbindung zwischen Templern und Alchemisten und zwar in den höchsten Rängen. Die Verwendung von Abraxasgemmen als Sekretsiegel durch Würdenträger des Ordens wird in der Literatur erwähnt.

Siegelring mit Abraxasgemme

Abraxasgemmen sind kleine geschnittene Steine mit magischen Inschriften bzw. einer Darstellung eines Mischwesens aus Hahn, Mensch und Schlange. Sie kommen aus der hellenistischen Gnosis und es wäre tatsächlich ein Wunder gewesen, wenn alle diese Ideen und Strömungen am Templerorden fast zweihundert Jahre spurlos vorbeigegangen wären. So könnte also leicht der Fall eintreten, dass ein alchemistisch gebildeter Templer eine Aufzeichnung über zurückgelassenes Vermögen schon aus Vorsicht in seinen ihm vertrauten Worten und Symbolen anfertigt.

Der Leibarzt von Papst Clemens V, – jenes Stellvertreters Petri, der den Orden aufhob und die Templer im Stich ließ, – war der berühmteste Alchemist seiner Zeit, Arnaldus de Villanova.

Dass Papst Clemens V. die Templer im Stich ließ, können wir heute an Hand des 2002 im vatikanischen Geheimarchiv aufgefundenen Dokuments, des so genannten Chinon-Pergaments beweisen.

Mit dieser nie veröffentlichten Bulle nimmt der Papst 1308 die angeklagten Ordensoberen wieder in die Gemeinschaft der Gläubigen

auf, er wusste also, dass sie die ihnen angelasteten Verbrechen nicht begangen hatten.
Arnaldus de Villanova hingegen, sein Arzt, war ein glühender Anhänger der Lehren des Joachim de Fiore und schon dadurch zumindest ein Sympathisant des Templerordens.
Joachim de Fiore, ein kalabrischer Abt lehrte, dass es drei Weltzeitalter und drei Reiche gäbe, wobei er den Anbruch des dritten Reiches im 13. Jahrhundert annahm. Dann würde, wie er meinte, die Welt und die Kirche von einem Orden geführt werden, der die bisherige Hierarchie ersetzen sollte. Den Namen des Ordens hat er aber nie genannt. Er war drei Mal in einen Inquisitionsprozess verwickelt und gewann. Freilich war er auch mit mehreren Päpsten befreundet.
Erst nach dem Untergang des Templerordens bezogen einige Franziskaner diese Prophezeiung auf ihren eigenen Orden und wurden prompt von der Inquisition verfolgt.
Wie Arnaldus de Villanova auf die Haltung des Papstes zum Orden reagierte, wissen wir nicht. Sicher ist nur, dass der Fluch des Großmeisters Jacques de Molay gegen den Papst, ihn vor das Gericht Gottes zu berufen, – falls es diesen Fluch überhaupt gab, – in Erfüllung ging. Clemens V. erkrankte schwer und starb binnen kürzester Zeit innerhalb der genannten Frist.
Auch die Amtskirche war stärker von alchemistischen Ideen beeinflusst, als sie wohl selbst wusste. Theologische Traktate des Mittelalters lesen sich oft zwanglos wie eine Alchemistenschrift.
Papst Sylvester II, bürgerlich Gerbert von Aurillac, befasste sich ebenfalls mit Alchemie. Auch Jakob Böhme ist ein bekanntes Beispiel für die Vereinigung solcher Gegensätze in einer Person.
Es gibt Autoren, die Notre-Dame in Paris als ein „steinernes stummes Buch" der Alchemie bezeichnen, so zum Beispiel Victor Hugo. Tatsächlich finden sich am Hauptportal dieser Kirche zwölf plastische Darstellungen aus dem 13. Jahrhundert die sich zwanglos als alchemistisch interpretieren lassen.
Frauengestalten sind oft nicht leicht durch ihre Attribute als Heilige identifizierbar und nicht, wie die offizielle Darstellung es gerne sehen

will, Symbole für die Kirche, die Ecclesia, sondern Symbole für die Alchemie oder eine kosmische Weisheit, die Sophia.
Wir werden ein Beispiel dafür in der Steiermark, in St. Georgen sehen.
Wenn wir davon ausgehen, dass Nicolas Flamel einfach etwas gefunden hat, so muss es Silber oder Gold in gemünzter Form oder in Barren gewesen sein. Keine Kunstgegenstände, Waffen, Edelsteine oder welche Pretiosen auch immer sonst einen Schatz in einer Schatzkammer ausmachen. Andernfalls hätte er nicht leicht behaupten können, dass sein Reichtum aus einer alchemistischen Prozedur stammte.
Auf der anderen Seite, wenn die Templer mit ihrem Vermögen flüchten konnten, und die Möglichkeit hatten, Teile davon in einem Versteck in Frankreich zurückzulassen, so werden sie vorerst zu schweres Gepäck, das die Flucht behindert, oder nicht mehr aufgeladen werden konnte, verstecken.
Ferdinand Wielke[1] berichtet in seiner Geschichte des Ordens der Tempelherren, dass ein zur Zeit der Aufhebung des Ordens lebender Mönch Hugbert dem Johannes von Trittenheim erzählte, dass auf die Nachricht von der Verhaftung der Ordensmitglieder in Frankreich, aber auch in anderen Ländern, der Orden in Beziehung seiner Schätze Maßnahmen traf und sie in Schlössern, Wäldern und abgelegenen Orten verbarg. Viele dieser Schätze seien nicht wieder aufgefunden worden.
Ein geerbtes Presshaus in einem Weingarten bei Paris soll der Überlieferung nach dem Nicolas Flamel zugeschrieben worden sein. Es wäre auch ein geeignetes Versteck für die Templer gewesen, wo in Fässern verborgen oder eingemauert, Gold- und Silberbarren den Nachforschungen der Häscher des Königs entgehen könnten.
Eine Abbildung im Notizbuch des Alchemisten würde zu einer solchen Örtlichkeit passen.
Dass die Templer, vor allem in der Zentrale in Paris, über erhebliche Edelmetallvorräte verfügen mussten, ergab sich aus ihrer wirtschaft-

1 Ferdinand Wilcke, Geschichte des Ordens der Tempelherren (Halle 1860) 2, 341.

lichen Tätigkeit. Vor allem auch Silbervorräte waren für Münzen im Bankgeschäft unbedingt nötig.
Demgegenüber wäre es für einen Alchemisten eine völlig unangebrachte Bescheidenheit, wenn er schon Gold machen kann, es mit dem weit weniger wertvollem Silber zu versuchen.
Das Wirtschaftssystem der Templer war ursprünglich auf Bedarfsdeckung im eigenen Wirtschaftsverband und auf Produktion von Überschüssen für den Orden in Jerusalem gerichtet. Sie versuchten diesen Bedarf in spezialisierten Komtureien abzudecken. So erzeugten sie in Südfrankreich durch Schafzucht die im ganzen Orden benötigte Wolle. Nicht anders geplant wurde der Bedarf an Pferden und Waffen gedeckt.
Für den Transport und Schutz der Güter über das Mittelmeer bauten sie eine eigene Flotte auf. Durch den ausgedehnten Warenverkehr waren sie gezwungen, das in den Kinderschuhen steckende Bankgeschäft weiter zu entwickeln.
So benutzten sie den über die Araber kennen gelernten Scheck und erfanden Kreditbrief, Wechsel und Warenpapiere. Alles das gesichert durch geheime Zeichen, die die Rechtmäßigkeit des Inhabers und die Richtigkeit der Auszahlung auch über weite Entfernungen und ohne schnelle Kommunikation garantierten.
Kein Wunder, dass sich auch andere Händler, Fürsten und Reeder dieser Sicherheiten bedienen wollten. Und die Templer hatten dadurch zusätzlichen Verdienst und stiegen in das Transportgewerbe und das Bankgeschäft ein.
Jedoch, selbst beim schönsten bargeldlosen Zahlungsverkehr kommt einmal der Augenblick an dem der Empfänger Bares sehen will, weil er selbst Zahlungen zu leisten hat. Am Häufigsten wohl an den Endpunkten der Handelskette, wie London, Paris und Jerusalem. Daher war in diesen Zentren ein Vorrat an Edelmetallen unumgänglich.
Der Großmeister Jaques de Molay war 1306 mit 150.000 Goldstücken und 10 Maultierladungen Silber in Paris eingetroffen.
Gerade aber in Paris betrieb der Orden nicht nur private wirtschaftliche Tätigkeiten. Durch die großen Summen, die sie bei der Verwal-

tung ihrer Ordensgüter aus Landwirtschaft und Handwerk, sowie aus ihren Netz von Niederlassungen in der damaligen Welt des Mittelalters und deren kluger Veranlagung gewinnen konnten, verwalteten sie vielfach auch die Staatsfinanzen. Nicht nur in Paris oder London, wo seit 1230 Gottfried vom Temple an der Spitze der Finanzverwaltung stand. In manchen Gebieten übernahmen sie die Funktion des Steuereinnehmers. Sie berieten auch Papst Clemens V. und die Könige von Aragon in Finanzangelegenheiten.

Das bedeutet gleichzeitig, sie mussten auf Geldumlauf, Geldprägung und Edelmetallreserven Einfluss nehmen können.

Kein Wunder also, wenn in Paris ein Versteck für eine riesige Menge Goldes und Silbers gefunden werden konnte.

Wenn die Templer relativ kurzfristig die drohende Verhaftung, die für Freitag, den 13. Oktober 1307 angesetzt war, in Erfahrung bringen konnten, mussten in allerkürzester Zeit Notmassnahmen ergriffen werden.

Es scheint ihnen weder möglich gewesen zu sein, alle ihre Habe vor diesem Termin abzutransportieren, noch später nach dem Prozess, Zugriff zum Versteck zu erhalten.

Es wäre auch nicht ungewöhnlich gewesen, Aufzeichnungen über den Ort eines solchen Versteckes und wie man zu ihm Zugriff findet, in Form einer alchemistischen Schrift zu verfassen. Jedermann war daran gewöhnt, dass derartige Texte unverständlich waren und auch bewusst ein Arkanum darstellen sollten.

Es hindert uns also nichts, falls wir der Goldmacherei keinerlei Bedeutung beimessen wollen, anzunehmen, dass Nicolas Flamel diesen ungeheueren Schatz an Silber und Gold fand, nachdem er in den Besitz einer Schrift gekommen war, die ihm die nötigen Hinweise und Informationen lieferte. Schließlich hatte er es selbst immer auf diese Weise dargestellt. Von Alchemie dürfte in dieser Schrift, außer zur Verschleierung des Versteckes, aber keine Rede gewesen sein.

Dass er selbst behauptet zuerst Silber gemacht zu haben und erst später die Golderzeugung gelungen ist, muss einen Grund haben. Es bedeutet, sein Vermögen, bestand aus geradezu ungeheuren Mengen ungemünztem Silber und Gold. Das konnte sich als Vorteil erweisen, wenn Nicolas Flamel annehmen musste, dass über die Herkunft seines Schatzes Untersuchungen durch den König angestellt würden. Münzen selbst schieden aus, beziehungsweise müsste er diese eingeschmolzen haben. Münzen wären hinsichtlich der Herkunft verräterisch gewesen, außerdem können im alchemistischen Prozess keine Münzen erzeugt werden.

Woher, wenn nicht aus einem Versteck der Templer konnten damals derartige Werte auftauchen und noch dazu herrenlos sein. Denn nie hat irgendjemand auf dieses Vermögen einen Anspruch erhoben, wenn man von der kläglichen Untersuchung und Begehrlichkeiten durch den französischen König absieht.

Aber nicht einmal diese ewig verschuldeten und in Geldnöten befindlichen Monarchen, die immer gierig Ausschau hielten nach einer Aufbesserung ihrer Finanzen, konnten einen plausiblen Grund finden, Flamel um seinen Schatz zu erleichtern.

Das lässt wiederum nur den Schluss zu, dass der ursprüngliche Eigentümer nicht mehr unter den Lebenden weilte, keine legalen Erben hatte oder aus wichtigen Gründen untergetaucht bleiben musste.

Alle diese Gründe treffen auf den Templerorden zu.

Was den Umfang des Schatzes betrifft, so war er für die Zeit und einen einzelnen Besitzer wohl sagenhaft, im Verhältnis zum Gesamtvermögen des Templerordens aber wohl nur ein kleiner Teil. Ein Depot, von dem die Ritter geglaubt hatten, wenn der Sturm sich gelegt hätte, darauf zugreifen zu können.

Der Sturm und die Schuldzuweisungen dauerten aber an. Noch im 19. Jahrhundert finden wir unter Berufshistorikern Autoren, die den Anklagepunkten der Inquisition Glauben schenken.

Während im 21. Jahrhundert auf der Website des Vatikanischen Geheimarchivs immer noch zu lesen ist, dass die Ritter des Tempels an ihrer Verfolgung selbst schuld waren.

Jedenfalls war es Flamel gelungen, mit seiner Behauptung, als einziger Alchemist erfolgreich gewesen zu sein, und das große Werk nur bescheidene drei bis vier Male ausüben zu dürfen, unbehelligt zu bleiben. Ein nicht unwesentlicher Punkt war auch durch seine umfangreiche soziale Mildtätigkeit, gegeben. Seine Lebensführung blieb nach Außen jedenfalls bescheiden und er bewies damit eine tiefe und hellsichtige Menschenkenntnis, welche der Führung des Templerordens 75 Jahre zuvor dringend notwendig gewesen wäre.

Bibliographie

Abraham ELEAZAR, Aesch Mezareph, Uraltes chymisches Werk [...] (Leipzig 1760)

Joachim de FIORE, Das Reich des Heiligen Geistes, Turm Verlag, (1977)

Nicolas FLAMEL, Pratique, Ms.Nr.14765/2, Bibliothek National, Paris;

Ferdinand WILCKE, Geschichte des Ordens der Tempelherren (Halle 1860)

Nigel WILKINS, Nicolas Flamel. des livres et de l'or (Paris 1993)

Kapitel 7

St. Georgen ob Judenburg

Unmittelbar an der alten Fernverbindung nach Italien liegt das Kirchlein St. Georgen ob Judenburg im 13. Jahrhundert „sankt Georgen bi Frauenburc" genannt.

Damals bestand keine dörfliche Gemeinschaft nur ein Hof, der Dienstmannen der Liechtensteiner gehört haben soll. Um 1300 soll er aufgegeben worden sein und in bäuerlichen Besitz übergegangen sein. Das erscheint merkwürdig, haben doch die Praitenfurter, die sich angeblich nach diesem Hof nennen, gerade in dieser Zeit nur zwei hohe geistliche Ämter (Bischof und Äbtissin) inne.

Obwohl behauptet wird, dass es sich um ein Liechtenstein'sches Lehen an die Preitenfurter handelt, sind die Liechtensteiner überhaupt erst seit 1277 als Grundherren in der unmittelbaren Umgebung nachweisbar.

Wem gehörte also dieses Anwesen und diese Kirche vorher beziehungsweise auch nach 1277?

Der Besitz im Mittelalter war Streubesitz und es konnten zwei Adelsgeschlechter nebeneinander in derselben Gemarkung Besitz haben. Das war häufig der Grund für Streitigkeiten bei denen beide Parteien zu den Waffen griffen. Unzählige Urkunden berichten von den späteren „gütlichen Einigungen".

Außerdem wurde überhaupt erst 1335 ein eigener Vikar ernannt und 1469 noch war diese Kirche unselbständig, also keine eigene Pfarre.

Licht in diese seltsamen rechtlichen Konstellationen bringt vielleicht der Umstand, dass der Vikar von 1335 noch in Abhängigkeit zur

Mutterpfarre Pöls stand. Pöls aber war der Hauptsitz der Templer in der Steiermark.

Wer das Buch Die Templer in Österreich gelesen hat erinnert sich vielleicht, dass die ältere Geschichtsschreibung in der Steiermark Pöls immer wieder als Sitz der Templer bezeichnet. So Aquilinius Julius Caesar, Josef Janisch, der eine Pfarrchronik von 1769 benutzte, und Julius Schneller in ihren Darstellungen zur Geschichte der Steiermark.

Wenn Pöls die Mutterpfarre ist, dann wäre durch den Templerorden und seinen finanziellen Möglichkeiten auch der Bau der Kirche in St. Georgen und ihre mit nicht unerheblichen Kosten verbundene qualitätvolle Ausstattung mit Fresken im frühen 13. Jahrhundert leicht erklärlich. Ihnen wäre es ein Leichtes, durch gelehrte Theologen das entsprechende Bildprogramm der Fresken zu entwerfen und theoretisch zu untermauern. Außerdem verfügte der Orden über weit vernetzte Kontakte, die es ermöglichten, Baumeister, Steinmetzen und Maler, die bereits mit dem modernen Übergangsstil der Frühgotik vertraut waren, heranzuziehen.

Auch die Lage der Kirche an einer wichtigen Nord-Süd Verbindung und die späte Bestellung eines Vikars beziehungsweise Pfarrerhebung, wie wir es oft schon bei anderen dem Orden ehemals gehörenden Kirchen erlebt haben, spricht für Templerbesitz.

Von Kunsthistorikern wurde festgestellt, dass die Umänderungen der romanischen Saalkirche gotische Zusätze sind. Die Fresken tendieren vom spätromanischen in den frühgotischen Zackenfaltenstil.

Zum romanischen Bau gehörte auch ein heute nur mehr zur Hälfte erhaltener runder Karner.

Aber auch die Thematik der Fresken mit den Hinweisen auf die Lehre des Joachim de Fiore und das Leben des Hl. Georg immerhin ein Musterbeispiel für Ritter und ritterliche Lebensführung, lassen auf eine Verbindung mit dem Orden der Tempelritter schließen.

Schließlich werden für dieses Gebiet die Lehnsherren aus dem Haus Liechtenstein erst ab 1277 erwähnt, und damit „sitzt“ das Geschlecht der Praitenfurter auch nicht früher als der eigene Lehnsherr in der Nähe der St. Georgskirche. – Um 1300 ist der Praitenfurter Hof

bereits bäuerlicher Besitz. Die Praitenfurter stellen also nur ein Zwischenspiel von 23 Jahren im Besitz dieses Gebietes dar.
Die Zusammengehörigkeit dieses Hofes der Praitenfurter und der Kirche steht also auf wackeligen Beinen. Wer vor 1277 im Besitz des Hofes und der Kirche war, ist ohne urkundliche Nachweise nicht zu benennen. Spätere Familien, die im Hinblick auf den typischen mittelalterlichen Streubesitz in der Nähe begütert gewesen sind, wurden vom Verfasser der Kirchenchronik einfach und leise als Besitzer und Bauherren für die Zeit vor 1230–1240 nominiert.
Als Auftraggeber des Baues und der Fresken wurde auch Ulrich von Liechtenstein in Anspruch genommen. Dagegen spricht der Umstand, dass Ulrichs bevorzugter Wohnort die Frauenburg 13 km von Judenburg entfernt war und 100 Meter von dessen Burg entfernt die Pfarrkirche St. Jakob stand. Warum Ulrich dann eine etliche Kilometer entfernte Kirche prächtig ausstatten lassen sollte, wird nicht erklärt,

Kuppelfresko

zumal in St. Jakob erst später entstandene Fresken gefunden wurden. Es gibt auch keinerlei Nachrichten darüber, dass Ulrich von Liechtenstein Patronatsrechte über St. Georgen ausgeübt hätte und in seinen literarischen Erzeugnissen, in denen er nie um ein Lob seiner Person verlegen war, findet sich weder eine Erwähnung des Hofes noch deren späterer Besitzer oder gar der Kirche und ihrer prächtigen Ausmalung.

In diesen prächtigen Fresken sind die drei Weltzeitalter des Joachim de Fiore (1130–1202) im Zusammenhang mit der Geheimen Offenbarung des Johannes, Kap. 19 dargestellt. Hervorzuheben ist, dass nicht nur der Vers 7 „Lasset uns jubeln und fröhlich sein, [...] denn die Hochzeit des Lammes ist gekommen und seine Gemahlin hat sich bereit gemacht“ dargestellt wird, sondern versucht wurde, das ganze Kapitel über die Jubellieder im Himmel bildlich einzubringen, ähnlich wie es bei der Haupttafel des späteren Genter Altars in St. Bavo in Gent angenommen werden kann.

Joachim de Fiore, einer der bekanntesten Theologen des Mittelalters, in späteren Jahren Abt eines Klosters in Kalabrien, verfasst Schriften die die Heilsgeschichte in drei Abschnitte, drei Reiche, wie er es nannte, einteilte und in Verbindung zur Trinität brachte. Seine Einteilung ist meditativ typologisch. Das dritte Reich, nach den Reichen des Vaters und des Sohnes, ist das Reich des Heiligen Geistes.

Diese Interpretation der Drei-Zeiten-Lehre übte auf häretische Gruppen eine große Faszination aus, weil vorausgesagt wurde, dass im dritten Reich eine unmittelbare Beziehung zwischen Gott und jedem Menschen eintreten werde, durch den Einfluss des Heiligen Geistes; dass also die Amtskirche in etwa absterben werde. Zumindest war dies eine Auslegung, die verschiedene Randgruppen der Franziskaner seiner Lehre gaben.

Die Kirche ist gegen diese Lehren eines Petrus Johannis Olivi, und der Verbreitung durch die Apostelbrüder unter Fra Dolcino und der Fraticellen, vazierende franziskanische Bettelmönche, rigoros vorgegangen. Petrus Johannis Olivi wird nach seiner Rechtfertigung in der Bulle „Exiit quit seminat“ an der Auslegung der Ordensregeln mitarbeiten, während andere radikale Spirituale und deren Gruppierungen verfolgt wurden.[1]

Überraschend ist, dass auch Joachim de Fiore selbst kaum verfolgt wurde, beziehungsweise sich erfolgreich verteidigte und seine Schriften bestsellerartig verbreitet waren. Man muss sich wirklich fragen, ob er nicht sehr diplomatisch den wahren Sinn seiner Lehre verborgen hatte und erst die Diskurse seiner Anhänger und Kommentatoren diesen Sinn in vollem Umfang und Bedeutung bekannt gemacht haben. Jedenfalls war die Verbreitung seiner Schriften in Europa eine ungemein rasche und erfolgreiche.

Der oben beschriebene Vorgang der Ausbreitung dieser Lehre ist übrigens sehr amüsant in dem Roman von Umberto Ecco „Der Name der Rose" nachzulesen. Seinerzeit war dieser Roman ein Renner, wir persönlich haben allerdings seinerzeit niemanden getroffen der ihn ganz gelesen hatte. Offenbar warteten die Meisten mit Erfolg auf eine Verfilmung, die den Sinn des Romans auch erwartungsgemäß verändert hat.

Unser Abt aus Kalabrien, als Sohn eines Notars geboren, unternimmt im Auftrag des sizilianischen Hofes weite Reisen nach Byzanz und ins Heilige Land, wo er jahrelang Aufenthalt nimmt und angeblich dort die Inspiration zu seinen Schriften empfängt.

In den Schriften Joachim von Fiores wird ein nicht näher bezeichneter Orden als eine Art Ordnungsmacht in der Welt beschrieben, so kann man voraussetzen, dass Fiore über ausreichend gute Kontakte zu den Tempelrittern verfügte, dem einzigen damals existierenden in wirtschaftlichen und militärischen Belangen weltumspannenden Konzern.

Bei seiner Annahme der drei Heilszeiten kann sich Fiore auf das Evangelium nach Johannes stützen und überhaupt wurde seine Vorhersage des neuen Reiches der Erkenntnis, wie alles aus der Bibel, damals als mit Sicherheit eintretend angesehen.

---

1 Herbert GRUNDMANN, Religiöse Bewegungen (Berlin 1935, Repro Darmstadt 1977) 395, 503, 525f.

Die Kirche wird im dritten Reich nicht mehr eine von Priestern geleitete Sakramentskirche sein. Der einzelne Christ ist mündig geworden, Sakramente und Evangelium erübrigen sich. Dieser Zustand sollte sich nach den Berechnungen Joachims 1260 oder 1290 einstellen. – Hier irrte er. Schon vor ihm hatte ein gläubiger Christ die Meinung vertreten, dass die wahre Lehre nur direkt aus einer Erleuchtung durch den Heiligen Geist komme. Er wurde 1022 als erster Häretiker in Orlèans verbrannt.

Demnach bedarf die wahre Lehre keiner Erleuchtung durch den Heiligen Geist und es bleibt diesem überlassen, ob er die lehrende Kirche ergreift oder nicht.

Die Frage an uns ist also, ob es den Zustand des mündigen Christen zumindest teilweise heute schon gibt. Dann hätte Joachim de Fiore Recht behalten und sich nur im Datum geirrt. Wen Joachim genauer interessiert, sei auf das Buch „Die Templer in Österreich" verwiesen.

Wenn im Text einer technisch sehr gut gemachten CD-ROM über die Kirche St. Georgen ob Judenburg, hinsichtlich des typologischen Programms auf die mögliche Lehre und den Einfluss Bonaventuras Bezug genommen wird, muss man in aller Bescheidenheit darauf hinweisen, dass dieser Theologe des Franziskanerordens erst 1244 in den Orden eingetreten ist und zu der Zeit als die Frekenausstattung gemalt wurden, gerade einmal an der Universität Paris studierte. Da passt der im Text genannte Rupert von Deutz mit seiner Trinitätstheologie schon besser in das offensichtliche Programm der Kuppelfresken. Nebenbei war er ein Zeitgenosse Joachim de Fiores und kannte als erfahrener Theologe sicherlich dessen weit verbreitetes und viel diskutiertes Schrifttum.

Die Aufdeckung der Wandmalereien und ihre Restaurierung in den Jahren 1987–1989, wird in den sehr schönen Publikationen zu Recht als Sensation bezeichnet.

Handelt es sich doch um ein fast geschlossenes Ensemble mit verhältnismäßig wenigen Verlusten. Der Eindruck, den die Fresken zu ihrer Entstehungszeit im 13. Jahrhundert gemacht haben müssen, ist

kaum verändert und es ist ein eher seltenes Beispiel für den Übergang von der Romanik in die Frühgotik.
Hervorgehoben wird noch, dass durch die erhaltenen Inschriften das theologische und pastorale Programm bis ins Detail gedeutet werden kann. Bei dieser Annahme aber irrte der Redakteur der CD-Rom!
Wir finden in der flachen Kuppel eine dreiteilige Kreiskomposition, wobei ganz außen die zwölf Propheten für das alte Testament, mehr noch allerdings für das erste Reich des Joachim de Fiore, das des Vater und des Gesetzes, stehen.
Im mittleren Kreis finden sich dem entsprechend die zwölf Apostel als Repräsentanten des zweiten, des Reiches Christi.
Es lohnt sich jetzt schon Offenbarung Kapitel 19,4 zu zitieren: „*Und die vierundzwanzig Ältesten und die vier Wesen fielen nieder, beteten Gott an ...*"
Die vier Wesen sind natürlich ebenfalls vorhanden, es sind die vier Evangelisten mit ihren Symbolen.
Die offizielle Publikation der Georgsgemeinschaft in der Pfarrkirche St. Georgen ob Judenburg fährt fort: „Der innere Kreis, das Zentrum der Kuppel wird von einer frontal stehenden Figur mit einem reichen Borten besetzen Gewand eingenommen, die von einer vierpassförmigen Gloriole umgeben ist [....] Die Figur im Zentrum, deren Gesicht durch eine bis zu Brust reichende Fehlstelle zerstört ist, ist durch Krone, Nimbus, Kreuzfahne und Kelch als Personifikation der Ecclesia, der Kirche, zu identifizieren. In der linken Hand hält sie das Medaillon vor ihrer Brust, dem im Schnittpunkt des Kreuzes das nimbierte Lamm eingeschrieben ist. Mit der rechten Hand hält sie einen Kelch, um das Blut des Lammes aufzufangen. Der Text der Umschrift im Kreisband lautet:

+ . SPONSA : SUBARRATUR : AGNI DUM FONTE NOVATUR
+ . S)ANGUINI(S I)NSONTIS : NOS . DET . DIGNO(S FORE F) ONTIS.

Die Braut des Lammes wird (mit diesem) vermählt, indem sie in der Quelle des unschuldigen Blutes neu geschaffen wird. Sie möge geben (machen), dass wir der Quelle (Taufe) würdig seien.

Diese Beschreibung und Übersetzung im Zusammenhang mit dem Kommentar, dass hier unzweifelhaft eine Darstellung der Ecclesia gegeben sei, kann man nur als sehr konservativ oder auch befangen bezeichnen.
Vorerst wird es notwendig sein, auf das zerstörte Gesicht Rücksicht zu nehmen.
Also kann niemand sicher sein ob es männlich oder weiblich war, ob nicht vielleicht sogar ein Bart abgebildet war. Nehmen wir aber eine weibliche Figur an, woher kommt die Sicherheit, dass es nur eine Ecclesia sein kann?
Bedenken wir, dass das gesamte Kuppelprogramm eine Darstellung der drei Reiche aus der Lehre des Joachim de Fiore ist, so wäre eine Ecclesia recht unpassend. Ist er doch der Meinung, dass im Reich des Hl. Geistes, das er für die erste Hälfte des 13. Jahrhunderts vorhergesagt hat, also für die Entstehungszeit dieser Fresken, die Vermittlerrolle der Kirche wegfällt und statt der üppigen Amtskirche ein einfacher Orden weltliche Führungsaufgaben übernehmen wird.
Darüber hinaus wäre es die einzige bekannte Freskodarstellung einer Ecclesia mit Scheibenmedaillon und Lamm.
Zweitens wird die Tatsache, dass diese Figur ein Gonfanon, also eine mittelalterliche Kriegsfahne mit einem Templerkreuz, hält ignoriert.
Drittens, Das Medaillon vor der Brust der Figur ist weiß und trägt ein rotes Templerkreuz, davor ein Lamm.
Auch der so genannte Heilige Georg erscheint auf den Fresken mit dem Templergonfanon.
In der Zeit der Entstehung dieser Fresken vor der Mitte des 13. Jahrhunderts ist der Templerorden auf der Höhe seiner Macht und Verbreitung. Ein so versierter und offenbar im Hinblick auf das Programm, weitgereister Freskenmaler und ein Theologe werden kaum ein bekanntes Ordenskreuz ohne Grund oder gar unberechtigt verwenden.
Viertens ist mit keinem Wort erwähnt, dass das gleiche Thema des Lammes mit Kelch umgeben von den „Ältesten“ mit ähnlicher Bildkomposition im immerhin weltberühmten Genter Altar vorkommt.

Seitenwand

Auch dort finden sich die gleichen Bezüge auf Offenbarung 19, das Lamm dessen Blut in einem Kelch aufgefangen wird etc.
Ohne Kommentar bleibt in der Veröffentlichung des Vereines, dass in dem Teil des Freskenzyklus der so genannten Georgslegende sich eine Schlachtenszene gegen die Sarazenen findet.
Ein letzter Punkt, den es zu erwähnen gilt, die so genannte Stifterfigur ist, im Gesamtzusammenhang der Darstellungen betrachtet, eher Staffage als eine bildbezogene Stifterdarstellung.
Tragen wir diesen Bedenken Rechnung. Die Figur in der Kuppel ist vielleicht keine Darstellung der Kirche, sondern der Sophia, der göttlichen Weisheit im Reich des Heiligen Geistes. Das Lamm im Medaillon eher ein merkurialer Christus, dessen tinkturales Blut beim Genter Altar im Kelch aufgefangen, zum lebendigen Wasser wird.
Eine Figur der Sophia, der göttlichen Weisheit, wäre nicht unerwartet. In den Sprüchen Salomos wird mehrfach Frau Weisheit als

Gesandte Gottes beschrieben. Durch sie habe er die Erde gegründet (Buch der Sprüche 3,19).
Im Kapitel 8,23 sagt die schöpferische Weisheit, sie sei eingesetzt von Ewigkeit her, im Anfang, ehe die Erde wurde.
1389 schreibt der Franziskaner Heinrich Seuse einen populären Roman das „Stundenglas der Weisheit“[2].
Kaiser Justinian weiht in Konstantinopel die von ihm erbaute Kirche der Hagia Sophia. Auf bildlichen Darstellungen nimmt sie fast einen synonymen Rang zu Gott Vater ein.
In unserer Zeit hat Carl Gustav Jung diesem byzantinischen Symbol einige Aufmerksamkeit gewidmet. Er schreibt: „Die Weisheit im hohen Maße personifiziert und damit ihre Autonomie bekundend, offenbart sich ihnen als freundlicher Helfer und Anwalt Jahwe gegenüber und zeigt ihnen den lichten, gütigen, gerechten und liebenswerten Aspekt ihres Gottes.“[3] Sophia, die Frau Weisheit, entstammt letztendlich den archaischen Muttergottheiten, die im Christentum nicht ganz von der Gottesmutter Maria oder Maria Magdalena abgelöst wurden.
Schauen wir weiter ob die angeblich so eindeutigen Umschriften unsere These stützen.
Die veröffentlichen Übersetzungen beider Sätze, – denn es handelt sich um zwei deutlich durch Kreuze getrennte Sätze, – wurden mit einem ganzen Wort und weiteren fünf Buchstaben interpoliert. Aus dem zweiten Satz wurden zwei Wörter in den ersten Satz hinein genommen, obwohl eine Notwendigkeit nicht einzusehen ist. Ferner muss sich das Wort „Quelle“ nicht unbedingt auf die Taufe beziehen. Offenbarung 19 beschreibt eine Endzeitvision, die mit Taufe wenig zu tun hat.
Kurz gesagt, die Übersetzung könnte auch gut zur Sophia passen und einfach lauten:

---

2 Heinrich Seuses Horologium sapientiae. Hrsg. v. Pius Künzle (Freiburg i. Ü. 1977)

3 Carl Gustav Jung, Antworten auf Hiob. In: Gesammelte Werke 11: Zur Psychologie westlicher und östlicher Religionen (Düsseldorf [4]1983) 505f.

„Die Braut wird dem Lamm verlobt, wenn die Quelle erneuert wird. + Um des unschuldigen Blutes wolle sie uns würdig der Quelle machen."

Es verbietet sich, Satzteile wie „unschuldigen Blutes" in die erste Zeile zu ziehen und das ergibt sich auch daraus, dass beide Zeilen im Lateinischen einen Vers mit Endreim ergeben.

Wir bemerken also bei der offiziösen Übersetzung einen Hang zur traditionellen Theologie, koste es was es wolle. Die Braut muss nicht unbedingt die Kirche sein und die Quelle nicht unbedingt die Taufe, von der im Übrigen gar nicht die Rede ist. Die Diktion ist vielmehr abstrakt und lässt offenbar bewusst eine nichtkirchliche Deutung zu.

Dass bei der veröffentlichten Interpretation der Fresken höchst traditonell vorgegangen wurde, zeigt auch eine Annahme im Kirchenführer, es handle sich bei einer Figur in der rechten unteren Ecke der Himmelfahrt des Hl. Georg um den Stifter. Diese Vermutung soll mit dem Hinweis auf seine weltliche Kleidung erhärtet werden.

Betrachten wir die Szene, handelt sich um eine Figur ohne besonderes Rangabzeichen oder Bedeutungssymbol. Sie ist gleich gekleidet wie andere Figuren, die auf anderen Darstellungen dieses Zyklus einfaches Volk, Staffage, darstellen. Diese Person erhebt eine Hand zum Zeichen des Erstaunens über den

Vorgang der Himmelfahrt. Bei einem Stifter sollte man eher einen Gestus wie gefaltete Hände erwarten dürfen.
Dass die Praitenfurter als Bauherren und Auftraggeber des Kirchenumbaues und der Ausschmückung in Frage kommen, ist jedenfalls wenig wahrscheinlich. Die Georgslegende, wenn sie eine ist, deutet auf eine ritterliche Lebenshaltung hin, wie wir es bei einer Familie die höchstens zwei hohe Geistliche und keine bekannten Kriegsleute hervorgebracht hat, nicht von vornherein annehmen können.
Eine Kampfszene mit Sarazenen findet in diesem Zusammenhang besondere Beachtung, weil sie einer kampferprobten Ordensgemeinschaft wie den Templern, leichter zuzuordnen ist als einer kleinen Adelsfamilie.
Dazu kommt, wie oben ausgeführt, dass es offenbar kein Stifterbild gibt.
Auch das wäre für eine kleine bis mittlere Adelsfamilie, die eine ungewöhnlich hohe Investition in ihre Kirche tätigt, ein Zeichen unangebrachter Bescheidenheit. Schließlich wäre noch die Frage zu klären, mit welchen Einnahmen die Praitenfurter, die damals noch nicht einmal die besagten geistlichen Ämter innehatten, das alles bezahlt hätten.
Fragen über Fragen, die noch diskutiert werden müssen und ein Verhalten in der offiziellen Beschreibung als fürchtete man noch immer exkommuniziert zu werden, wenn man von der hochscholastischen Theologie, insbesondere was die Stellung der Kirche betrifft, abweicht. Manchmal entsteht das Gefühl, als ob die zahlreichen häretischen Bewegungen und Lehren des Mittelalters für heutige Kunsthistoriker, von den Theologen wollen wir gar nicht reden, nie existiert hätten.
Selbstverständlich haben diese Ideen, die für die Menschen ihrer Zeit lebenswichtig waren, auch ihren Niederschlag in künstlerischen Darstellungen gefunden. Wenn es sich dann noch um einen mächtigen Orden wie dem Templerorden handelt, der zu jener Zeit, in der die Fresken entstanden, durchaus noch nicht in den Verruf der Ketzerei gebracht wurde, müssen wir zumindest für die kunsthistorische For-

schung die Frage stellen, ob nur kirchenautoritätskonforme Darstellungen ihren bildlichen Ausdruck finden durften?

Bibliographie

Meinhard BRUNNER (Hrsg.), Pfarrkirche St. Georgen ob Judenburg (Eigenverlag, 2002)

Wilhelm DEUER, Ulrich von Liechtenstein als Auftraggeber und Bauherr. In: Ich – Ulrich von Liechtenstein. Literatur und Politik im Mittelalter. Akten der Akademie Friesach „Stadt und Kultur im Mittelalter" Friesach, Kärnten, 2.–6. September 1996. Hrsg. v. Franz Viktor SPECHTLER u. Barbara MAIER. =Schriftenreihe der Akademie Friesach. 5 (Klagenfurt 1999)

Zum Bildnachweis

Wir haben uns bemüht, alle Lizenzen für das Urheberrecht der Abbildungen zu berücksichtigen, aber in einigen Fällen war es unmöglich, den Inhaber der Rechte zu ermitteln.
Wir bitten um Hinweise, um dies bei künftigen Auflagen nachzutragen.

Index

M

N